会社法の基礎

〔第2版〕

加藤　徹・笹川敏彦［編〕

Kato Toru　Sasagawa Toshihiko

法律文化社

第2版はしがき

　本書は、平成31（2019）年3月30日に、装いを新たにして出版されたが、その直後の同年10月18日に、「会社法の一部を改正する法律案」および「会社法の一部を改正する法律の施行に伴う関係法律の整備等に関する法律案」が閣議決定され、同日、第200回国会（臨時会）に提出された。その後、同年12月4日参議院本会議において「会社法の一部を改正する法律」（令和元年法律第70号）および「会社法の一部を改正する法律の施行に伴う関係法律の整備等に関する法律」（令和元年法律第71号）が可決され、成立した。さらに、前記の「会社法の一部を改正する法律」を踏まえて、「会社法施行規則等の一部を改正する省令」（令和2年法務省令第52号）が制定・公布された。この法律および省令は、株主総会資料の電子提供制度の創設および会社の支店の所在地における登記の廃止に関する部分を除き、令和3（2021）年3月1日に施行されている。なお、電子提供制度の創設および支店の所在地における登記の廃止に関する改正規定は、令和5（2023）年6月1日までに施行されることとされている。

　本書は、以上のような改正を受けて、改訂を行ったものである。

　編者と執筆者の一部に変更を生じたが、会社法の基礎・基本を最重要視するという本書の基本姿勢および方針には、何ら変更はない。

　索引の作成についても、初版と同様、大阪経済法科大学准教授の高田尚彦氏にお願いした。謝意を表したい。

　また本書の前身である『新会社法の基礎』以降、今回も、本書の編集には、法律文化社編集部の舟木和久氏に大変お世話になった。長い間のご尽力に、改めて厚く御礼申し上げる次第である。

　　令和3（2021）年9月

加　藤　　　徹

笹　川　敏　彦

初版はしがき

　本書の前身である『新会社法の基礎』は、平成21（2009）年4月に刊行され、好評を博し、第3版まで版を重ねた。さらに版を重ねることも考えたが、現行会社法が平成18（2006）年に施行されてから、13年近くを経過しており、もはや新会社法とは、呼びにくくなった。

　そこで、書名から「新」をとって『会社法の基礎』に改めるとともに、本書の装いを変えて、新たな企画として刊行することとした。執筆陣も新進気鋭の研究者の数を増やしたので、前著に比し新鮮な感覚での記述がなされている。なお、最近の改正点（平成29〔2017〕年の民法改正と同改正に伴う会社法改正）のすべてに触れられていることは、いうまでもない。

　本書が、会社法の学習をこれから始めようとする法学部の学生あるいはロースクールの法学未修者を対象としていることは、前著と同様である。それゆえ、会社法の学習において最も重要な会社法の基礎・基本を理解できるようにという本書の目的にも、まったく変更はない。したがって、本書では、その内容が規定（条文）と通説に基づいて、平易・簡潔に記述されている。少数説の細かい内容や執筆者の個人的な見解には、言及をなさず、学説が対立している問題点は、対立しているという事実の記述にとどめている。読者諸君は、本書の内容が、会社法の規定（条文）と通説であるという前提で読み進めていただければよいのである。

　内容についての一番大きな変更は、新たに22の精選した重要判例を［基本判例］として取り上げ、事案と判例の要旨を、簡潔に判りやすく述べたことである。本文の記述と連動して把握できるように、判例は本文に近接した箇所に配置した。会社法の勉強をするにあたって、あくまで基礎的ではあるが決して無視できない重要判例を一定数網羅したことで、前著よりも、会社法の理解をより深めることができるようになったと確信している。

　さらに本書は、平成17（2005）年改正前の商法からの沿革および同改正前の

商法の規定との比較をもふまえて記述されており、これは本書の特色の１つと
なっている。

　本書の索引の作成については、前著に引き続き、中京学院大学経営学部准教
授の高田尚彦氏に担当していただいた。的確な索引の作成に精力的に取り組ん
でいただいたことを記して、謝意を表したい。

　また本書の編集に際しては、前著に引き続き、法律文化社編集部の舟木和久
氏に、大変お世話になった。きわめて計画的に無駄なくスムーズに、出版まで
我々を導いていただいた。新たな企画のもとに、本書を刊行することができた
のも、同氏のご尽力に負うところが大きい。厚くお礼を申し上げる次第であ
る。

　　平成31（2019）年３月

加　藤　　徹

伊勢田　道仁

目　次

第2版はしがき

初版はしがき

第 **1** 章　会 社 法 総 論

第**1**節　会　社　法 ……………………………………………………… I

Ⅰ　会社法の意義（1）

Ⅱ　会社法の法源とその適用順位（1）

　1　会社法の法源（1）　　2　会社に関する法律関係（2）

Ⅲ　会社法の沿革（2）

Ⅳ　会社法の特色（5）

第**2**節　会社の概念 ……………………………………………………… 6

Ⅰ　会社の法的性質（6）

　1　社 団 性（6）　　2　法 人 性（6）　　3　営 利 性（7）

Ⅱ　会社の権利能力（7）

　1　権利能力の範囲（7）　　2　目的による制限（8）

　3　法人格否認の法理（9）　　4　会社の解散命令（11）

第**3**節　会社の種類 ……………………………………………………… 11

Ⅰ　会社法上の会社（11）

Ⅱ　会社の分類（12）

　1　人的会社・物的会社（12）　　2　公開会社・閉鎖会社（13）

　3　一般法上の会社・特別法上の会社（13）　　4　その他の会社（14）

第**4**節　会社法総則 ……………………………………………………… 14

Ⅰ　商　　号（14）

　1　商号の選定（14）　2　商号使用の制限（15）　3　商号使用の許諾（15）

Ⅱ　使　用　人（15）

　1　支配人の権限と義務（15）　　2　表見支配人（16）

　3　その他の使用人（16）

Ⅲ　代 理 商（16）

Ⅳ　事業譲渡（17）

　　1　事業譲渡会社の競業避止義務（17）　　2　商号の続用と債務の弁済（18）

Ⅴ　商業登記（19）

第2章　株式会社

第1節　設　　立 ……………………………………………………………… 21

Ⅰ　総　説（21）

　　1　設立の意義（21）　　2　設立の方法──発起設立と募集設立（21）

Ⅱ　発 起 人（22）

　　1　発起人の意義・資格（22）　　2　発起人組合（22）

　　3　設立中の会社（22）

Ⅲ　定款の作成と記載事項（23）

　　1　定款の作成（23）　　2　定款の記載事項（24）

Ⅳ　発起設立の手続（28）

　　1　設立時発行株式に関する事項の決定と出資の履行（28）

　　2　設立時役員等の機関の選任（30）

　　3　設立時取締役等による調査（31）

Ⅴ　募集設立の手続（32）

　　1　設立時募集株式の募集等（32）　　2　創立総会（33）

Ⅵ　設立登記による会社の成立（34）

　　1　設立の登記（34）　　2　設立登記の効果（34）

Ⅶ　設立に関する責任（35）

　　1　会社が成立した場合の責任（35）　　2　会社の不成立の場合の責任（36）

Ⅷ　設立の無効（37）

　　1　設立無効の訴え（37）　　2　設立無効判決の効力（37）

第2節　株　　式 ……………………………………………………………… 38

Ⅰ　総　説（38）

　　1　株式の意義と性質（38）　　2　株主の責任（38）

　　3　株主の権利（38）　　4　株式の共有（39）　　5　株主平等原則（39）

　　6　株式の内容（39）　　7　株式の種類（40）

　　8　発行可能株式総数（42）　　9　反対株主の株式買取請求（42）

　　10　株主の権利の行使に関する利益の供与（43）

Ⅱ　株主名簿（44）

　1　作成・備置・閲覧（44）　　2　基　準　日（44）

　3　株主に対する通知（44）　　4　名義書換え（44）

Ⅲ　株式の譲渡（46）

　1　株式の譲渡（46）　　2　株式譲渡の制限（46）

　3　株式の質入れ（48）

Ⅳ　自己株式（48）

　1　自己株式の取得（48）　　2　自己株式の法的地位（51）

　3　自己株式の処分（51）　　4　自己株式の消却（51）

　5　違法な自己株式の取得の効力（51）

　6　特別支配株主の株式等売渡請求（52）

Ⅴ　株式の併合・分割・無償割当て（53）

　1　株式の併合（53）　　2　株式の分割（53）

　3　株式の無償割当て（53）

Ⅵ　単元株式数（54）

　1　手　　続（54）　　2　単元未満株式（54）

Ⅶ　募集株式の発行（54）

　1　意　　義（54）　　2　授権資本制度（55）　　3　募集事項の決定（55）

　4　募集株式の申込み・割当て・引受け（55）

　5　金銭以外の財産の出資（56）　　6　出資の履行と発行の効力発生（57）

　7　募集株式の発行等をやめることの請求等（57）

　8　無効の訴えと不存在確認の訴え（57）　　9　募集に係る責任（58）

Ⅷ　株　　券（59）

　1　総　　説（59）　　2　株券の提出等（60）　　3　株券喪失登録（60）

Ⅸ　1に満たない端数の処理（60）

第3節　新株予約権…………………………………………………………61

Ⅰ　意　　義（61）

Ⅱ　新株予約権の内容（61）

Ⅲ　募集新株予約権の発行（62）

　1　募集事項の決定（62）

　2　募集新株予約権の申込み・割当て・払込み（62）

　3　募集新株予約権の発行をやめることの請求（63）

　4　新株予約権発行無効の訴えと不存在確認の訴え（63）

Ⅳ　新株予約権原簿（63）

Ⅴ　新株予約権の譲渡（64）

　　1　新株予約権の譲渡（64）　　2　譲渡方法（64）　　3　譲渡の対抗要件（64）

　　4　権利推定、善意取得（64）　　　5　譲渡の制限（64）

　　6　質　入　れ（64）

　　7　信託財産に属する新株予約権についての対抗要件等（64）

Ⅵ　株式会社による自己の新株予約権の取得（65）

　　1　募集事項の定めにもとづく新株予約権の取得（65）

　　2　新株予約権の消却（65）

Ⅶ　新株予約権無償割当て（65）

Ⅷ　新株予約権の行使（66）

Ⅸ　新株予約権に係る証券（66）

第4節　機　　　関 …………………………………………………………… 67

Ⅰ　総　　説（67）

　　1　機関の意義（67）　　2　機関設計（67）

Ⅱ　株主総会（69）

　　1　意義および権限（69）　　2　招　　集（70）　　3　議　決　権（73）

　　4　議事および決議（77）　　5　決議の瑕疵（79）

Ⅲ　種類株主総会（83）

　　1　種類株主総会（83）　　2　権　　限（83）

　　3　種類株主総会の決議（84）

Ⅳ　役員および会計監査人の選任および終任（85）

　　1　総　　説（85）　　2　資　　格（86）　　3　選　　任（88）

　　4　任　　期（90）　　5　終　　任（91）

Ⅴ　取締役・取締役会（93）

　　1　総　　説（93）　　2　取締役会（94）　　3　代表取締役（98）

　　4　取締役の義務（100）

Ⅵ　取締役会非設置会社（109）

Ⅶ　会計参与（110）

　　1　総　　説（110）　　2　会計参与の職務権限（110）

　　3　会計参与の報酬（111）　　4　会計参与の義務と責任（111）

Ⅷ　監査役・監査役会（112）

　　1　監　査　役（112）　　2　監査役の職務権限（112）

　　3　監査役の報酬（114）　　4　監査役の義務と責任（114）

　　5　監査役会（114）

　Ⅸ　会計監査人（116）

　　1　総　　説（116）　　2　会計監査人の職務権限（116）

　　3　会計監査人の報酬（117）　　4　会計監査人の義務と責任（117）

　Ⅹ　指名委員会等設置会社（118）

　　1　総　　説（118）　　2　取締役・取締役会（119）

　　3　指名委員会等（119）　　4　執　行　役（121）

　Ⅺ　監査等委員会設置会社（122）

　　1　総　　説（122）　　2　監査等委員の選任等（123）

　　3　監査等委員会（124）　　4　監査等委員の報酬（125）

　Ⅻ　役員等の責任（125）

　　1　役員等の会社に対する責任（125）

　　2　役員等の第三者に対する責任（129）

　ⅩⅢ　株主代表訴訟と株式の差止請求権・検査役選任請求権（132）

　　1　株主代表訴訟（132）　　2　株主の差止請求権（137）

　　3　株主の検査役選任請求権（138）

第5節　計　　　算 …………………………………………………… 139

　Ⅰ　総　　説（139）

　Ⅱ　会計帳簿（139）

　　1　会計帳簿（139）　　2　株主の会計帳簿閲覧・謄写権（139）

　Ⅲ　計算書類（141）

　　1　計算書類の方式（141）　　2　決算手続（143）

　Ⅳ　資本金と準備金（145）

　　1　資本金と準備金の意義（145）　　2　資本金と準備金の額の減少（146）

　　3　資本金と準備金の額の増加（148）

　Ⅴ　剰余金の配当（148）

　　1　総　　説（148）　　2　決定手続（148）

　　3　剰余金の配当に関する責任（150）

第6節　定款の変更 …………………………………………………… 151

　Ⅰ　意　　義（151）

　Ⅱ　手続・効力（152）

　　1　株主総会の決議（152）　　2　種類株主総会の決議（152）

　　　3　定款変更の特殊な場合（152）　　4　総株主の同意（153）

　　　5　効力の発生（153）

第7節　解　　散　　　　　　　　　　　　　　　　　　　　　　　153

　　Ⅰ　意　　義（153）

　　Ⅱ　解散原因（153）

　　　1　総　説（153）　　2　解散命令（153）　　3　会社の解散の訴え（154）

　　Ⅲ　休眠会社のみなし解散（154）

　　Ⅳ　解散の効果（154）

　　Ⅴ　会社の継続（154）

第8節　清　　算　　　　　　　　　　　　　　　　　　　　　　　155

　　Ⅰ　総　　説（155）

　　Ⅱ　通常清算（155）

　　　1　清　算　人（155）　　2　清算の結了（156）

　　Ⅲ　特別清算（157）

第3章　持　分　会　社

第1節　総　　説　　　　　　　　　　　　　　　　　　　　　　　158
第2節　持分会社の設立　　　　　　　　　　　　　　　　　　　　159

　　Ⅰ　設立手続（159）

　　Ⅱ　定款の絶対的記載事項（160）

　　Ⅲ　法人社員（160）

　　Ⅳ　設立の無効・取消し（161）

第3節　持分会社の社員　　　　　　　　　　　　　　　　　　　　161

　　Ⅰ　社員の責任（161）

　　　1　無限責任社員の責任（161）　　2　有限責任社員の責任（162）

　　　3　誤認行為の責任（162）

　　Ⅱ　持分の譲渡（163）

　　Ⅲ　社員の加入および退社（164）

　　　1　社員の加入（164）　　2　社員の退社（164）

第4節　持分会社の管理　　　　　　　　　　　　　　　　　　　　166

　　Ⅰ　業務執行（166）

　　Ⅱ　業務執行社員（167）

　　　　1　業務執行社員の義務（167）　　2　業務執行社員の責任（168）

　　Ⅲ　会社代表（168）

第5節　持分会社の計算等 ……………………………………………………… 169

　　Ⅰ　会計原則・会計帳簿・計算書類（169）

　　Ⅱ　資本金・利益配当（170）

　　　　1　資本金とその額の減少（170）　　2　利益配当・損益分配（170）

　　Ⅲ　出資の払戻し（171）

　　Ⅳ　合同会社の計算等に関する特則（171）

　　　　1　計算書類の閲覧に関する特則（171）

　　　　2　資本金の額の減少に関する特則（172）

　　　　3　利益の配当に関する特則（172）　　4　出資の払戻しに関する特則（173）

　　Ⅴ　退社に伴う持分の払戻しに関する特則（174）

第6節　定款変更等 ……………………………………………………………… 174

　　Ⅰ　定款の変更（174）

　　　　1　定款の変更（174）　　2　持分会社の種類の変更（174）

　　Ⅱ　解散および清算（175）

　　　　1　解　散（175）　　2　清　算（176）

第4章　社　　　債

第1節　総　　説 ………………………………………………………………… 177

　　Ⅰ　社債の意義（177）

　　Ⅱ　株式との比較（177）

　　Ⅲ　会社法が社債について規定を置く理由（178）

第2節　社債の種類 ……………………………………………………………… 178

　　Ⅰ　普通社債（178）

　　Ⅱ　新株予約権付社債（179）

　　　　1　意　義（179）　　2　発　行──概説（179）

　　　　3　発行手続（179）　　4　有利発行（179）

　　Ⅲ　担保付社債（180）

　　Ⅳ　振替社債（180）

第3節　社債の発行と発行手続 ………………………………………………… 181

　　Ⅰ　社債の発行手続の概要（181）

 Ⅱ 社債の発行手続（181）

  1 募集事項の決定（181） 2 決定機関（182）

 Ⅲ 社債の成立（182）

第4節 社債権者の権利と社債の流通……………………………… 182

 Ⅰ 社債権者の権利――利息と償還（182）

 Ⅱ 社債の流通（183）

第5節 社債の管理………………………………………………… 184

 Ⅰ 社債権者の団体的行動（184）

 Ⅱ 社債管理者（184）

  1 資 格（184） 2 権 限（184） 3 義務と責任（185）

 Ⅲ 社債管理補助者（185）

  1 意 義（185） 2 資 格（186） 3 権 限（186）

  4 義務と責任（186）

 Ⅳ 社債権者集会（187）

  1 意 義（187） 2 決議事項・効力（188）

  3 決議方法（188）

第5章 組 織 再 編

第1節 総 説……………………………………………………… 189

第2節 合 併……………………………………………………… 190

 Ⅰ 意 義（190）

 Ⅱ 手 続（190）

  1 合併契約の締結（190） 2 事前開示（191）

  3 株主総会の承認決議（192） 4 債権者異議手続（196）

  5 効力発生（197） 6 事後開示（197）

 Ⅲ 差止めと無効の訴え（198）

  1 差 止 め（198） 2 合併無効の訴え（198）

第3節 会 社 分 割………………………………………………… 199

 Ⅰ 意 義（199）

 Ⅱ 手 続（200）

  1 吸収分割契約の締結、新設分割計画の作成（200）

  2 事前開示（200） 3 株主総会の承認決議（201）

　　　4　債権者異議手続（201）　　5　効力発生（204）　　6　事後開示（204）

　Ⅲ　差止めと無効の訴え（204）

　　　1　差　止　め（204）　　2　会社分割無効の訴え（204）

第4節　株式交換・株式移転、株式交付 …………………………… 204

　Ⅰ　意　　義（204）

　Ⅱ　手　　続（205）

　　　1　株式交換契約の締結、株式移転計画の作成、株式交付計画の作成（205）

　　　2　事前開示（206）　　3　株主総会の承認（206）

　　　4　債権者異議手続（207）　　5　効力発生（207）

　　　6　事後開示（207）　　7　株式交付子会社の株主の取扱い（207）

　Ⅲ　差止めと無効の訴え（208）

　　　1　差　止　め（208）　　2　無効の訴え（208）

第5節　事業譲渡・事業の譲受け …………………………………… 208

　Ⅰ　意　　義（208）

　Ⅱ　手　　続（209）

　　　1　事業譲渡・事業譲受け契約の締結（209）

　　　2　株主総会の承認決議（209）　　3　効力発生（210）

　　　4　詐害的事業譲渡（210）

　Ⅲ　事業譲渡・事業譲受けの瑕疵（210）

第6節　組 織 変 更 ………………………………………………………… 211

　Ⅰ　意　　義（211）

　Ⅱ　手　　続（211）

　　　1　組織変更計画の作成（211）　　2　事前開示（212）

　　　3　総株主の同意・総社員の同意（212）　　4　債権者異議手続（212）

　　　5　効力発生（212）

　Ⅲ　組織変更の無効（213）

第6章　外国会社・雑則

第1節　外 国 会 社 ……………………………………………………… 214

　Ⅰ　外国会社の意義（214）

　Ⅱ　日本において取引を継続する外国会社（214）

　　　1　外国会社の日本における代表者（214）

　　　2　外国会社の登記（215）　　3　貸借対照表の公告（216）

　　　4　取引継続禁止・営業所閉鎖の命令（217）

　　　5　日本にある会社財産の清算（217）

　　Ⅲ　擬似外国会社（218）

第2節　会社の解散命令 ……………………………………………………… 218

第3節　公　　　告 ………………………………………………………… 220

　　Ⅰ　会社が公告する方法（220）

　　Ⅱ　電子公告（220）

　　　1　電子公告制度の趣旨（220）　　2　電子公告の選択（221）

　　　3　電子公告の公告期間（221）　　4　電子公告の中断と公告の効力（222）

　　　5　電子公告調査機関（222）

判 例 索 引

事 項 索 引

━◆基本判例━

1　会社の能力と目的の範囲（最判昭27・2・15民集6・2・77）　8

2　法人格の否認（最判昭44・2・27民集23・2・511）　10

3　発起人の開業準備行為（最判昭33・10・24民集12・14・3228）　23

4　株式の仮装払込みの効力（最判昭38・12・6民集17・12・1633）　30

5　名義書換失念と株式分割（最判平19・3・8民集61・2・479）　45

6　募集事項の公示の欠缺（最判平9・1・28民集51・1・71）　59

7　議決権行使の代理人資格の制限（最判昭43・11・1民集22・12・2402）　75

8　決議取消しの訴えと裁量棄却（最判昭46・3・18民集25・2・183）　82

9　取締役解任の正当事由（最判昭57・1・21判時1037・129）　92

10　利益相反の間接取引（最大判昭43・12・25民集22・13・3511）　104

11　役員の退職慰労金（最判昭39・12・11民集18・10・2143）　107

12　弁護士である監査役の訴訟代理の可否（最判昭61・2・18民集40・1・32）　115

13　会計監査人の責任（大阪地判平24・3・23判タ1403・225）　118

14　株主代表訴訟の対象となる取締役の責任
　　（最判平21・3・10民集63・3・361）　134

15　帳簿閲覧請求の拒絶事由（最決平21・1・15民集63・1・1）　140

16　剰余金の配当と株主平等原則（最判昭45・11・24民集24・12・1963）　150

17　合資会社の社員の出資義務と持分払戻請求権
　　（最判昭62・1・22判時1223・136）　165

18　多数派社員による不公正な業務執行と解散請求
　　（最判昭61・3・13民集40・2・229）　176

19　社債管理者の責任（名古屋高判平21・5・28判時2073・42）　187

20　株式買取請求における公正な価格（最決平24・2・29民集66・3・1784）　196

21　会社分割と詐害行為取消権（最判平24・10・12民集66・10・3311）　203

22　解散判決における業務執行上の著しい難局
　　（東京地判平元・7・18判時1349・148）　219

凡　例

1　判例集等の略記

民集	最高裁判所民事判例集	判時	判例時報
民録	大審院民事判決録	判タ	判例タイムズ
裁判集民	最高裁判所裁判集（民事）	金判	金融・商事判例
高民	高等裁判所民事判例集	金法	金融法務事情
下民	下級裁判所民事裁判例集	新聞	法律新聞
訟月	訟務月報		

2　法令等の略記

会社法の条文については、原則として条数のみを引用する。その他の法令等は、一般に用いられる以下の略語で統一する。

商	商法	信託業	信託業法
商登	商業登記法	担信	担保付社債信託法
会社則	会社法施行規則	手	手形法
会社計算	会社計算規則	鉄営	鉄道営業法
会社令	会社法施行令	鉄事	鉄道事業法
財務規	財務諸表等の用語、様式及び作成方法に関する規則	電子公告	電子公告規則
		電通事	電気通信事業法
商施	商法施行法	特許	特許法
商則	商法施行規則	特定商取引	特定商取引に関する法律
海運	海上運送法	独禁	私的独占の禁止及び公正取引の確保に関する法律
会更	会社更生法		
割賦	割賦販売法	破	破産法
供	供託法	不正競争	不正競争防止法
金商	金融商品取引法	法税	法人税法
金販	金融商品の販売等に関する法律	保険	保険法
銀行	銀行法	保険業	保険業法
刑	刑法	民	民法
小	小切手法	民再	民事再生法
国際海運	国際海上物品運送法	民執	民事執行法
社債株式振替	社債、株式等の振替に関する法律	民訴	民事訴訟法
		民訴費	民事訴訟費用等に関する法律
商登則	商業登記規則	民保	民事保全法
商取	商品先物取引法	利息	利息制限法
信託	信託法		

第**1**章　会社法総論

第1節　会　社　法

Ⅰ　会社法の意義

　企業（私企業）には、個人企業と共同企業とが存在する。個人企業は、個人が営業を行うものであるが、共同企業は複数の者が共同で営業を行うものである。個人企業は、歴史的に古くから存在し、現在も多数存在している。個人企業では、営業から生じる利益をすべて個人のものにすることができるが、リスクもすべて個人が負担しなければならない。さらに、個人であるのでその資力は大きくなく、また多くの資本を集めることは難しいから、大企業にはなりにくい。

　複数の者から構成される共同企業には、民法の組合（民667条以下）・匿名組合（商535条以下）・船舶共有（商693条以下）や信託（信託3条・4条参照）などもあるが、現代において主要かつ代表的なのが会社である。

　会社法（平成17年法律86号。形式的意義の会社法）は、このような会社の設立・組織・運営および管理について規律する規定を収めている（1条）。会社法の大部分は、私法的法規であるが、その私法的法規の実現を保障する公法的法規（会社に関する訴訟法規・非訟法規および罰則の特別規定。会社法第7編・第8編）も、多く含んでいる。

Ⅱ　会社法の法源とその適用順位

　1　会社法の法源　　会社法の法源（実質的意義における会社法の存在形式）は、会社法の規定（1条～979条）および附属法令（社債、株式等の振替に関する法律〔平成13年法律75号〕・担保付社債信託法〔明治38年法律52号〕・商業登記法〔昭和38年法律125号〕・会社法施行規則〔平成18年法務省令12号〕・会社計算規則〔平成18年法

務省令13号〕など）が主なものであるが、それだけにかぎらず、特別法（金融商品取引法〔昭和23年法律25号〕・会社分割に伴う労働契約の承継等に関する法律〔平成12年法律103号〕・会社更生法〔平成14年法律154号〕・企業担保法〔昭和33年法律106号〕など）や商慣習法および各会社の定款も、法源として数えることができる。

2　会社に関する法律関係　　会社に関する法律関係には、まず定款の規定がその効力の認められるかぎり適用される。次に会社法と附属省令の規定が適用されるが、それらについて特別法があればその規定が優先的に適用され（例：社債、株式等の振替に関する法律・会社分割に伴う労働契約の承継等に関する法律など）、なおまた特定の事業を行う会社または特定種類の会社（例：銀行法など）について特別法がある場合には、その規定が優先される。以上に規定がない場合には、民商法の一般規定が適用される（商1条2項）。

Ⅲ　会社法の沿革

　わが国の会社制度は、明治維新後にヨーロッパ各国から輸入された。会社制度に関する一般的法規が制定されたのは、明治23（1890）年の旧商法典（第1編第6章）である。

　次に、明治32（1899）年に成立した現行商法の「第2編会社」がわが国会社法の中心となってきた。同法は、明治44（1911）年と昭和13（1938）年に大改正されたが、昭和13（1938）年には、別に有限会社法が制定された。第二次世界大戦後、アメリカ会社法の影響を受け、昭和23（1948）年の改正に続き、昭和25（1950）年に授権資本制度の導入や取締役会や代表取締役制度の新設を中心とする株式会社法の根本的改正（無額面株式の採用・会社機関の再編成・株主の地位の強化など）が行われた。昭和49（1974）年には監査等商法特例法が制定され、大・中・小会社の分類とそれぞれの規模の会社の監査制度が定められ、大会社には会計監査人の制度が設けられた。また昭和56（1981）年には、株式制度その他株式会社法の中枢部分の改正（株式単位の引上げ・端株制度・単位株制度の導入）、および株主総会の活性化をはかる規定と総会屋対策規定・新株引受権付社債制度が新設され、計算書類の確定手続が簡略化され、大会社につき常勤監査役制度が設けられた。平成2（1990）年には、株式会社と有限会社の最低資本金制度（それぞれ1000万円と300万円）が定められ、無記名株式の廃止、現

物出資の調査の簡略化などが行われた。

　平成5 (1993) 年には、バブル期後の企業不祥事に対処するため、大会社における監査役会制度の創設・社債制度（発行限度枠の撤廃）・代表訴訟制度（株主の提訴費用の軽減化）について改正が行われ、平成6 (1994) 年の改正では、自己株式取得禁止の緩和措置がとられた。また平成9 (1997) 年には、合併制度の改正に加え、簡易合併の制度も新たに設けられ、さらに、いわゆるストック・オプション制度が発足した。平成11 (1999) 年には、株式交換・株式移転の新設や、子会社の業務内容の開示等の充実、時価評価制度の導入が認められた。平成12 (2000) 年には、会社分割制度が新設され、会社の組織再編制度が整備された。

　平成13 (2001) 年および平成14 (2002) 年には、大改正が行われた。平成13 (2001) 年には、3回に及ぶ改正がなされたが、まず6月には、金庫株の解禁、額面株式制度の廃止、単元株制度の創設（単位株制度の廃止）などが行われた。11月改正では、株式制度の改善として、株式譲渡制限会社における授権株式数の制限撤廃・種類株式制度の大幅改正（トラッキング・ストックの容認、議決権制限株式、強制転換条項付株式の導入）、新株予約権制度の導入、会社関係書類等の電子化が認められた。続いて12月には、取締役責任軽減制度の認容、代表訴訟における和解・会社の被告取締役側への訴訟参加の許容などの改正がなされている。平成14 (2002) 年には、現物出資の目的財産の価格証明制度の拡充、株券失効制度の新設、株式譲渡制限会社において取締役・監査役選任に関し権利を有する種類株式の創設、株主総会手続の簡略化、委員会等設置会社制度・重要財産委員会制度の導入、計算関係の改正（資産評価等の規定の省令委任・連結計算書類制度の導入）がなされている。

　平成15 (2003) 年には、再び自己株式に関する改正（定款の定めにもとづく取締役会決議による市場からの買受許容）と中間配当限度額の計算方法の見直しが行われた。平成16 (2004) 年には、株券不発行制度の許容・電子公告制度が法定された。

　平成17 (2005) 年、これまでの商法第2編・商法特例法・有限会社法等をまとめて単一の法律とした会社法が成立し、翌平成18 (2006) 年5月から施行されている。

　商法第2編・商法特例法・有限会社法は、いずれも廃止された。廃止された有限会社は、株式会社に統一された。なお、会社法施行後も有限会社として存続することは認められており（特例有限会社という。しかし、会社法上は株式会社と位置づけられる。会社法整備法2条1項）、そのような会社は、会社の商号中に有限会社という文字を用いなければならない（会社法整備法3条1項）。

　平成26（2014）年の改正として、まず公開会社において支配株主の移動が生じる場合の募集株式の割当て、および新株予約権の割当てについての特則が設けられた。また、仮装払込による募集株式についての引受人の責任が新設され、さらに新株予約権無償割当てに関する割当て通知が義務づけられている。

　従来の委員会設置会社のほかに、監督機能に特化した委員会のみをもつ監査等委員会設置会社が、新たな選択形態として設けられた。社外取締役および社外監査役に関しては、その要件における関係者に、新たな関係者等が加えられ、また社外取締役等の要件に係る対象期間が改められた。さらに監査役に、会計監査役を再任しないことに関する議案の内容についての決定権が与えられている。

　親子会社関係では、多重代表訴訟制度が新設された。株式会社が株式交換をした場合における株主代表訴訟も設けられた。また親会社による子会社株式等の譲渡についての規定が設けられている。さらに、少数株主の締出し（キャッシュ・アウト）を行う方法として、特別支配株主による株式および新株予約権や新株予約権付社債の売渡請求が認められ、また全部取得条項付種類株式の取得および株式の併合についての規定が新設された。組織再編における株式買取請求等については、買取口座の制度が創設され、買取りが効力を生ずるときの確定や、株式買取請求に係る価格決定前の支払制度が設けられた。さらに組織再編等差止請求が認められ、会社分割等における債権者の保護として、詐欺的な会社分割等おける債権者の保護、さらに知れていない債権者保護の規定が設けられている。

　その他、株主名簿閲覧請求の拒絶事由が一部削られ、発行可能株式総数に関する改正が一部について行われている。

　令和元（2019）年には、株主総会関係の改正が行われ、株主総会資料の提供につき、書面による資料の交付請求を株主に認めた上で、新たに電子提供制度

が設けられている。また株主総会における株主の議案提案件数が最大10に制限された。さらに監査役会設置会社のうち公開会社で大会社かつ有価証券報告書提出会社に対しては、社外取締役の設置が義務付けられた。また取締役関係では、取締役会の決議により、社外性を失うことなく社外取締役に業務執行行為を委託することが認められている。また、取締役の報酬について、取締役の業務執行に対してインセンティブを付与するための手段として、これを捉える見地が認められ、定款・総会が定めないときは、監査等委員会設置会社や上場会社である監査役会設置会社では、取締役会が取締役の個人の報酬等の内容についての決定に関する方針を決めることとされた。報酬が会社の株式または新株予約権である場合は、株主総会がその発行事項を決定することになる。加えて、株主代表訴訟において会社が株主と和解をするときは、監査役等の同意が必要とされた。さらに当該訴訟における役員の負担費用を会社が補償する場合の手続やその補償の範囲についての規定が設けられ、会社が締結する役員等賠償責任保険についても、その手続等に関する規定が置かれた。また社債について、社債管理補助者が設けられ、組織変更については、買収会社が株式交付の制度を用いることができることになった。

Ⅳ　会社法の特色

　また会社法は、会社という団体の組織・活動についての法規制であるから、個人間の法律関係とは異なる法理、すなわち団体法としての法理に服する。たとえば、会社とその機関との関係・多数決原則・法律関係の画一的確定・会社とその構成員（社員）の関係（社員〔株主〕平等の原則）、構成員（社員）相互の関係を規律する独特の制度を有している。

　しかし会社は、私企業の主体としての営利団体であり、その構成員（社員・株主）の利益をはかることを目的としている（後述）。したがって会社法も、このような社員（株主）の利益を保護しまたは助成することを目的とし任務としなければならない。ただ、会社には利害関係人、つまりこれに参加する社員（株主）および会社と取引関係に立つ第三者が多いことから、これら多数の関係者の利害調整をはかることも、会社法の重要な任務である。会社法の法領域において国家が強い後見的作用をいとなむのは（たとえば、強行法規による厳格

な規則・裁判所の関与・企業維持の制度)、そのためである。この点は、商法のなかでも、広範な私的自治が認められる商行為法とは対照的である。

第2節　会社の概念

I　会社の法的性質

会社法2条1号によれば、会社とは、株式会社、合名会社、合資会社または合同会社をいうと定義されている。しかし、この規定は会社の種類だけを述べたにすぎず、実質的な定義ではない。従来から会社は、営利を目的とする社団法人であると考えられてきた（平成17〔2005〕年改正前商52条・54条1項参照）。会社法によってこの定義が否定されたとは考えにくい。

1　社団性　社団というのは、共通の目的を有する複数人の集まりを意味するだけであって、法律上は組合（民667条）に近い合名会社も、原則的には複数の構成員からなる一種の社団である。この社団の構成員は、法律上社員とよばれる（従業員の意味ではない）。一方、資本的結合体である株式会社は、財団的性格がきわめて強いが、法律上は社員である株主から成る社団である。

合資会社以外の会社は、1人の社員で設立することができ、成立後も社員1人のみで存続することが認められる（一人会社）。このような会社は社団ではないと指摘する見解もあるが、このような会社も新たな社員を加入させることによって、いつでも複数の社員になる可能性があり、潜在的な社団であるとする見解が多数である。

2　法人性　会社には、社団の構成員とは別個の独立した法人格が認められており、法人である（3条）。この会社の法人としての性質（法人性）には、通常、次の4つの属性がある。

① 　会社は法人として会社自身の財産（会社財産）をもつ。

② 　取引の上において権利義務の主体となることのできる能力（一般的権利能力）を有している。訴訟上も、会社として訴えまたは訴えられることができる（訴訟当事者能力。なお民訴29条参照）。会社財産に対して強制執行をするには、会社に対する債務名義（民執22条）が必要である。

③ 　会社は、その構成員とは別個の独立した法人として、構成員に変動が

あっても、会社自身が同一性をもって存続する（永久継続性）。とくに株式会社では、株式譲渡（構成員の地位の譲渡）自由の原則が認められている（127条）。

④　法人自体が活動するためには機関を備えなければならない。この機関の資格は社員資格とは別個のものである。

3　営利性　　会社は、営利を目的とする社団すなわち営利社団であり、これに法人格が与えられたものであるから、営利法人である。営利団体としての会社は、その要件として、以下のことが求められる。

①　団体自体が対外的に営利活動（事業）を行うこと。かつ

②　これにより得た利益を出資者である団体の構成員に分配することを目的としなければならないこと（株式会社につき、105条1項1号2号。持分会社につき、621条1項2項・664条・666条）。

また会社法は「会社がその事業としてする行為及びその事業のためにする行為は、商行為とする。」と定めているから（5条）、「自己の名をもって商行為をすることを業とする」商法上の商人でもある（商4条1項。生まれながらの商人）。しかし、この商人概念の成立に求められる営利性は、通常は営利を目的として対外的取引をするという意味であるから、会社の営利性の内容とは異なっている。

対外的営利活動により利益を得ることを目的としない相互保険会社や協同組合は、会社法上の会社とはいえない。

一方、公益法人（民33条2項）は、公益をはかることを目的とし、付随的に収益事業をした場合でも（たとえば、私立学校法26条、宗教法人法6条2項）、得た利益（収益）はすべて本来の目的である公益に充当しなければならないのに対して、営利法人は、出資をした構成員の私的利益として戻すことが必要である。

II　会社の権利能力

1　権利能力の範囲　　会社は法人として一般的に権利義務の主体としての地位（一般的権利能力）を有するが、同時にその反面、法人としての性質上（民33条参照）、一定の制限に服する。自然人特有の性質を前提とする権利義務を法

人がもつことができないのは、当然のことである。

　会社は法令の特別規定によりその法人格が制限される（平成18〔2006〕年改正前民43条参照）。かつては、会社は他会社の無限責任社員となることができなかった（平成17〔2005〕年改正前商55条、旧有限会社法4条）。それゆえ、合弁企業を合名会社形態で行うことはできず、また会社を無限責任社員とする合資会社も認められなかった。しかし、会社法は無限責任社員についてのこの制限を撤廃している。

　2　目的による制限　　法人は、自然人と異なり、目的を中心として形成される法的人格者である。それは目的を中心とする団体（目的団体）に法人格が認められたものであるから、そのような目的団体である法人が、その目的の範囲内において法人格を有するのは当然である。従来の通説および判例は、平成18（2006）年改正前民法第43条（民34条）を根拠に、会社の権利能力は定款所定の目的によって制限されるという立場をとってきた。

　ただ、会社の権利能力の範囲を定款の目的に制限すると、取引の安全が害さ

◆基本判例1◆　会社の能力と目的の範囲
最判昭27・2・15民集6・2・77

　B家の財産保全のために設立されたA社団（合資会社）の定款所定の目的は、「不動産その他財産を保存し、これが運用利殖を計ること」であった。A社団の無限責任社員Cは、同社団を代表して、同社団所有の本件建物をX（原告・控訴人・上告人）に売却した。Xは、B家所属でありこの建物に居住しているY₁～Y₄に対して、本件建物の明渡しを求める訴訟を提起した。

［判　旨］ 破棄差戻し

① 「A社団の定款に定められた目的は不動産、その他財産を保存し、これが運用利殖を計ること……であるが、……財産の運用利殖を計るためには、時に既有財産を売却することもあり得る……。……のみならず、仮りに定款に記載された目的自体に包含されない行為であっても目的遂行に必要な行為は、また、社団の目的の範囲に属するものと解すべきであ」る。

② 「目的遂行に必要なりや否やは、……会社の定款記載の目的に現実に必要であるかどうか……ではなくして定款の記載自体から観察して、客観的に抽象的に必要であり得べきかどうかの基準に従って決すべき……である。」

③ 「本件建物の売却もこれを抽象的に客観的に観察すればまた、同社団の定款所定の目的たる財産の保存、運用、利殖のために必要たり得る行為であることは云うまでもない」。

れる危険性が高い。そこで、定款所定の目的たる事業に対して出資をした社員（株主）の利益保護の要請と、会社と取引をする相手方の保護という取引安全確保の要請との調整をはかるため、判例は、①定款所定の目的である事業自体に属する行為（記載文言から推理演繹しうべき行為も含む）のみならず、その目的達成に必要な行為をも含むものとし（大判大元・12・25民録18・1078）、②いわゆる必要な行為か否かについては、当該行為の客観的性質により抽象的に判定するものとし、具体的現実に必要か否かを基準としないという解釈をとっている（大判昭13・2・7民集17・50、最判昭27・2・15民集6・2・77。**基本判例1**）。

　会社は営利を目的とするものであって、慈善事業を行うものではない。しかし慈善的寄付行為、人材育英資金・学術奨励金などの支出行為、政党・宗教団体等への献金行為など、いわゆる非取引的行為も、営利目的を達成する手段として直接間接に必要であるかぎり、営利の目的の範囲内の行為であると考えてよい（政治献金につき、最大判昭45・6・24民集24・6・625）。ただし、このような非取引的行為については取引の安全の考慮を要しないから、行為の相手方の利益について考慮する必要はなく、会社の利益だけを考えて、具体的現実に必要か否かを決すればよい。

　3　法人格否認の法理　　(1)　**法人格否認の法理**　　会社は、法人として固有の法人格が認められ、その社員とは別個の、独立した権利義務の主体とされている。しかし、個人企業の法人成りによる会社（いわゆる個人会社）や一営業部門または支店を別法人化した会社（子会社）などでは、会社の法人格を維持することが正義・衡平に反する場合が生じる。会社の法人格を全面的に奪って、その法人としての存在そのものを否認する制度としては、公益上会社の存立を許さない場合における裁判所の解散命令（824条）、詐害設立に対しての債権者による持分会社設立取消しの訴え（832条）、会社財産の管理・処分の著しい失当に対する少数株主による会社の解散の訴え（833条）の制度があるが、これとは別に、特定の場合に一定の法律関係にかぎりその法人格を否定し、これによりその背後にある実体を捉え、その実体に即した法的処理を認めようとするのが、法人格否認の法理（イギリスにおける Doctrine of Lifting or Piercing Corporate Veil；アメリカの Disregard of Corporate Personality）である。わが国の判例（最判昭44・2・27民集23・2・511。**基本判例2**）も、法人格の形骸化または濫用

◆基本判例2◆　法人格の否認

最判昭44・2・27民集23・2・511

　X（原告・被控訴人・被上告人）は、自己の店舗を、実質Aの個人企業であるY株式会社に賃貸したが、Xは、A個人に貸したと思っていた。契約期間満了後、店舗が明け渡されなかったため、Xは、Aに明渡しを求める訴訟を提起し、明渡しを約束する裁判上の和解が成立した。Xは、この和解にもとづく明渡しを求めて、本件提訴をした。Y会社は、和解の当事者はAであり、Yの店舗使用部分は、明け渡さないと主張した。

［判　旨］上告棄却

① 「法人格の付与は……立法政策によるものであって、……これ（団体・筆者）を権利主体として表現せしめるに値すると認めるときに、……行なわれる……。従って、法人格が全くの形骸にすぎない場合、またはそれが法律の適用を回避するために濫用されるが如き場合においては、……法人格を否認すべきことが要請される」。

② 「株式会社形態がいわば単なる藁人形に過ぎず、……その実質が全く個人企業と認められる……ような場合、……その取引がはたして会社としてなされたか、または個人としてなされたか判然しないことすら多く、相手方の保護を必要とする」。

③ 「Y社……の実体は背後に存するA個人に外ならないのであるから、……前示裁判上の和解は、A個人名義にてなされたにせよ、その行為はY社の行為と解し得る」。

の場合に、この法理を解釈論として採用した。

　（2）　法理適用の要件　　(a)会社とその社員（株主）または子会社と親会社は、それぞれ別の法人格を有するが、法人格否認の法理は、①法人格が形骸にすぎない場合、すなわち会社形態がいわば藁人形にすぎず、会社即個人であり、個人即会社であって、その実質が全く個人企業と認められるような場合、あるいは②法人格の濫用の場合、すなわち法人である会社または子会社の背後にあって、当該会社・子会社を支配することのできる地位にある者（社員または株主個人・親会社）が、違法・不当な目的のために（目的の要件）、当該会社・子会社の法人格を濫用している場合に（主観的濫用説）、この法理の適用が認められる。

　判例は、会社と社員個人との間において業務および財産が継続的に混同されているか否かに形骸化の基準を求めるものが多い（最判昭47・3・9判時663・88等）。法人格を濫用する場合としては、たとえば事業の譲渡人が傀儡（あやつり人形）的な別会社を設立して不当に競業行為をさせるような場合である。同様に、子会社における賃金の支払を免れるためにこの子会社を倒産させ、別個に新たな子会社を設立して事業を継続するような場合にも、親会社の責任が問わ

れることになる（仙台地決昭45・3・26判時588・52）。

　(b)なお法理適用の効果に関し、実体法上、法人格の否認により会社と社員それぞれの人格を無視することができる場合でも、判例（最判昭53・9・14判時906・88等）は、手続法上、既判力および執行力など判決の効力を一方から他方へ拡張できないとしている。しかし、会社または社員の一方に対する強制執行につき他方が提起した第三者異議の訴え（民執38条参照）を否定する下級審判例も存在する（前掲仙台地決昭45・3・26、鹿児島地判昭46・6・17下民22・5＝6・702、大阪地判昭49・2・13判時735・99）。

　4　会社の解散命令　　一定の事由が会社について存在し、その結果、会社の存続が公益維持の見地から、もはや許されないときには、裁判所は一定の者の請求により、会社に対して解散を命ずことができる（824条）。その事由は、①会社の設立が不法の目的をもってされたとき、②正当の理由なくして成立後1年以内に開業をせずまたは1年以上事業を休止したとき、および③取締役が法務大臣の書面による警告を無視して法令・定款に定める会社の権限を踰越・濫用する行為または刑罰法令に違反する行為を継続・反復したとき、の3つである。解散命令は、設立に関する準則主義の欠陥を塡補・是正する機能を営む制度として設けられているが、実際にはほとんど活用されていない。そのため、休眠会社の整理（後述第2章第7節Ⅲ参照）が強制化された（みなし解散）。なお解散命令とは別に、会社の解散の訴えの制度がある（833条。後述第2章第7節参照）。

第3節　会社の種類

Ⅰ　会社法上の会社

　わが国では、会社の種類は、会社法上の会社として、株式会社のほか、合名会社・合資会社および合同会社の4種が法定されている（2条1号）。これ以外の形態の会社の存在は認められていない。

　上の4つの会社の種類は、主に会社の構成員である社員（株主）の会社債権者に対する責任の態様により区分される。まず、社員が会社債務につき会社債権者に対し直接に弁済責任を負う場合があり、これを直接責任といい、その責

任が一定額を限度とするか否かにより、有限責任と無限責任とに分かれる。これに対し、会社の債務については会社が会社財産のみをもって弁済の責に任じ、会社の社員は、直接には会社債務を弁済する責任を負わないけれども、会社に対して出資義務を負い、その出資から成る会社財産をもって会社が会社債務を弁済すべき関係にある場合には、これを間接責任ということができる。この間接責任についても、一定額を限度とするか否かにより有限責任と無限責任に分けられる。

　以上の態様の責任を組み合わせると、合名会社は、直接無限の責任を負う社員（無限責任社員）のみから成る会社であり、合資会社は直接無限責任社員と直接有限の責任を負う社員（有限責任社員）の両者から成る会社である。これに対して、株式会社は、間接有限の責任を負う社員（株主）のみから成る会社である。いわゆる株主有限責任の原則（104条）とは、株主の会社に対する出資義務が一定額を限度とする有限責任をいう。合同会社も、会社債権者に対し直接かつ有限の責任（580条2項）を負う構成員（社員）のみから成る会社であるが、会社への出資責任をすべて設立の時に果たすことが要求されているから（578条）、実質的には、その構成員の責任の態様は、株式会社の株主と同様である。

Ⅱ　会社の分類

　各種の会社のうち、合名会社は、会社債務につき会社債権者に対し直接無限の責任を連帯して負担する無限責任社員のみから成り（576条2項）、各社員が自ら企業の経営に参加するから（590条・599条1項本文）、そこでは構成員たる社員は誰かという人的要素が重視され、社員の地位の移転も困難である（585条）。これに対し、株主有限責任の原則（104条）が認められる株式会社では、会社財産その他の物的要素が重視され、企業経営も株主以外の第三者にゆだねられるとともに（331条2項本文・355条参照）、株主の地位についてはその移転が容易である（株式譲渡自由の原則・127条）。このようなことから、各種の会社について、理論上、次のような分類もなされている。

1　人的会社・物的会社　　その分類の基準は学説により異なっているが、会社の内部関係に着目し、社員と会社との関係および社員相互の関係が密接か否か、とりわけ社員の地位を移転することの難易度を基準として考えるという

見解が有力である。いずれの説に従っても、合名会社は人的会社の典型であり、その対極をなしている株式会社は物的会社（資本的会社）の典型とされる。その他の種類の会社はこの両極の中間に位置し、合資会社は人的会社の一種と認められる。

　会社法が新たに創設した合同会社は、これまでの人的会社・物的会社のいずれの範疇にも入らない会社といえる。社員が有限責任しか負わない点は、株式会社と同じであるが、一方、会社の内部関係は非常に自由であって、社員間の信頼関係は厚いものになる。「人的資本会社」ともよばれる。

　2　公開会社・閉鎖会社　　会社法2条5号によれば、公開会社とは、会社の発行する株式の全部または一部について、定款による譲渡制限（会社による承認）が設けられていない株式会社であるとされている。したがって、会社の発行するすべての種類の株式に譲渡制限が設けられている株式会社が閉鎖会社ということになる。

　もっとも、最狭義での公開会社とは株式が金融商品取引所に上場されている株式会社（上場会社）をさすが、ほかにも、金融商品取引法の適用を受ける会社（金商4条参照）をも含み、会社法上ではさらに広く、定款で一部または全部の株式について譲渡制限を定めていない株式会社を意味する（2条5号）。これに対し、上述の譲渡制限を定める会社（いわゆる株式非公開の会社）を閉鎖的株式会社というが、広くは合同会社も、合名会社などの人的会社と同様、閉鎖会社である。わが国では、同族会社のような実質的には人的会社の実体のものが、株式会社形態をとっている場合が多く、ことに個人企業の法人成りによる株式会社（いわゆる個人会社）が増大したことに伴って、閉鎖型株式会社をめぐる法律問題が重要性をもつに至っている。

　3　一般法上の会社・特別法上の会社　　一般法である会社法のほか、さらに特別法の規定に従うものを特別法上の会社という。これには、特定の会社のための特別法にもとづいて設立され、国の政策にもとづく特殊規制に服する特殊会社（旧日本航空株式会社〔JAL〕・旧KDD・電源開発株式会社・NTTなど）と、特定種類の営業を目的とする会社一般のための業法（銀行法・信託業法・保険業法・金融商品取引法・地方鉄道法など）に従う特別事業会社（銀行・保険会社・証券会社・私鉄など）とがある。

4　その他の会社　(1)　特例有限会社　有限会社を規制していた有限会社法は廃止された。したがって会社法施行後においては、有限会社を新たに設立することはできない。一方、会社法の施行に伴う関係法律の整備等に関する法律（会社法整備法）は、既存の有限会社を、会社法上株式会社として位置づけており（会社法整備法2条1項）、原則的に会社法が適用されることになった（たとえば、特例有限会社も会社法の社債に関する規定に従い社債を発行できる）。ただ、有限会社として存続することも認められ、そのような会社は、商号中に有限会社という文字を用いなければならない（会社法整備法3条1項）。このような会社を特例有限会社という（同3条2項）。会社法整備法は、旧有限会社法上の制度を株式会社制度にそのまま移行させるためのみなし規定を設け（同2条2項3項・8条・9条等）、また有限会社規制の実質を維持するために、特例有限会社について、会社法の特例を定めている（同14条・17条1項2項・18条・21条・23条・24条・26条・28条・39条参照）。

　会社法施行後、特例有限会社を通常の株式会社にする場合は、単に株式会社への商号変更をして、特例有限会社の解散登記をし、株式会社としての設立登記をすればよい（同45条・46条）。

　(2)　同族会社　これは、本来、税法上の概念であって、会社の株主等（その会社が自己の株式または出資を有する場合のその会社を除く）の3人以下ならびにこれらと政令で定める特殊な関係のある個人および法人がその会社の発行済株式または出資（その会社が有する自己の株式または出資を除く）の総数または総額の50パーセントを超える数または金額の株式または出資を有する場合その他政令で定める場合におけるその会社をいう（法人税法2条10号）。同族会社には、節税ないし脱税防止の措置が税法上とられており（法人税法67条・132条、国税徴収法35条）、わが国ではこの会社が圧倒的多数を占めている。

第4節　会社法総則

I　商　　号

1　商号の選定　商人がその営業上自己を表す名称を商号というが（商11条参照）、会社の名称はこの商号にあたる（6条1項）。個人商人は、その営む営

業の種類ごとに別個の商号（営業ごとに1つの商号・商号単一の原則）を使用することができるが、会社は、複数の事業を営んでも、その商号はつねに1個である。

　また会社は、その「種類に従い、それぞれの商号中に株式会社、合名会社、合資会社又は合同会社という文字を用いなければなら」ず（6条2項）、また「その商号中に、他の種類の会社であると誤認されるおそれのある文字を用いてはならない。」（6条3項）。会社の種類が違えば、社員の責任・機関の構造などが異なるから、会社の債権者保護のために、どのような種類の会社であるかを知ることができるようにすることが必要である。

　2　商号使用の制限　　さらに「会社でない者は、その名称又は商号中に、会社であると誤認されるおそれのある文字を用いてはならない。」とされ（7条）、また「何人も、不正の目的をもって、他の会社であると誤認されるおそれのある名称又は商号を使用してはなら」ず（8条1項）、これに「違反する名称又は商号の使用によって営業上の利益を侵害され、又は侵害されるおそれのある会社は、その営業上の利益を侵害する者又は侵害するおそれがある者に対し、その侵害の停止又は予防を請求することができる。」（8条2項）。

　3　商号使用の許諾　　「自己の商号を使用して事業又は営業を行うことを他人に許諾した会社は、当該会社が当該事業を行うものと誤認して当該他人と取引をした者に対し、当該他人と連帯して、当該取引によって生じた債務を弁済する責任を負う。」（9条）。名板貸し人の責任を定めたものである（商14条参照）。

Ⅱ　使用人

　1　支配人の権限と義務　　会社は、支配人を選任し、その本店または支店において、その事業を行わせることができる（10条）。支配人は、会社に代わってその事業に関する一切の裁判上または裁判外の行為をする権限を有しており（11条1項）、他の使用人を選任し、または解任することができる（同条2項）。この支配人の代理権に加えた制限は、善意の第三者に対抗することができない（同条3項。支配人の包括的代理権）。代表取締役など会社の代表機関は、会社の機関であり、会社の構成（成立）要素の1つであって、その権限を代理

権とはよばない。支配人は会社の機関でなく、その権限は代理権とよばれている。会社の支配人は、絶対的登記事項である（918条）。

　支配人は、会社の事業に専心服務すべき義務（専念義務）を負う。したがって、会社の許可を受けなければ、①自ら営業を行うこと、②自己または第三者のために会社の事業の部類に属する取引をすること、③他の会社または商人の使用人となること、④他の会社の取締役、執行役または業務を執行する社員となることができない（12条1項）。支配人が会社の許可を得ずにこのような行為をしたときも、その行為は無効ではない。しかし当該行為によって支配人または第三者が得た利益の額は、会社に生じた損害の額と推定されることになる（同条2項）。

　2　表見支配人　　支配人としての代理権を付与されていないのに、会社の本店または支店の事業の主任者であることを示す名称を付した使用人は、善意（重過失のある者を除く）の相手方との関係では、当該本店または支店の事業に関し、一切の裁判外の行為をする権限を有するものとみなされる（13条。表見支配人という）。

　3　その他の使用人　　事業に関するある種類または特定の事項の委任を受けた使用人（部課長など）は、当該事項に関する一切の裁判外の行為をする権限を有する（14条1項）。この使用人の代理権に加えた制限は、善意の第三者に対抗することができない（同条2項）。

　物品の販売等（販売、賃貸その他これらに類する行為をいう）を目的とする店舗の使用人は、相手方が善意であるかぎり、その店舗にある物品の販売等をする権限を有するものとみなされる（15条）。

Ⅲ　代 理 商

　会社のためにその平常の事業の部類に属する取引の代理または媒介をする者で、その会社の使用人でないものを代理商という（16条）。代理をする者を締約代理商、媒介をする者を媒介代理商という（典型的な例は、損害保険代理店〔保険2条21項〕）。いずれの代理商も、会社とは別個の独立の商人である。代理商が取引の代理または媒介をしたときは、遅滞なく、会社に対して、その旨の通知を発しなければならない（16条）。

　代理商は、会社の許可を受けなければ、①自己または第三者のために会社の事業の部類に属する取引をしてはならず、また②会社の事業と同種の事業を行う他の会社の取締役、執行役または業務を執行する社員となってはならない（17条 1 項）。代理商がこの義務に違反して行為をしたときは、当該行為によって代理商または第三者が得た利益の額は、会社に生じた損害の額と推定される（同条 2 項）。

　商法526条 2 項は、商人間の売買において、買主に対して目的物を検査し、瑕疵があることまたはその数量に不足があることを発見したときは直ちに売主に対してその旨の通知をすることを要求しているが、代理商から買い入れた場合には、買主はこの通知を代理商に対して行うことができるものとし、代理商は、この通知その他の売買に関する通知を受ける権限を有するものとされている（18条）。

　会社および代理商は、契約の期間を定めなかったときは、 2 ヶ月前までに予告し、その契約を解除することができ、やむを得ない事由があるときは、いつでもその契約を解除することができる（19条）。

　代理商は、取引の代理または媒介をしたことによって生じた債権の弁済期が到来しているときは、当事者が別段の意思表示をした場合を除き、その弁済を受けるまでは、会社のために当該代理商が占有する物または有価証券を留置することができる（20条）。

Ⅳ　事業譲渡

1　事業譲渡会社の競業避止義務　事業を譲渡した会社（譲渡会社）は、当事者の別段の意思表示がないかぎり、同一の市町村（特別区を含むものとし、地方自治法252条の19第 1 項の指定都市にあっては、区または総合区）の区域内およびこれに隣接する市町村の区域内においては、その事業を譲渡した日から20年間は、同一の事業を行ってはならない（21条 1 項）。譲渡会社が特約をした場合でも、その特約は、その事業を譲渡した日から30年の期間内にかぎり、その効力を有する（同条 2 項）。競業禁止に触れない場合であっても、譲渡会社は、不正の競争の目的をもって同一の事業を行ってはならない（同条 3 項）。

　さらに、譲渡会社が譲受会社に承継されない債務の債権者（残存債権者）を

害することを知って事業を譲渡した場合には、残存債権者は、その譲受会社に対して、承継した財産の価額を限度として、当該債務の履行を請求することができる。ただし、その譲受会社が事業の譲渡の効力が生じた時において残存債権者を害すべき事実を知らなかったときは、この限りでない（23条の2第1項）。譲受会社の責任は、当該譲渡が残存債権者を害することを知って行われたことを知ったときから2年以内に請求または請求の予告をしない残存債権者に対しては、その期間を経過した時に消滅する。事業譲渡の効力が生じた日から20年が経過したときも、同様とされる（同条2項）。譲渡会社について破産手続・再生手続または更生手続の開始の決定があったときは、残存債権者は、譲受会社に対して、第1項の規定による請求をする権利を行使することができない（同条3項）。

2　商号の続用と債務の弁済　(1)　事業を譲り受けた会社（譲受会社）が譲渡会社の商号を引き続き使用する場合には、その譲受会社も、譲渡会社の事業によって生じた債務を弁済する責任を負う旨規定されている（22条1項）。しかし、事業を譲り受けた後、遅滞なく、譲受会社がその本店の所在地において譲渡会社の債務を弁済する責任を負わない旨を登記した場合には、この規定は適用されず、事業を譲り受けた後、遅滞なく、譲受会社および譲渡会社から第三者に対しその旨の通知をした場合において、その通知を受けた第三者についても、同様とされる（同条2項）。また、譲渡会社の事業によって生じた債権について、譲受会社にした弁済は、弁済者が善意でかつ重大な過失がないときは、その効力を有する（同条4項）。

(2)　譲受会社が譲渡会社の商号を続用して譲渡会社の債務を弁済する責任を負う場合の譲渡会社の責任は、事業を譲渡した日後2年以内に請求または請求の予告をしない債権者に対しては、その期間を経過した時に消滅する（同条3項）。

(3)　譲受会社が譲渡会社の商号を引き続き使用しない場合においても、譲渡会社の事業によって生じた債務を引き受ける旨の広告をしたときは、譲渡会社の債権者は、その譲受会社に対して弁済の請求をすることができる（23条1項）。譲受会社がかかる責任を負う場合には、譲渡会社の責任は、同項の広告があった日後2年以内に請求または請求の予告をしない債権者に対しては、そ

の期間を経過した時に消滅する（同条2項）。

　(4)　会社が会社でない商人に対してその事業を譲渡した場合には、当該会社を商法16条（営業譲渡人の競業の禁止）1項に規定する譲渡人とみなして、同法17条・18条および18条の2の規定（上記会社法22条・23条および23条の2の規定と同旨）が適用される（24条1項）。また、会社が商人の営業を譲り受けた場合には、当該商人は譲渡会社とみなされ、前述した22条・23条および23条の2の規定が適用される（24条2項）。

V　商業登記

　会社が会社法の規定により登記すべき事項は、商業登記簿に登記される（907条）。

　会社が登記すべき事項は、登記の前後を問わず、悪意の第三者には対抗することができるが、善意の第三者に対しては、登記の後でなければ、対抗することができない（908条1項前文）。登記の後であっても、第三者が正当な事由によってその登記があることを知らなかったときも、同様である（908条1項後文）。これを、商業登記の一般的効力という。

　商業登記への登記義務を商人の義務と解し、この義務を履行していない登記前の商人には、登記事項である事実の対抗不能という私法上の制裁が課され、登記後はこの制裁が解かれて、非登記事項と同じように登記した事実を主張できるようになると、商業登記の一般的効力を考える説もあるが、通説は、登記後は登記を知らない第三者にも登記事項をもって対抗することができることになるとし、その理由を、商業登記制度の下では一般公衆は登記簿を探知する義務を負っており、その結果、登記により第三者の悪意が擬制されるからであると説いている（悪意擬制説。不動産登記のように登記により対抗力が付与されるのではない）。

　登記事項に変更が生じ、またはその事項が消滅したときは、当事者は、遅滞なく、変更の登記または消滅の登記をしなければならない（909条）。登記は、その登記された事項（事実）が存在してはじめて効力が生じる。存在しない事項を登記しても何の効力も生じない。しかしそうだとすると、会社と取引する第三者は、いちいち登記が真実であるか調査しなければならないことになり、

登記に対する信頼はゆらぎ、商業登記制度の効用は低下する。そこで法は、故意または過失により不実の登記をした者は、その事項の不実なことをもって善意の第三者に対抗することを得ないものとした（908条2項）。この対抗不能の効力については、登記義務に違反して不実の登記をした者に対する私法上の制裁であると解する説も存在するが、通説は、この効力は、英米法における表示による禁反言の法理ないしドイツ法でのいわゆる外観法理にもとづいて、登記申請者に故意または過失があった揚合にかぎり、登記に公信力を認めたものと解している。

　会社法は、平成17（2005）年の改正により支店の登記を簡略化し、支店では、商号・本店の所在場所・支店の所在場所のみが登記されることになったが（930条2項）、令和元（2019）年の改正で、必要性が乏しいとして、支店の登記は廃止された。

第**2**章 株 式 会 社

第1節 設 立

I 総 説

1 設立の意義 株式会社の設立とは、株式会社という団体（社団）を法人として成立させる手続である。設立の手続は、会社の根本規則である定款の作成に始まり、会社の構成員であり出資者である株主の確定、出資の履行、会社の活動のために必要な機関（取締役など）の設置などにより、会社の実体が形成され、最後に設立登記がなされることで、その実体に対して法人格（権利能力）が付与され、法人としての会社が成立する。このように、法人の成立のための要件を法律で定め、その要件が満たされた場合に、法人の成立を認める立法主義を「準則主義」という。

なお、特殊な株式会社の設立として、新設合併（2条28号・753条以下）、新設分割（2条30号・762条以下）、株式移転（2条32号・772条以下）があるが、これらは既存の会社の組織再編に伴うものであるから、会社法第2編第1章設立の規定は原則として適用されない（814条1項）。

2 設立の方法——発起設立と募集設立 株式会社の設立には、「発起設立」と「募集設立」の2種類の方法がある。発起設立は、発起人が「設立時発行株式」（設立に際して発行する株式）の全部を引き受ける方法であり（25条1項1号）、募集設立は、発起人が設立時発行株式の一部を引き受けて、残りの設立時発行株式を引き受ける者を募集する方法である（25条1項2号。なお、この募集に応じて設立時発行株式の引受けの申込みをした者に対して割り当てる設立時発行株式を「設立時募集株式」という。58条1項かっこ書）。募集設立の方法をとる場合には、発起人全員の同意が必要である（57条2項）。募集設立は、本来は大規模な会社の設立に適しているが、一般公衆に広く公募する必要はなく、発起人の親

族・知人などのいわゆる縁故募集でもよい。発起設立のほうが設立手続が簡単なため、実際には一般に発起設立の方法がとられている。

Ⅱ　発 起 人

1　発起人の意義・資格　　(1)　発起人の意義　　発起人とは、定款に発起人として署名または記名押印（電子署名を含む。電子署名につき会社則225条参照。以下、署名・記名押印・電子署名を含めて「署名等」という）をした者である（26条）。法律関係を明確にするために、発起人は署名等の有無により形式的に定義される。よって、定款に発起人として署名等をしなかった者は、実際に設立の企画者・執行者であったとしても法律上は発起人ではない（大判明41・1・29民録14・22）。ただし、募集設立の場合には、このような者は、擬似発起人として責任を負うことがある（103条4項。後述、Ⅶ1(4)参照）。発起人は1人でもよい（株主が1人のいわゆる一人株式会社を設立する場合は、発起人が1人で発起設立の方法をとればよい）。発起人は設立時発行株式を1株以上引き受けなければならないから（25条2項）、出資を履行すれば成立後の会社の株主となる。

(2)　発起人の資格　　発起人の資格については規定がなく、会社などの法人でもよい（なお取締役・監査役・執行役については法人は認められない。331条1項1号・335条1項・402条4項）。

2　発起人組合　　複数の発起人がいる場合、発起人間には、株式会社の設立という共同事業を行うことを目的とする合意が存在するのが通常である。判例上、この合意は民法上の組合契約（民667条）とされ（大判明43・12・23民録16・982等）、この組合は「発起人組合」とよばれる。設立手続は、発起人組合の事業としてなされることになる。発起人組合は、会社の成立または不成立によって解散する（民682条1号）。

3　設立中の会社　　株式会社は設立登記によって突然に成立するのではなく、定款の作成に始まる設立手続を経て、会社の実体が次第に形成される。設立登記によって成立する会社の前身である実体を「設立中の会社」（その法的性質は「権利能力のない社団」とされる）といい、発起人はその執行機関であるとされる。発起人は設立事務全般を行う権限を有する反面、成立後の会社としての事業行為をなしえない（979条参照）ことについてはほぼ異論がない。いわゆる

◆**基本判例3**◆　**発起人の開業準備行為**
　　　　　　　最判昭33・10・24民集12・14・3228

　Ａ株式会社の設立を計画発起していたＹは、同社の設立登記完了前に、将来成立するＡ社の宣伝になるとして、Ａ社代表取締役と称してＸ社との間で野球試合実施に関する契約を締結した。当該試合は実施されたが、同契約所定の報酬金等がＸ社に支払われなかった。そこで、Ｘ社は、Ｙは代表すべき法人が存在しないのにその代表者としてＸ社との間で契約を締結したものであり、ＹとＡ社の関係は無権代理の場合と同様であるとして、民法117条1項を類推し、Ｙに対して上記報酬金等の支払を求めた。第1審および原審ともにＸ社の主張を認めたので、Ｙは、同条項は契約当時本人が実在し、追認しうる状態にあることを前提としているため、同条項を本件契約に類推適用できないと主張して、上告した。

[判　旨]　上告棄却

　本件契約は、会社の設立に関する行為といえないから、その効果が設立後の会社に当然帰属すべきいわれはないと判示した上で、「……Ｙは、本来の無権代理人には当たらないけれども、同条（民法117条・筆者）はもっぱら、代理人であると信じてこれと契約した相手方を保護する趣旨に出たものであるから、これと類似の関係にある本件契約についても、同条の類推適用により、……Ｙがその責めに任ずべきものと解する……。」

　「開業準備行為」が発起人の権限に含まれるかどうかについては見解が対立しているが、判例は、発起人は財産引受け以外の開業準備行為をなしえないとする（最判昭38・12・24民集17・12・1744。なお、発起人の契約責任について、**基本判例3**）。成立後の会社と設立中の会社は、法人格を別として、実質的には同一であるから、設立段階における法律関係が当然に成立後の会社に引き継がれることになる（通説。この立場を「同一性説」という）。

Ⅲ　定款の作成と記載事項

1　定款の作成　　発起設立・募集設立ともに、設立の第一段階は定款の作成である。定款とは、株式会社の組織や運営を定めた根本規則のことで、発起人によって作成される（26条1項）。定款は、書面のほか電磁的記録で作成してもよい（26条2項。電磁的記録につき会社則224条）。定款は、公証人の認証を受けないと効力を生じない（30条1項）。公証人の認証を受けた定款は、会社の成立前には、明文の規定のないかぎり（33条7項9項・37条1項2項・96条）、これを変更することができない（30条2項）。公証人の認証が要求されるのは、公証人が定款の内容が適法であることを確認して、後日の紛争等を防止するためであ

る。設立時に作成される定款を一般に「原始定款」という。

　なお、定款は、発起人の定めた場所（たとえば設立事務所）に備え置かなければならず、各発起人および設立時募集株式の引受人は、発起人の定めた時間内には、いつでも定款の閲覧等を請求できる（31条1項2項・102条1項）。

　2　定款の記載事項　　定款の記載事項には、「絶対的記載事項」・「相対的記載事項」・「任意的記載事項」がある（以下、定款が電磁的記録で作成される場合を含めて「記載」および「記載事項」という）。

　(1)　絶対的記載事項　　定款に必ず記載しなければならない事項で、その1つでも記載がないと定款自体が無効となる。以下の6つの記載事項がある。

　　①　目的（27条1号）　　会社の事業目的を記載する。複数の事業目的を記載してもよいし、それらを現実に営んでいるかどうかも問われない。

　　②　商号（27条2号）　　商号は会社の名称であり（6条1項）、商号中に「株式会社」という文字を用いなければならない（6条2項）。商号中に、他の種類の会社と誤認されるおそれのある文字を用いることはできない（6条3項）。なお、銀行業などの特定の業種の会社の商号中には、その業種を示す「銀行」「保険」「信託」の文字を使用しなければならない（銀行6条1項、保険業7条1項、信託業14条1項）。

　　③　本店の所在地（27条3号）　　本店とは会社の主たる営業所であり、本店の所在地とは、この本店の所在する独立の最小行政区画（市町村、東京都の特別区）をいう。会社は本店の所在地における設立登記によって成立し（49条）、会社の住所は本店の所在地にあるものとされる（4条）。本店の所在地は、会社の組織に関する訴えや役員等の責任追及等の訴えの専属管轄地となる（835条1項・848条）など、重要な意味をもつ。

　　④　設立に際して出資される財産の価額またはその最低額（27条4号）

　発起人および設立時募集株式の引受人から出資される財産の価額またはその最低額を記載する（たとえば「第○条　当会社の設立に際して出資される財産の価額（または最低額）は、金××万円とする」）。設立に際して出資される財産の価額とは、金銭出資の場合に払い込まれる金銭の額の総額と現物出資（後述、Ⅲ2(2)(a)①参照）の場合に給付される財産の価額の合計額である。会社法には株式会社の最低資本金の定めはないので（会社法制定以前には株式会社の最低資本金は

1000万円とされていた。平成17（2005）年改正前商法168条ノ4）、財産の価額は1円としてもよい（この1円が資本金となる。たとえば資本金1円の株式会社を設立する場合、発起人は1人でもよいから、発起設立の方法をとり、1株のみを発行することにし、その1株の金額を1円として、1人の発起人がその1株を引き受けて1円の払込みをすれば、資本金1円の会社を設立できる）。出資の履行をしない者が生じる場合（36条3項・63条3項）などに備えて、「最低額」を記載することも認められている。

　　　⑤　発起人の氏名または名称および住所（27条5号）　　発起人が自然人の場合は氏名と住所、法人の場合は名称（会社では商号、会社以外の法人では名称）と住所を記載する。

　　　⑥　発行可能株式総数（37条）　　「発行可能株式総数」とは、成立後の会社が発行することができる株式の総数のことである（いわゆる授権資本制度）。発行可能株式総数をあらかじめ定款に定めていない場合には、会社の成立の時までに、発起人全員の同意（発起設立の場合）または創立総会の決議（募集設立の場合）によって、定款を変更して定めなければならない（37条1項・98条。たとえば「第○条　当会社の発行可能株式総数は、××株とする」）。そのため、発行可能株式総数の記載も定款の絶対的記載事項である（成立後の会社が種類株式発行会社（2条13号）である場合には、各種類株式について発行可能種類株式総数を定款に定める。108条2項柱書）。すでに定款に定めている場合でも、会社の成立の時までに、発起人全員の同意または創立総会の決議によってその定めを変更できる（37条2項・96条）。なお、成立後の会社が公開会社（2条5号）の場合には、取締役会の募集株式発行に関する権限が過大なものとならないように、設立時発行株式の総数は発行可能株式総数の4分の1を下回ることができない（37条3項）。発行可能株式総数を会社の成立の時までに定めればよいとされているのは、公開会社の場合、失権（後述、Ⅳ1(2)参照）などにより設立時発行株式数が減少して、発行可能株式総数の4分の1を下回る可能性があるからである。

　(2)　相対的記載事項　　記載しなくても定款は有効であるが、記載しないと効力が認められない事項である（29条）。多くの事項が相対的記載事項とされている。たとえば、株式の譲渡制限（107条2項1号）、数種の株式（108条）、単元株式数（188条）、株券の発行（214条）、株主総会の定足数（309条1項）、累積

投票の排除（342条）、中間配当（454条5項）、公告の方法（939条）など多数ある。

　以下には、設立段階において重要な相対的記載事項である「変態設立事項」について説明する。

　(a)　変態設立事項　　以下の4つの事項は、成立後の会社に損害が生じるおそれのあることなどを防止するため、定款に記載しなければその効力が認められない（28条柱書）。これらの事項を講学上「変態設立事項（または「危険な約束」）」という。もっとも実際には、変態設立事項を定款に記載することは少ないとされる。

　　①　現物出資（28条1号）　　株式会社の出資は金銭（金銭出資）を原則とするが、金銭以外の財産によって出資することもでき、これを「現物出資」という（33条10項1号かっこ書参照）。しかし、金銭出資と異なり、現物出資の場合には、その財産の価額が過大に評価されると、金銭出資をした者との不公平が生じ、また成立後の会社に損害を与えるおそれがある。そのため、現物出資をする者の氏名または名称、当該財産およびその価額ならびにその者に対して割り当てる設立時発行株式の数（設立される会社が種類株式発行会社である場合には、設立時発行株式の種類および種類ごとの数）を定款に記載しなければならない。定款に記載しない現物出資は無効である。現物出資は、金銭以外の財産であるから、動産、不動産、債権、他の会社の株式、有価証券のほか、特許権などの知的財産権でもよく、他の会社の事業や個人商人の営業の全部または一部でもよい。現物出資をする者は発起人にかぎられ、設立時募集株式の引受人は現物出資ができない（34条1項本文と63条1項との対比）。

　　②　財産引受け（28条2号）　　「財産引受け」とは、発起人が、成立後の会社のために、会社の成立を条件として、第三者（財産引受けの譲渡人は、現物出資と異なり発起人以外の者でもよい）と特定の財産（この財産は現物出資と同じ）を譲り受けることを約する契約である。財産引受けは、出資ではなく通常の契約であるが、財産の過大評価によって成立後の会社に損害を与えるおそれがあり、また現物出資規制の潜脱手段として利用される可能性もあるため、会社の成立後に譲り受けることを約した財産およびその価額ならびにその譲渡人の氏名または名称を定款に記載しなければならない（なおこの設立時の財産引受けの

規制の回避を防止するため、いわゆる「事後設立」に関する規制が設けられている。467条1項5号）。定款に記載のない財産引受けは無効であり、成立後の会社も譲渡人も契約の無効を主張できる（最判昭28・12・3民集7・12・1299）。成立後の会社が無効の財産引受けを追認（民113条以下参照）できるか議論があるが、判例は追認を否定している（前掲最判昭28・12・3）。

③　発起人の報酬その他の特別利益（28条3号）　設立事務を執行した発起人の功労に報いるため、成立後の会社が、発起人に報酬その他の特別利益（たとえば、剰余金の配当に関する優先権、会社の施設利用に関する特権などが特別利益にあたる）を与えることがある。しかし、成立後の会社が無制限に報酬その他の特別利益を発起人に与えれば、成立後の会社に損害を生じるおそれがあるため、会社の成立により発起人が受ける報酬その他の特別利益およびその発起人の氏名または名称を定款に記載しなければならない。定款に記載のない場合は無効であり、発起人は成立後の会社に報酬や特別利益を請求できない。

④　設立費用（28条4号）　「設立費用」とは、成立後の会社が負担する設立に関する費用である。会社の設立には種々の費用がかかり、たとえば、定款の作成費用、事務用品費、設立事務所の賃借料、設立事務員の給与、通信費、募集設立の場合の株式募集広告費や創立総会の開催費などがある。これらの設立費用は、本来は成立後の会社が負担すべきであるが、無制限に成立後の会社が負担すると、発起人の乱費によって成立後の会社に損害を与えるおそれがある。そのため、発起人は、設立費用としてあらかじめ見積もった費用の総額（ただし成立後の会社が負担するのは実際に支出された費用である）を定款に記載しなければならない。定款に記載のない場合は成立後の会社に請求できず、発起人（または発起人組合）が設立費用の全額を負担することになる。

なお、公証人の定款認証の手数料（5万円。公証人手数料令35条）、定款に係る印紙税（公証人が保存する定款原本につき4万円、印紙税法別表第一・六。定款が電磁的記録の場合は不要）、払込取扱機関の手数料・報酬、検査役の報酬（定款に変態設立事項の記載のある場合）、設立登記の登録免許税（資本金額×0.7％と15万円のいずれか多い額。登録免許税法別表第一・二十四㈠イ）は、その費用に客観性があり、成立後の会社に損害を与えるおそれがないため、設立費用が定款に記載されていなくても成立後の会社が負担する（28条4号かっこ書、会社則5条）。これ

らの費用は、発起人（または発起人組合）が立替払いしておいて成立後の会社に請求する。

　（b）　変態設立事項の調査　　変態設立事項の各事項は、定款に記載しただけで成立後の会社に対して効力が認められるのではなく、公証人による定款の認証後に、発起人の請求によって、裁判所（会社の本店所在地を管轄する地方裁判所。868条1項）が選任する検査役の調査を受けなければならない（33条）。ただし、現物出資と財産引受けについては、①その財産（「現物出資財産等」という）の定款記載の価額の総額が500万円を超えない場合、②現物出資財産等が市場価格のある有価証券であって、定款記載の価額が市場価格を超えない場合、③現物出資財産等の価額が相当であることについて弁護士等の証明（不動産の場合にはその証明と不動産鑑定士の鑑定評価）を受けた場合には、検査役の調査は不要である（33条10項）。検査役の調査の結果、変態設立事項が不当とされた場合、発起設立では、裁判所が定款の定めを変更する決定をし（33条7項）、募集設立では、設立時取締役等の調査・報告（93条）にもとづき、創立総会が不当としたときはその決議によって定款を変更できる（96条参照）。

　（3）　任意的記載事項　　絶対的記載事項・相対的記載事項以外でも、会社法の規定に違反しないかぎり、種々の事項を定款に記載することができ（29条）、これを「任意的記載事項」という。任意的記載事項は、記載しなくても定款自体の効力には影響がなく（絶対的記載事項と異なる）、定款に記載しないとその事項の効力が認められないわけではないが（相対的記載事項と異なる）、その事項を明確にしておくために定款に記載される。実際に多くの会社は、多数の任意的記載事項を定款に記載している（たとえば、事業年度、定時株主総会の招集時期、株主総会の議長、取締役や監査役の員数など）。なお任意的記載事項でも、いったん定款に記載すると、会社成立後に変更する場合には定款変更手続（原則として株主総会の特別決議）が必要となる（466条・309条2項11号）。

IV　発起設立の手続

1　設立時発行株式に関する事項の決定と出資の履行

（1）　設立時発行株式に関する事項の決定　　設立時発行株式に関する次の3つの事項について、あらかじめ定款に定めていないときは、発起人全員の同意で決定する（32条1

項。なお種類株式発行会社を設立する場合につき同条2項参照）。①発起人が割当て
を受ける設立時発行株式の数、②発起人が割当てを受けた設立時発行株式と引
換えに払い込む金銭の額、③成立後の会社の資本金および資本準備金の額に関
する事項である。

（2）　出資の履行　　発起人は、その引き受けた設立時発行株式について、遅
滞なく金銭の全額の払込みをし（金銭出資の場合）、現物出資をする場合にはそ
の財産の全部を給付しなければならない（34条1項。なお現物出資の給付につき同
項ただし書参照）。金銭の払込みと現物出資の給付を併せて「出資の履行」とい
う（35条かっこ書）。金銭の払込みは、払込みの確実をはかるため、発起人が定
めた銀行・信託会社等（以下、「払込取扱機関」という。なお会社則7条参照）の払
込取扱場所（たとえば○○銀行××支店の口座）においてしなければならない（34
条2項）。この払込金は成立後の会社の預金となる。出資の履行をした発起人
は、会社の成立の時に株主となる（50条1項）。

　出資の履行をしない発起人がいるときは、他の発起人は期日を定めて、その
期日までに出資を履行するように期日の2週間前までにその発起人に通知し
（36条1項・2項）、期日までに出資の履行をしない発起人は設立時発行株式の
株主となる権利を失う（36条3項。これを「失権」という）。失権の結果、前述の
「設立に際して出資される財産の価額又はその最低額」（27条4号）を充たさな
くなった場合や、失権した発起人が設立時発行株式を1株も引き受けないこと
になった場合には、他の発起人は、設立に際して出資される財産の価額または
その最低額や発起人の氏名・名称と住所（これらは定款の絶対的記載事項である）
について定款を変更し、変更後の定款について再度公証人の認証を受けて設立
手続を続行するか、会社を不成立とするかを決めることになる。

（3）　仮装の払込み　　金銭出資の場合には、払込みが仮装されることがあ
り、仮装の払込みには「預合い」と「見せ金」がある（仮装の払込みは募集設
立の場合にもなされうる）。

（a）　預合い　　預合いとは、発起人が、払込取扱機関の役職員と通謀して、
払込取扱機関からの借入金を払込金にあてて、会社の預金としておき、借入金
を返済するまで、成立後の会社が払込取扱機関からその預金を引き出さないこ
とを約束する行為である。預合いによる払込みは、資本充実の原則に反し無効

◆基本判例4◆　株式の仮装払込みの効力
最判昭38・12・6民集17・12・1633
　Ａ株式会社の発起人総代であったＹは、200万円の株式払込みに際して、自身を主たる債務者、他の発起人を連帯保証人として、払込取扱機関であるＢ銀行から200万円を借り受け、それをＢ銀行に払い込み、払込保管証明書の発行を受けた上で、設立登記を完了した。Ａ社成立後、Ｂ銀行から200万円の払戻しを受けたＡ社は、その200万円をＹに貸し付け、ＹはそれをＢ銀行に対する借入金の返済に充当した。資力のないＡ社に対する売掛代金債権を有するＸは、上記払込みは仮装であると主張して、Ａ社に代位して発起人であるＹらに未払込金の支払を求めた。原審は、結果的事象だけをとらえて上記払込みを仮装の払込みと断定することはできないとして、Ｘの請求を棄却した。
[判　旨]　破棄差戻し
①　「当初から真実の株式の払込として会社資金を確保する意図なく、一時的の借入金を以て単に払込の外形を整え、株式会社設立の手続後直ちに右払込金を払い戻してこれを借入先に返済する場合の如きは、……払込としての効力を有しない……」。
②　仮装の意図の有無は、「会社設立後前記借入金を返済するまでの期間の長短、右払戻金が会社資金として運用された事実の有無、或は右借入金の返済が会社の資金関係に及ぼす影響の有無等」に照らして判断する。

である（通説）。また、罰則も規定されている（965条）。

　(b)　見せ金　　見せ金とは、発起人が、払込取扱機関以外の第三者からの借入金を払込金にあてて、会社の預金としておき、会社成立後にその預金を払込取扱機関から引き出して、借入金の返済にあてることをいう。預合いとは異なり現実に金銭の払込みがなされているため見せ金による払込みを有効とする説もあるが、多数説は、実質的には払込みがあったとは認められず、このような仮装の払込みを無効とする（払込取扱機関から借り入れた事例につき、**基本判例4**）。

　2　設立時役員等の機関の選任　　(1)　設立時役員等の選任　　「設立時役員等」とは、設立時取締役・設立時会計参与・設立時監査役・設立時会計監査人をいう（39条4項第四かっこ書参照）。設立時役員「等」とされているのは、成立後の株式会社の「役員」とは取締役・会計参与・監査役をいい、会計監査人は役員ではないからである（329条1項参照）。また、「設立時」役員等とされているのは、成立後の会社の役員等とはその職務が異なるためである。設立登記によって会社が成立すると、設立時役員等は成立後の会社の役員等となる。

　成立後の会社の機関となる設立時役員等の全部を設立段階で選任する必要はなく、あらかじめ定款で定められた成立後の会社の機関設計によって、選任さ

れる設立時役員等は異なる（株主総会以外の成立後の会社の機関設計の詳細については、第2章第4節I参照）。ただし、設立時取締役（非公開会社では1人でもよい）は必ず選任しなければならない（38条1項）。成立後の会社が会計参与設置会社（2条8号）では設立時会計参与、監査役設置会社（2条9号）では設立時監査役、会計監査人設置会社（2条11号）では設立時会計監査人を選任しなければならない（38条3項）。なお、取締役会設置会社（2条7号）では、設立時取締役は3人以上（39条1項）、監査役会設置会社（2条10号）では、設立時監査役は3人以上（39条2項）、監査等委員会設置会社（2条11号の2）では、設立時監査等委員である設立時取締役は3人以上でなければならない（39条3項）。

　これらの設立時役員等は、あらかじめ原始定款で定めておくこともできるが、定めていない場合には、発起人は、出資の履行が完了した後に、遅滞なく、設立時役員等を選任する（38条）。この選任は発起人の議決権の過半数で決定する（40条1項）。この場合、発起人は、出資の履行をした設立時発行株式1株について1個の議決権をもつが、単元株式数を定款で定めている場合には、1単元の設立時発行株式について1個の議決権をもつ（40条2項。種類株式発行会社の場合につき同条3項5項・41条参照）。なお発起人は、会社の成立の時までに、設立時役員等を解任することができる（42条〜45条）。

　(2)　**設立時代表取締役等の選定**　成立後の会社が取締役会設置会社（指名委員会等設置会社を除く）である場合には、設立時取締役は、その過半数によって、設立時取締役（監査等委員会設置会社では設立時監査等委員である設立時取締役を除く）のなかから、設立時代表取締役を選定しなければならない（47条1項・3項。解職につき同条2項・3項）。また、指名委員会等設置会社（2条12号）である場合には、設立時取締役は、その過半数によって、指名委員会・監査委員会・報酬委員会の委員となる者を選定し（設立時取締役のなかから選定する）、また設立時執行役を選任しなければならず、さらに設立時執行役のなかから、設立時代表執行役を選定しなければならない（48条1項・3項。解職・解任につき、同条2項・3項）。

　3　設立時取締役等による調査　設立時取締役（監査役設置会社では、設立時取締役と設立時監査役）は、選任後遅滞なく、①少額特例により検査役の調査を受けていない現物出資財産等および市場価格のある有価証券について定款に記

載された価額が相当であること、②現物出資財産等の価額について弁護士等による証明が相当であること、③出資の履行が完了していること、④その他設立手続が法令・定款に違反していないことについて調査しなければならない（46条1項）。設立時取締役は、調査事項について法令・定款違反があり、または不当な事項があると認めるときは、発起人にその旨を通知しなければならない（46条2項）。なお、指名委員会等設置会社である場合には、設立時取締役は、調査を終了したときはその旨、不当・違法な事項を発起人に通知したときはその旨および内容を設立時代表執行役に通知しなければならない（46条3項）。このように設立時取締役は、設立中の会社の監督機関とされている。

V　募集設立の手続

　会社法は、募集設立の手続について詳細な規定を設けているが、実際には募集設立はきわめて少ないため、以下では、発起設立と異なる募集設立の手続の特則のみを簡潔に説明する。

1　設立時募集株式の募集等　　(1)　設立時募集株式の募集・割当て・引受け　　発起人は、その全員の同意を得て、①設立時募集株式の数、②設立時募集株式の払込金額、③設立時募集株式と引換えにする金銭の払込みの期日または払込期間などの募集事項を定めて（58条）、設立時募集株式を引き受ける者を募集する。設立時募集株式の引受けの申込みをしようとする者がいる場合、発起人はその者に一定の事項を通知する（59条1項）。申込みをする者は、①申込者の氏名・名称および住所、②引き受けようとする設立時募集株式の数を記載した書面を発起人に交付する（59条3項。電磁的方法も可能。同条4項）。設立時募集株式の申込みがあると、発起人は、申込者のなかから株式の割当てを受ける者およびその者に割り当てる株式の数を定めて、その申込者に割り当てる設立時募集株式数を通知する（60条）。ただし、特定の者（たとえば証券会社）が設立時募集株式の総数を引き受ける場合には、上記の手続は不要である（61条）。申込者は、割当てを受けた設立時募集株式の数について設立時募集株式の引受人となる（62条）。

　(2)　出資の履行　　設立時募集株式の引受人は、所定の払込期日または払込期間内までに、割当てを受けた設立時募集株式に対して、発起設立の場合と同

様に、発起人が定めた払込取扱機関の払込取扱場所に払込金額の全額の払込みをし、払込みをしないと設立時募集株式の株主となる権利を失う（63条1項・3項）。払込みをした設立時募集株式の引受人は、会社の成立の時に設立時募集株式の株主となる（102条2項）。

　なお、発起設立の場合とは異なり、発起人は、払込取扱機関に対して、「払込金保管証明書」の交付を請求することができ、払込金保管証明書を交付した払込取扱機関は、その証明書の記載が事実と異なること、または払い込まれた金銭の返還に関する制限があることを、成立後の会社に対抗することができない（64条）。

　2　創立総会　（1）　創立総会の招集　発起人と設立時募集株式の引受人による出資がすべて履行されると、発起人は、成立後の会社の株主となる者（「設立時株主」といい、出資を履行した発起人と設立時募集株式の引受人）全員で構成される創立総会を招集しなければならない（65条1項）。創立総会は、成立後の会社の株主総会に相当し、招集手続（67条～71条）、議決権の数（72条1項・2項。ただし同条3項参照）、議決権の行使（74条～77条）、議事（78条～80条）、議事録（81条）、決議・報告の省略（82条・83条）などについて、株主総会とほぼ同様の詳細な規定が設けられている。

　（2）　創立総会の権限　創立総会は、会社法の募集設立の節（第2編第1章第9節）に規定されている事項および設立の廃止、創立総会の終結その他会社の設立に関する事項にかぎり、決議することができる（66条）。創立総会では、まず、①発起人が会社の設立に関する事項を報告する（87条）。次に、②設立時役員等を選任する（88条）。選任される設立時役員等が成立後の会社の機関設計によって異なるのは、発起設立の場合と同様である。また、設立時取締役（設立しようとする会社が監査役設置会社の場合には設立時取締役および設立時監査役）が、選任後遅滞なく設立手続を調査することも、発起設立の場合と同様である（調査の結果は創立総会に報告される。93条。ただし94条参照）。③創立総会では、その決議によって定款を変更することができる（96条）。定款の変態設立事項（28条）の変更が決議された場合には、決議後2週間以内にかぎり、変更に反対した設立時株主は株式の引受けを取り消すことができる（97条）。さらに、④設立の廃止を決議することもでき（66条・73条4項ただし書）、この場

合には、会社は不成立となる。

(3)　**創立総会の決議方法**　　創立総会の決議方法は、原則として、創立総会において議決権を行使することができる設立時株主の議決権の過半数であって、出席した設立時株主の議決権の3分の2以上にあたる多数で行う（73条1項。ただし2項・3項参照）。

Ⅵ　設立登記による会社の成立

1　設立の登記　　発起設立・募集設立ともに、株式会社は、その本店の所在地において、商業登記簿に設立の登記をすることによって成立し（49条。商登47条）、法人となる（3条）。設立登記の申請は、発起人ではなく、代表者（設立時取締役、設立時代表取締役、指名委員会等設置会社では設立時代表執行役。商登47条1項）が、所定の期間内に、本店所在地の登記所において（911条1項・2項）、登記申請書に所定の添付書類を添えて申請する（添付書類につき、商登47条2項参照）。なお登録免許税を納付しなければならない。設立登記事項は、911条3項に規定されている。

2　設立登記の効果　　(1)　**主たる効果——法人格の取得**　　株式会社は、設立登記によって法人格を取得し、法人となる（3条）。

(2)　**その他の効果**　　(a)　**株式引受けの無効・取消しの制限**　　会社成立後は、民法の錯誤（民95条）や詐欺・強迫（民96条）による引受けの取消しは認められなくなる（51条2項・102条6項。募集設立の場合に創立総会において議決権を行使した後も同様）。ただし、民法の心裡留保（民93条1項ただし書）・虚偽表示（民94条1項）による引受けの無効は、会社の成立前でも認められない（51条1項・102条5項）。

(b)　**権利株の譲渡制限の解除**　　発起人や設立時募集株式引受人は、出資の履行前でも、出資の履行をすれば設立時発行株式の株主となる権利を有し、また出資の履行後には、成立後の会社の株主となる権利を取得するが、会社成立前のこれらの権利を一般に「権利株」という。権利株の譲渡は、設立手続が煩雑となるため、譲渡の当事者間では有効であるが、成立後の会社には対抗することができないとされている（35条・50条2項・63条2項）。「対抗することができない」とは、権利株の譲受人は、成立後の会社に対して自己が株主であるこ

とを主張できないことをいう。そのため、会社の成立後は、権利株の譲渡人を株主として扱えばよく（株主名簿への記載、株券発行会社では株券の発行など）、譲受人は株主名簿の名義書換えをしないと株主になれない。

Ⅶ 設立に関する責任

1 会社が成立した場合の責任　　株式会社の設立に関して違法・不正な行為がなされた場合には、成立後の会社などに損害が生じるおそれがあるため、発起人や設立時取締役などの設立関係者に対して、罰則（960条1項・963条等）のほかに、以下の民事責任が課されている。

(1) **現物出資財産等の不足額支払義務**　　変態設立事項として現物出資や財産引受けがなされた場合に、その財産の価額が定款に記載された価額に著しく不足するときは、発起人と設立時取締役は、成立後の会社に対して、連帯して不足額を支払う義務を負う（52条1項）。ただし、現物出資をした発起人や財産引受けの譲渡人が発起人である場合を除き、①検査役の調査を経た場合、または②発起人・設立時取締役がその職務を行うについて注意を怠らなかったことを証明した場合には、支払義務を負わない（52条2項。ただし募集設立の場合には②の証明をしても支払義務を負う。103条1項）。この支払義務は、総株主の同意がなければ免除されない（55条）。株主は、発起人・設立時取締役に対して、責任追及の株主代表訴訟を提起できる（847条）。なお、現物出資・財産引受けの価額が相当であることの証明・鑑定評価をした者も、無過失を立証しないかぎり、発起人・設立時取締役と連帯して、不足額の支払義務を負う（52条3項）。

(2) **出資の履行を仮装した場合の責任**　　発起人が、設立時発行株式について金銭の払込みまたは現物出資財産の給付を仮装した場合には、会社に対して、仮装した金銭の全額の支払または現物出資財産の全部の給付（会社が給付に代えて財産の価額に相当する金銭の支払を請求した場合は、その金銭の全額の支払）をする義務を負う（52条の2第1項）。また、募集設立における設立時募集株式の引受人が払込みを仮装した場合は、会社に対して、仮装した金銭の全額の支払をする義務を負う（102条の2第1項）。

　出資の履行または払込みの仮装に関与した発起人または設立時取締役として法務省令（会社則7条の2・18条の2）で定める者（出資の仮装をした者を除く）

も、会社に対して、その職務を行うについて注意を怠らなかったことを証明しないかぎり、支払義務を負う（52条の2第2項・103条2項）。これらの者は、出資の履行を仮装した者と連帯して責任を負う（52条の2第3項・103条2項本文）。

　出資の履行を仮装した発起人、払込みを仮装した設立時募集株式引受人、仮装に関与した発起人または設立時取締役の支払義務は、総株主の同意がなければ免除されない（55条・102条の2第2項・103条3項）。株主は、これらの者に対して、責任追及の株主代表訴訟を提起できる（847条）。

　出資の履行を仮装した発起人や払込みを仮装した設立時募集株式の引受人は、責任を履行した後でなければ、仮装した設立時発行株式について、設立時株主および株主の権利を行使できない（52条の2第4項・102条3項）。しかし、これらの者から、設立時発行株式または株主となる権利の譲渡を受けた者は、悪意または重大な過失がないかぎり、その設立時発行株式についての設立時株主および株主の権利を行使できる（52条の2第5項・102条4項）。

　(3)　発起人等の損害賠償責任　　(a)　成立後の会社に対する責任　　会社の設立について任務を怠ったために、成立後の会社に損害を与えた発起人・設立時取締役または設立時監査役は、成立後の会社に対して、連帯して損害賠償の責任を負う（53条1項・54条）。この責任は、総株主の同意がなければ免除されない（55条）。株主は、発起人・設立時取締役または設立時監査役に対して、責任追及の株主代表訴訟を提起できる（847条）。

　(b)　第三者に対する責任　　発起人・設立時取締役または設立時監査役が、その職務を行うについて悪意または重大な過失があったときは、連帯して、第三者に対して生じた損害賠償の責任を負う（53条2項・54条）。

　(4)　擬似発起人の責任　　定款に発起人として署名等をしていない者は、法律上は発起人ではないが、募集設立の場合に、株式募集に関する広告等の書面等に、設立の賛助者等として自己の氏名等の記載を承諾した者は、発起人とみなされ（擬似発起人という）発起人と同様の責任を負う（103条4項）。

　2　会社の不成立の場合の責任　　株式会社が成立しなかった場合（設立手続が挫折して設立登記に至らなかった場合や、創立総会で設立廃止の決議がなされた場合）を「会社の不成立」という。会社の不成立の場合には、発起人は、連帯して、会社の設立に関してした行為について責任を負い、設立に関して支出した

費用を負担する（56条）。すでに払込みを受けていれば、発起人や設立時募集株式引受人に払込金を返還しなければならない。

Ⅷ　設立の無効

1　設立無効の訴え　(1)　総　説　　株式会社が設立登記によって成立しても、設立手続に重大な欠陥（瑕疵）があれば、設立は無効となるはずである。無効であれば、誰でも、いつでも、どのような方法でも無効を主張できるのが無効の一般原則である。しかし、設立が無効となると、成立後の会社はすでに事業を開始し、株主や会社と取引した債権者など多数の利害関係者が存在するため、法律関係が混乱することになる。そのため、会社法は、無効の一般原則を大きく変更し、裁判所への「設立無効の訴え」によってのみ無効の主張ができるとしている（828条）。ただし、設立登記があっても、設立手続が全くなされていない場合などは、会社は不存在であり、誰でもいつでもどのような方法でも会社の不存在を主張できる。

(2)　設立無効原因　　設立手続にどのような瑕疵があれば設立が無効となるかについては、会社法には規定がないため解釈による。一般に設立無効原因とされているのは、①定款の絶対的記載事項（27条・37条）の記載がないかまたは違法な記載がある場合、②公証人による定款の認証（30条）がない場合、③設立時発行株式に関する事項について発起人全員の同意（32条）がない場合、④設立に際して出資される財産の価額またはその最低額（27条4号）の出資がない場合、⑤募集設立において創立総会（65条）が開催されていない場合など、重大な瑕疵がある場合である。

(3)　設立無効の訴えの提訴権者・提訴期間等　　設立無効の訴えは、被告となる会社の本店の所在地を管轄する地方裁判所（835条）に対して、会社成立の日から2年以内に（828条1項1号）、株主・取締役・監査役・執行役・清算人のみが提起できる（828条2項1号）。

2　設立無効判決の効力　　設立無効の判決が確定したときは、その判決は、当事者（原告と被告会社）だけでなく第三者に対しても効力を有し（838条。「対世効」という）、本店の所在地を管轄する登記所においてその旨の登記がなされ（937条1項1号イ）、設立は将来に向かってのみ効力を失う（839条。遡及効

の否定)。そのため、会社の解散に準じて清算することになる (475条2号)。

第2節　株　式

I　総　説

1　株式の意義と性質　株式とは、株式会社における出資者たる社員 (株主) の地位を割合的単位に細分化したものである。株主の地位を均一の割合的単位に細分化することで、不特定多数に出資を求めることができ、会社と株主の法律関係を簡便に処理することができる。株式会社以外の会社における社員の地位は持分である。持分は1人について1個である (持分単一主義) が、株主は複数の株式を有することができる (持分複数主義)。持分に譲渡性はないが (585条1項)、株式は原則譲渡自由である (127条。譲渡制限株式については I 6(1)参照)。

　社員の会社に対する法律上の地位を社員権 (株式会社では株主権) とよび、自益権と共益権に分かれる。利益の性質の相違を基準にすると、自益権は会社から経済的利益を獲得することを目的とし、共益権は会社の管理・運営に参加することを目的とする。権利行使の効果の相違を基準とすると、自益権は直接に株主に帰属するが、共益権は直接会社に帰属する。

　株式の法的性質について、通説・判例 (最大判昭45・7・15民集24・7・804) は社員権説 (株式は株式会社における社員の地位と解し、株式が譲渡されると自益権と共益権の両方が移転すると解する) の立場をとるが、これを否定する社員権否認論、株式債権説、株式会社財団論がある。

2　株主の責任　株主の責任は、その有する株式の引受価額を限度とする (104条)。それ以外には何らの義務を負わない (株主の間接有限責任)。

3　株主の権利　株主が原則的に有する権利として、剰余金の配当を受ける権利 (自益権)、残余財産の分配を受ける権利 (自益権)、株主総会における議決権 (共益権) がある (105条1項1号〜3号)。株主に剰余金の配当を受ける権利と残余財産の分配を受ける権利の全部を与えない旨の定款の定めはその効力を有しない (105条2項)。単独株主権と少数株主権という分類もある。単独株主権はどの株主でも単独に行使できるが、少数株主権は会社の総株主の議決権

の一定割合以上または一定数以上の議決権を有する株主でなければ行使できない。たとえば、株主総会招集権（297条）、株主提案権（303条・305条）などである。自益権はすべて単独株主権である。

4　株式の共有　株式を2人以上の者が共有することができ、共有者は権利を行使する者1人を定め、株式会社に対し、その者の氏名（名称）を通知しなければ、当該株式についての権利を行使することができない（106条本文。ただし書の法意につき、最判平27・2・19民集69・1・25）。判例は、権利行使者の指定および通知を欠くときは特段の事情がないかぎり、決議不存在確認の訴えについて原告適格を有しないとし（最判平2・12・4民集44・9・1165）、持分の準共有者間において権利行使者を定めるにあたっては持分の価格に従いその過半数をもってこれを決するとする（最判平9・1・28判時1599・139）。

5　株主平等原則　株主平等原則は、株主はその有する株式数に応じて平等に扱うという原則であるが、会社法では、各株式の内容が同一であるかぎり同一の取扱いがなされるべきであるという意味も含めて、株式会社は、株主をその有する株式の内容および数に応じて、平等に取り扱わなくてはならないとした（109条1項）。これに対して、公開会社でない株式会社は、剰余金の配当を受ける権利等に関する事項について、株主ごとに異なる取扱い（たとえば、1人1議決権、全員同額配当）を行う旨を定款で定めることができる（109条2項）。このような定めがある場合には種類株式とみなして会社法第2編および第5編の規定が適用される（109条3項。定款を変更する場合は309条4項）。株主平等原則に反する会社の行為は無効である（最判昭45・11・24民集24・12・1963。**基本判例16**）。

6　株式の内容　株式会社は、その発行する全部の株式の内容として、下記の事項を定めることができ（107条1項）、定款に定める事項が法定されている（同条2項）。全部の株式について同一の内容が定められるため、株式の種類は構成しない。

(1)　譲渡による取得について会社の承認を要すること（譲渡制限株式〔2条17号〕）　譲渡の取得について会社の承認を要する旨、一定の場合に承認をしたとみなすときはその旨および当該一定の場合（たとえば既存株主や従業員を譲受人とする譲渡の場合）を定款で定める（107条2項1号）。会社成立後定款を変更し

てこの定めをするときは、株主総会の特殊決議が必要である（309条 3 項 1号）。譲渡制限株式を譲渡する場合については Ⅲ 2(2)を参照。

(2)　株式について株主が会社に対してその取得（買取り）を請求できること（取得請求権付株式〔2 条18号〕）　　取得請求権付株式である旨、取得の対価（社債・新株予約権・新株予約権付社債・株式等以外の財産〔現金等〕）、請求期間を定款で定める（107条 2 項 2 号）。定款を変更して取得請求権付株式を発行する場合には株主総会の特別決議が必要である（309条 2 項11号・466条）。取得の手続についてはⅣ 1(4)を参照。

(3)　株式について株式会社が一定の事由が生じたことを条件として取得することができること（取得条項付株式〔2 条19号〕）　　取得条項付株式である旨と取得事由、別に定めた日の到来を取得事由とする場合はその旨、株式の一部を取得する場合はその旨と取得の対象となる株式の決定方法、取得の対価（社債・新株予約権・新株予約権付社債・株式等以外の財産〔現金等〕）を定款で定める（107条 2 項 3 号）。定款を変更してこの定めを設け、または当該事項を変更（廃止するものを除く）する場合には、株主全員の同意が必要である（110条）。取得の手続についてはⅣ 1(1)を参照。

7　株式の種類　　一方で、株式会社は、次に掲げる 9 種類の事項について異なる定めをした内容の異なる 2 以上の種類株式を発行することができる（108条 1 項）。こちらは株式の種類を構成する。9 種類以外には認められないが、具体的内容は多様な組み合わせが可能である。内容の異なる 2 以上の種類株式を発行する場合には、定款でその内容および発行可能種類株式総数を定めなければならない（108条 2 項。例外は 3 項〔下記(1)参照〕）。

(1)　剰余金の配当に関する種類株式（108条 1 項 1 号）　　剰余金の配当につき優先的取扱いを受ける優先株式、劣後的取扱いを受ける劣後株式、標準となる普通株式がある。累積的優先株式、非累積的優先株式、参加的優先株式、非参加的優先株式、トラッキング・ストック（剰余金の配当が子会社や特定の事業部門の業績に連動するよう設計された種類株式）などがある。剰余金の配当について内容の異なる種類の種類株主が配当を受けることができる額その他法務省令で定める事項（会社則20条 1 項 1 号）の全部または一部については、当該種類の株式を初めて発行する時までに、株主総会または取締役会の決議によって定める

旨を定款で定めることができ、この場合においては、その内容の要綱を定款で定めておけばよい（108条3項）。

(2)　残余財産の分配に関する種類株式（108条1項2号）　　残余財産の分配について、優先株式、劣後株式および普通株式がある。

(3)　株主総会において議決権を行使することができる事項に関する種類株式（108条1項3号）　　議決権を行使することができる事項について制限のある種類の株式を議決権制限株式という（115条かっこ書）。種類株式発行会社が公開会社の場合は、議決権制限株式の数が発行済株式の総数の2分の1を超えたときは、株式会社は、直ちに、議決権制限株式の数を発行済株式の総数の2分の1以下にするための必要な措置をとらなければならない（115条）。

(4)　譲渡制限種類株式（108条1項4号）　　種類株式発行会社が定款変更により新たにこの定めをする場合には、種類株主総会の決議が必要である（111条2項・324条3項1号）。

(5)　取得請求権付種類株式（108条1項5号）　　取得の手続についてはIV 1(4)を参照。

(6)　取得条項付種類株式（108条1項6号）　　種類株式発行会社がこの定めを設け、または当該事項を変更（廃止するものを除く）するときは、当該種類の株式を有する株主全員の同意が必要である（111条1項）。取得の手続についてはIV 1(1)を参照。

(7)　全部取得条項付種類株式（108条1項7号）　　全部取得条項付株式とは、株式会社が株主総会の決議によってその全部を取得することについての定めがある種類の株式である（171条1項）。この定めにより、いわゆる100パーセント減資が可能となる（福岡高判平26・6・27金判1462・18）。MBO（management buyout）に利用される場合は、取得価格の公正さ（最決平21・5・29金判1326・35等）、取締役の責任が問題となる（東京高判平25・4・17判時2190・96）。種類株式発行会社が定款変更により新たにこの定めをする場合には、種類株主総会の決議が必要である（111条2項・324条2項1号）。取得の手続についてはIV 1(5)参照。

(8)　拒否権付種類株式（108条1項8号）　　株主総会（取締役会設置会社にあっては株主総会または取締役会、清算人会設置会社にあっては株主総会または清算人会）

において決議すべき事項のうち、当該決議のほか種類株主総会の決議を必要とするものを拒否権付株式という。

(9)　種類株主の取締役・監査役の選任に関する種類株式（108条1項9号）

委員会設置会社および公開会社は、この定めがある種類の株式を発行することができない（108条1項ただし書）。この定めは、会社法または定款で定めた取締役の員数を欠いた場合、当該員数に足りる数の取締役を選任することができないときは、廃止されたものとみなされる（112条1項）。種類株式の総会による取締役等の選解任については347条参照。

8　発行可能株式総数　株式会社は、定款を変更して発行可能株式総数の定めを廃止することができない（113条1項）。発行可能株式総数の上限については、公開会社が定款を変更して発行可能株式総数を増加する場合、公開会社でない株式会社が定款を変更して公開会社となる場合には、変更後の発行可能株式総数は、当該定款の変更が効力を生じたときにおける発行済株式の総数の4倍を超えることができない（113条3項〔2号は平成26（2014）年改正において新設〕。下限については2項）。新株予約権を発行している会社では一定数の株式を留保する必要があるので、新株予約権者が取得することとなる株式の数は、発行可能株式総数から発行済株式（自己株式を除く）の総数を控除して得た数を超えてはならない（113条4項）。発行可能種類株式総数は114条に規定がある。

9　反対株主の株式買取請求　株式会社が発行する全部の株式を譲渡制限株式とするために定款変更をする場合、全部取得条項付種類株式の定めのある定款変更する場合、株式の併合等の行為をする場合、反対株主は、株式会社に対し、公正な価格で買い取ることを請求することができる（116条1項）。反対株主とは、株主総会や種類株主総会決議を必要とする場合、議決権を行使できる株主であって、総会に先立って反対する旨を通知し、かつ総会において反対した株主と当該株主総会で議決権を行使することができない株主（116条2項1号イロ）、決議を必要としない場合はすべての株主である（同条同項2号）。株式会社は、効力発生日の20日前までに、通知（公告）しなければならず（116条3項・4項）、株式買取請求は、効力発生日の20日前の日から効力発生日の前日までに行わなければならず（同条5項）、株式買取請求をした株主は、株式会社の承諾を得た場合にかぎり、撤回することができる（同条7項）。平成26（2014）

年改正において、株券が発行されている株式について株式買取請求をするときは（株券喪失登録の請求をした者は除く）、株主は株券発行会社に対し、当該株式に係る株券を提出しなければならないとされ（116条6項）、133条の規定は、株式買取請求に係る株式については適用しないとされた（116条9項）。新株予約権買取請求についても同様の規定が新設された（118条6項・7項・10項）。

　株式買取請求があった場合、株式の価格の決定について、株主と株式会社との間に協議が調ったときは、株式会社は60日以内にその支払をしなければならないが（117条1項）、調わなかったときは、株主または株式会社は、その期間の満了の日後30日以内に裁判所に対し、価格の決定の申立てをすることができる（同条2項）。平成26（2014）年改正において価格決定前の支払制度が新設され（117条5項）、株式買取請求に係る株式の買取りは、効力発生日に、その効力を生ずると改正された（同条6項）。新株予約権買取請求についても同様の規定が新設された（119条5項・6項）。株式買取請求等（116条1項等）に係る株式が振替株式である場合には、買取口座の創設に関する規定（社債株式振替155条）が平成26（2014）年改正において新設された。

　新株予約権行使の目的である株式の内容を変更する場合には、新株予約権者の利益を保護する必要があるので、譲渡制限株式の定めのある定款に変更をする場合および全部取得条項付種類株式とするために定款変更をする場合には、新株予約権者に新株予約権買取請求が認められている（118条。価額の決定につき119条）。

10　株主の権利の行使に関する利益の供与　　株式会社は、何人に対しても、株主の権利の行使に関し（株式の譲渡につき、最判平18・4・10民集60・4・1273）、財産上の利益の供与（当該株式会社またはその子会社の計算においてするものにかぎる）をしてはならず（120条1項）、これに違反して、財産上の利益の供与をしたときは、当該利益の供与を受けた者は、これを当該株式会社またはその子会社に返還しなければならない（同条3項）。違法な利益の供与に関与した取締役・執行役として法務省令で定める者（会社則21条）は、連帯して供与した利益の価額に相当する額を支払う義務を負う（120条4項本文）。利益供与をした取締役・執行役以外は、その職務を行うについて注意を怠らなかったことを証明した場合は、責任を免れる（120条4項ただし書）。取締役等の義務は、総

株主の同意がなければ免除できない（120条5項）。

Ⅱ　株主名簿

1　作成・備置・閲覧　株主名簿とは、株主（および株券発行会社においては株券）に関する事項を明らかにするために、株式会社に対してその作成（121条）と備置（125条1項）が義務づけられている帳簿である。株式会社は、株主名簿管理人（株式会社に代わって株主名簿の作成および備置その他の株主名簿に関する事務を行う者）を置く旨を定款で定め、当該事務を委託することができる（123条）。株主および債権者は、請求の理由を明らかにした上で、株式会社の営業時間内は、いつでも、株主名簿の閲覧または謄写の請求をすることができる（125条2項。親会社社員は裁判所の許可が必要〔125条4項〕）。株式会社は、一定の請求拒否の事由がある場合を除き、その請求を拒むことができない（125条3項）。親会社社員について請求拒否の事由がある場合は、裁判所は許可をすることができない（125条5項）。

2　基準日　基準日とは、株主および質権者として権利行使すべき者を確定するための制度である（124条1項）。基準日を定める場合には、株式会社は、基準日株主が行使できる権利（基準日から3ヶ月以内に行使するものにかぎる）の内容を定め（124条2項）、当該基準日の2週間前までに、定款に別段の定めがないかぎり、当該基準日等の事項を公告しなければならない（同条3項）。基準日株主が行使することができる権利が株主総会または種類株主総会における議決権である場合には、当該基準日後に株式を取得した者を議決権を行使することができる者と定めることができるが、当該株式の基準日株主の権利を害することができない（124条4項）。

3　株主に対する通知　株式会社が株主に対してする通知または催告は、株主名簿に記載（記録）した当該株主の住所に宛てて発すれば足りる（126条1項）。5年以上継続して到達しない場合には、株式会社は通知または催告をすることを要せず（196条）、所在不明株主の株式を競売し、かつ、その代金をその株式の株主に交付することができ、また、株式会社は売却する株式の全部または一部を買い取ることができる（197条・198条）。

4　名義書換え　株主名簿の名義書換えとは、株式を取得した者の氏名等

を株主名簿に記載（記録）することである。株券発行会社（定義は117条 7 項）は、株式の譲渡は、株主名簿の名義書換えを行うことによって、株式会社に対抗することができる（130条 2 項）。株券不発行会社の場合は、振替株式（株券を発行する旨の定款の定めのない会社の株式〔譲渡制限株式を除く〕で振替機関が取り扱うもの。社債株式振替128条 1 項）以外の場合には、株主名簿の名義書換えを行うことにより、会社その他の第三者に対抗することができる（130条 1 項）。平成26（2014）年改正において、振替株式について特別口座の移管に関する規定（社債株式振替133条の 2 ）が新設された。振替株式については、振替機関から会社に対して行われた総株主通知（社債株式振替151条 1 項）を受けた場合には、基準日などに株主名簿の名義書換えが行われたものとみなされる（社債株式振替152条 1 項）。個別株主通知（社債株式振替154条 3 項）につき、最決平22・12・7 民集64・ 8 ・2003。

　取得した株式が譲渡制限株式である場合は、原則として名義書換えを請求することはできない（134条本文）。また、株式を発行した場合等は、株主の請求によらないで株式会社は名義書換えをしなければならない（132条）。

　株式会社が過失により名義書換えを怠った場合は、判例は、名義書換えの不当拒絶と同様に会社は株式譲受人を株主として取り扱わなければならないとする（最判昭41・ 7 ・28民集20・ 6 ・1251）。株式譲受人が名義書換えの請求を失念

◆基本判例 5 ◆　**名義書換失念と株式分割**
　　　　　　　　最判平19・ 3 ・ 8 民集61・ 2 ・479
　上場株式を取得したXらが名義書換手続をする前に同株式について株式分割がされ、株主名簿上の株主Yに増加した新株が交付された。Yが上記新株を売却処分したことについて、Xらが上記新株の売却代金相当額の不当利得返還等を請求した。
　第 1 審（東京地判平17・ 2 ・17民集61・ 2 ・488）、原審（東京高判平17・ 7 ・27民集61・ 2 ・503）ともに、Xらの損害額はYが同種・同量の株式を調達して返還する際の価格、すなわち事実審の口頭弁論終結時の価格とすべきとした。Xらは、価格返還をすべき額は事実審の口頭弁論終結時の時価相当額ではなく売却代金相当額であると主張し、上告した。
〔判　旨〕 一部破棄自判、一部棄却
　「受益者は、法律上の原因なく利得した代替性のある物を第三者に売却処分した場合には、損失者に対し、原則として、売却代金相当額の金員の不当利得返還義務を負うと解するのが相当である。」

している場合は、判例は、譲渡当事者間においても譲渡人が株主であるとする（最判昭35・9・15民集14・11・2146）。株主名簿上の株主が株式分割から生じた新株式を売却した場合は、判例は、売却代金相当額の金員の不当利得返還義務を負うとする（最判平19・3・8民集61・2・479。**基本判例5**）振替株式には失念株は生じない（社債株式振替151条・152条）。

III　株式の譲渡

1　株式の譲渡　　株主は、その有する株式を譲渡することができる（127条）。株主には退社による払戻しは認められないからである。

　株券不発行会社の株式の譲渡は当事者間の意思表示のみによって効力を生じるが、株券発行会社の場合は、当該株式に係る株券を交付しなければその効力を生じない（128条1項。自己株式の処分につき129条）。振替株式の譲渡は、振替の申請により、譲受人がその口座における保有欄に当該譲渡に係る数の増加の記載または記録を受けなければ、その効力を生じない（社債株式振替140条）。

　株券の占有者は、当該株券に係る株式についての権利を適法に有するものと推定されるので（131条1項）、悪意または重過失なく株券の交付を受けた者は、当該株券に係る株式についての権利を取得する（同条2項。善意取得）。

2　株式譲渡の制限　　原則として株式の譲渡は自由であるが（127条）、例外として以下の制限がある。

　(1)　法律による制限　　設立時発行株式または募集株式の株式引受人の地位（権利株）の譲渡は、会社に対抗できない（35条・50条2項・63条2項・208条4項）。

　また、株券発行会社において、株券の発行前にした譲渡は、株券発行会社に対しその効力を生じない（128条2項）。会社が株券の発行を不当に遅滞している場合には、判例は、株主は意思表示のみによって有効に株式を譲渡でき、会社は株券発行前であることを理由に株式譲渡の効力を否定できないとする（最大判昭47・11・8民集26・9・1489）。

　子会社は、親会社株式を取得してはならない（135条1項、会社則3条4項）。例外として取得が許容される場合（135条2項）には、子会社は、相当の時期にその有する親会社株式を処分しなければならない（同条3項）。

　(2)　定款による制限　　譲渡制限株式である（I 6(1)、I 7(4)参照）。譲渡制

限株式を他人に譲渡する株主（136条）、譲渡制限株式を取得した株式取得者（137条1項・2項参照）は、株式取得について承認をするか否かの決定をすることを請求することができ、請求する際には当該会社が譲渡の承認をしない旨を決定する場合には当該会社または指定買取人（140条4項）がその譲渡制限株式を買い取ることを請求する旨等を明らかにしてしなければならない（138条）。承認をするか否かの決定を行う機関は、定款に別段の定めがないかぎり、株主総会（取締役会設置会社にあっては取締役会）であり（139条1項）、会社は、承認等を決定したときは、譲渡等承認請求者に当該決定の内容を通知しなければならない（同条2項）。会社が承認をしたとみなされる場合が145条にある。

　会社は、譲渡制限株式の取得につき承認しない旨を決定したときは、株主総会の特別決議（309条2項1号）によって対象株式を買い取る旨等を決定し（140条1項・2項。譲渡等承認請求者は議決権を行使することができない〔同条3項〕）、譲渡等承認請求者にこれらの事項を通知しなければならない（141条1項）。会社による買取りの場合は、財源規制がある（461条1項1号）。指定買取人を指定する場合については、140条4項5項・142条である。譲渡等承認請求者は、会社から買い取る旨等の決定の通知（141条1項・142条2項）を受けた後は、株式会社の承諾を得た場合にかぎり、その請求を撤回できる（143条1項・2項。最決平15・2・27民集57・2・202）。

　対象株式の売買価格は、株式会社（または指定買取人）と譲渡等承認請求者との協議によって定まるが（144条1項・7項）、会社、指定買取人または譲渡等承認請求者は、会社から買い取る旨等の通知があった日から20日以内に裁判所に対し、売買価格の決定の申立てをすることができる（144条2項・7項）。裁判所は、譲渡制限株式の売買価格の決定をするには、譲渡等承認請求の時における株式会社の資産状態その他一切の事情を考慮しなければならない（144条3項。譲渡制限株式の評価につき、大阪地決平25・1・31判時2185・142）。

　会社の承認がなかった場合の譲渡制限株式の譲渡の効力について、判例は、会社に対する関係では効力を生じないが譲渡当事者間では有効とする（最判昭48・6・15民集27・6・700。本判例では株式を譲渡担保に供することも譲渡に該当するとする）。

　(3)　契約による制限　　契約による株式の譲渡制限は、株主間または株主以

外の第三者と株主間の契約によるもの、会社と株主間の契約によるものがある。株式譲渡を制限する契約の効力について、判例は、会社を当事者としない契約による譲渡制限は当事者間で有効であるとする（最判平7・4・25裁判集民175・91）。

　　3　株式の質入れ　　株主は、その有する株式に質権を設定し（146条1項）、資金を借り入れることもできる。略式質と登録質の方法があるが、略式質は株券発行会社のみ認められ（147条2項）、株券の交付によって設定され（146条2項）、会社・第三者に対する対抗要件は株券の継続的占有であり（147条2項）、質権者には物上代位が認められる（151条）。登録質は、略式質の要件に加えて、株主名簿に質権者の氏名等が記載（記録）される（147条1項・148条・218条5項）。登録株式質権者は、151条の金銭等（金銭にかぎる）を受領し、他の債権者に先立って自己の債権の弁済に充てることができる（154条1項）。株券不発行会社の場合には、登録質の方法により質権を会社・第三者に対抗することができる（147条1項・3項）。

Ⅳ　自己株式

1　自己株式の取得　　自己株式とは、株式会社が有する自己の株式（113条4項）である。平成13（2001）年改正前商法は、弊害を防止するため、会社は原則として自己株式の取得および保有を禁止していたが、同年改正法では、自己株式の取得および保有は手続・財源規制の下で原則許容され、会社法においても同じ立場を維持している。

　会社法では、自己株式が取得できる場合として13の場合をあげている（155条1号～13号。会社則27条）。以下、それぞれの場合の手続規制と財源規制について述べる。子会社による親会社株式の取得は、原則として禁止される（135条）。

　(1)　取得条項付株式の取得（107条2項3号イの事由が生じた場合）　　取得日や取得株式について株主総会（取締役会設置会社にあっては取締役会の決議）によって定め、取得条項付株式の株主およびその登録株式質権者に対し、当該日の2週間前までに、当該日を通知（公告）する（168条・169条）。一定の事由が生じた日か、前記通知・公告がなされた日から2週間を経過した日のいずれか遅い

日に会社が株式を取得する（170条1項）。財源規制がある（170条5項）。

(2) 譲渡制限株式の譲渡を承認しない場合の買取り（138条1号ハまたは2号ハの請求があった場合）　Ⅲ2(2)を参照。財源規制がある（461条1項1号）。

(3) 株主との合意による取得（156条1項の決議があった場合）　財源規制がある場合があり（461条1項1号・2号）、手続規制として、自己株式を株主との合意により取得するには、原則として株主総会の授権決議が必要である（156条1項・309条2項2号。例外は459条1項・163条・165条であり取締役会決議で定めることができる）。

　すべての株主を対象とした取得の場合には、取得する株式の数（種類株式発行会社にあっては株式の種類および種類ごとの数）、取得の対価である金銭等の内容と総額、取得できる期間（1年以内）について、あらかじめ株主総会普通決議で定め（156条1項・309条2項2号かっこ書）、その都度一定の事項（157条1項1号～4号）を定め（取締役会設置会社の場合は取締役会の決議〔同条2項〕）、取得の条件は、決定ごとに均等に定め（同条3項）、これらの事項は、株主に対して通知（公開会社は公告に代えることができる）しなければならない（158条1項・2項）。通知を受けた株主が申込みをすると、定められた申込期日において会社が譲受けを承諾したものとみなされる（159条）。

　特定の株主から取得する方法も認められ、株主総会の決議の際に併せて特定の株主のみに具体的な取得の通知をすることを決議することができ、その決議に際して、ほかの株主が当該特定の株主に自己をも加えたものを株主総会の議案とすることを請求することができるが、（160条1項・309条2項2号）市場価額（会社則30条）を超えない取得（161条）、相続人等からの取得（162条）、全員一致による定款の定めがある場合（164条）は、例外として、他の株主が特定の者に自己を加えたものを株主総会の議案とすることを請求することができない。

(4) 取得請求権付株式の取得（166条1項の決議があった場合）　株主は（株券発行会社の場合は株券を提出して）、取得請求権付株式の数（種類株式発行会社にあっては、取得請求権付株式の種類および種類ごとの数）を明らかにして、取得請求権を行使できるが、財源規制がある（166条）。株式会社は、請求の日にその取得請求権付株式を取得し（167条1項）、請求をした株主は対価を取得する（同条2項）。

(5)　全部取得条項付種類株式の取得（171条1項の決議があった場合）　取得対価に関する事項等について、株主総会の特別決議で定め（171条1項・309条2項3号）、取締役はこの総会において取得を必要とする理由を説明しなければならない（同条3項）。反対株主または議決権を行使できない株主は、裁判所に対し、取得価格決定の申立てをすることができる（172条1項）。株式会社は取得日に、全部取得条項付種類株式の全部を取得し、その対価もその日に株主に帰属する（173条）。現金を対価とする少数株主の締出し（キャッシュ・アウト）を行う方法の1つとして用いられるようになったため、平成26（2014）年改正において、事前備置手続（171条の2第1項）、事後備置手続（173条の2第1項）を義務づけ、株主に閲覧請求権（171条の2第2項・173条の2第2項）、差止請求権（171条の3）が認められた。また、同改正において、価格の決定の申立ては、取得日の20日前の日から取得日の前日までの間にすることとされるが（172条1項）、株式会社は価格の決定があるまでは株主に公正な価格と認める額を支払うことができ（172条5項）、価格決定の申立てをした株主は、株主総会の決議により定められた取得対価は交付されないこととなり（173条2項かっこ書）、キャッシュ・アウトによって株主の地位を失った者に、株主総会決議等の決議取消しの訴えの原告適格を認めることとした（831条1項）。財源規制がある（461条1項4号）。

(6)　相続人等に対する売渡しの請求（176条1項の規定による請求があった場合）　株式会社は、相続その他の一般承継により譲渡制限株式を取得した者に対し、売渡請求できる旨を定款で定めることができ（174条）、請求する株式の数等を株主総会決議によって定めなくてはならない（175条）。総会での決定を受けて、会社は、請求する株式数を明らかにして、相続等を知った日から1年以内に売渡請求を行う（176条1項・2項）。株式会社は、いつでも、売渡請求を撤回できる（176条3項）。売買価格は株式会社と株主との協議で定められるが（177条1項）、双方とも、請求の日から20日以内に、裁判所に対し売買価格の決定の申立てをすることができる（同条2項）。財源規制がある（461条1項5号）。

(7)　単元未満株式の買取り（192条1項の規定による請求があった場合）　Ⅵ2参照。財源規制はない。

(8)　所在が不明となっている株主の株式の買取り（197条3項各号に掲げる事項

を定めた場合）　　II 3参照。財源規制がある（461条1項6号）。

　⑼　端数が生ずる場合の株式の買取り（234条4項各号に掲げる事項を定めた場合）　　IX参照。財源規制がある（461条1項7号）。

　⑽　事業全部の譲受けによる取得（他の会社の〔外国会社を含む〕の事業の全部を譲り受ける場合において当該他の会社が有する当該株式会社の株式を取得する場合）

　⑾　合併による承継（合併後消滅する会社から当該株式会社の株式を承継する場合）

　⑿　吸収分割による承継（吸収分割をする会社から当該株式会社の株式を承継する場合）　　⑽⑾⑿については手続規制も財源規制もない。

　⒀　当該株式会社の株式を無償で取得する場合等（前各号に掲げる場合のほか、法務省令〔会社則27条〕で定める場合）　　手続規制（116条・117条・785条・786条・797条・798条・806条・807条）、財源規制（464条1項）がある。

　2　自己株式の法的地位　　株式会社は、自己株式について議決権を有しない（308条2項）。無償割当て（186条2項）、募集株式の割当てを受ける権利（202条2項）、新株予約権の割当てを受ける権利（241条2項）、剰余金配当請求権（453条）、残余財産分配請求権（504条3項）などは認められないが、株式併合（182条）・株式分割（184条）を受ける権利はある。

　自己株式は株主資本の控除項目とされ（会社計算76条2項5号）、分配可能額には含まれない（461条2項）。自己株式を取得した場合の増加額、処分・消却した場合の減少額は、計算規則に定められている（会社計算24条）。

　3　自己株式の処分　　自己株式を処分する場合は、新株発行の場合と同様の手続を行う（199条1項）。VII参照。

　4　自己株式の消却　　株式の消却とは特定の株式を消滅させることである。株式会社は自己株式を消却することができ（178条1項）、取締役会設置会社は、消却する自己株式の数（種類株式発行会社にあっては、自己株式の種類および種類ごとの数）の決定は取締役会の決議による（178条2項）。自己株式以外の株式は、自己株式として取得した上で消却する。

　5　違法な自己株式の取得の効力　　平成17（2005）年改正前商法においては、手続・方法の規制に違反して自己株式が取得された場合の効力は無効であり、無効の主張は会社側だけができると解されてきた（東京高判平元・2・27判

時1309・137）が、会社法では、取得株式の授権がなされる株主総会の決議を欠いている場合、分配可能額の範囲を超えて自己株式の取得が行われた場合が問題となる。違法な自己株式取得により会社に損害が生じた場合、取締役の会社に対する責任が生じるが（423条1項）が、会社の損害額について問題となる（最判平5・9・9民集47・7・4814）。

6　特別支配株主の株式等売渡請求　　平成26（2014）年改正では、株式会社の特別支配株主（株式会社の総株主の議決権の10分の9以上を直接または間接に保有する株主）が、対象会社の株主総会決議を要することなく、キャッシュ・アウトを行うための制度を新設した（179条〜179条の10）。特別支配株主は、当該株式会社のその他の株主の全員に対し、その有する当該株式会社の株式の全部を現金対価により売り渡すことを請求することができ（179条1項）、株式売渡請求と併せて、新株予約権や新株予約権付社債についても売渡請求（以下、株式等売渡請求という）をすることができる（179条2項・3項）。株式等売渡請求は、法定事項を定め（179条の2第1項）、対象会社の承認（取締役会設置会社においては取締役会の決議）を受けなければならない（179条の3第1項・3項）。承認をした対象会社は、売渡株主等に対する通知または公告を行わなければならず（179条の4第1項・2項、社債株式振替161条2項）、売渡株主等に対する通知等により、株式等売渡請求がされたものとみなされる（179条の4第3項）。対象会社は株式等売渡請求に関する書面等を備え置かなければならず（179条の5第1項）、売渡株主等は閲覧請求をすることができる（同条2項）。株式等売渡請求の撤回は、取得日の前日までに対象会社の承諾を得た場合にかぎり、行うことができる（179条の6第1項）。売渡株主等は差止請求をすることができる（179条の7）。売渡株主等は、取得日の20日前の日から取得日の前日までの間に、裁判所に対し、その有する売渡株式等の売買価格の決定の申立てをすることができるが（179条の8第1項）、特別支配株主は価格の決定があるまでは公正な売買価格と認める額を売渡株主等に対し支払うことができる（同条3項）。特別支配株主は、取得日に、売渡株式等の全部を取得する（179条の9第1項）。対象会社は、取得日後遅滞なく、売渡株式等の取得に関する書面等を作成し（179条の10第1項）、備え置かなければならず（同条2項）、取得日に売渡株主等であった者は閲覧請求することができる（同条3項）。売渡株式等の取得の無効の訴えも

新設されている（846条の2〜846条の9）。

Ⅴ　株式の併合・分割・無償割当て

1　株式の併合　数個の株式を併せてその数よりも少ない数の株式とすることである。各株主の持株数が割合的に減少することにより、株主の権利に影響を及ぼすので、株主総会の特別決議が必要であり（180条2項・309条2項4号）、取締役はその株主総会において、株式の併合をすることを必要とする理由を説明しなければならない（180条3項）。株主は株主総会で定めた効力が生ずる日に、その日の前日に有する株式の数に併合の割合を乗じて得た数の株式の株主になる（182条）。平成26（2014）年改正において、株主総会の決議の法定事項に、発行可能株式総数が追加され（180条2項4号）、効力発生日に当該事項に係る定款の変更をしたものとみなされ（182条2項）、当該発行可能株式総数は、効力発生日における発行済株式の総数の4倍を超えることができないものとされた（180条3項。公開会社でない会社は除く）。キャッシュ・アウトに利用される場合等を鑑み、同改正において、反対株主に端数となる株式の買取請求権（182条の4）、価格決定前の支払制度（182条の5第5項）、株主に差止請求権（182条の3）を認め、事後備置手続（182条の2）、事後備置手続（182条の6）、買取請求に応じて株式を取得した場合の業務執行者の責任（461条1項）も新設され、キャッシュ・アウトによって株主の地位を失った者に、株式の併合のための株主総会決議等の決議取消しの訴えの原告適格を認めた（831条1項）。

2　株式の分割　従来の株式を細分化して、一定の割合で一律に同じ種類の株式数を増加させることである。分割を行う都度、株主総会（取締役会設置会社にあっては、取締役会）の決議によって、分割の割合および基準日、効力発生日、種類株式の場合は分割する株式の種類を定めなければならない（183条2項）。2種類以上の株式を発行していない会社は、株主総会決議によらないで、分割に応じた授権株式数を比例的に増加させる定款の変更をすることができる（184条2項）。

3　株式の無償割当て　株主（種類株式発行会社にあっては、ある種類の種類株主）に対して新たに払込みをさせないで当該株式会社の株式の割当てをするこ

とである（185条）。定款に別段の定めがないかぎり、その都度、株主総会（取締役会設置会社にあっては取締役会）の決議による（186条3項）。株式分割と違い、株主が有する株式と異なる種類の株式にも割り当てることができるが（186条1項1号）、自己株式には株式を割り当てることはできない（同条2項）。

VI　単元株式数

1　手　続　株式会社は、一定の数の株式をもって株主が株主総会または種類株主総会において1個の議決権を行使できる1単元の株式とする旨を定款で定めることができるが（188条1項）、一定の数は、法務省令で定める数（会社則34条）を超えることはできない（同条2項）。種類株式発行会社においては、株式の種類ごとに定めなければならない（188条3項）。会社成立後、単元株式数を定める場合は、取締役は、当該単元株式数を定める定款の変更を目的とする株主総会において、単元株式数を定める理由を説明しなければならない（190条。例外は191条・195条）。

2　単元未満株式　単元株式数に満たない数の株式を単元未満株式といい、単元未満株主は、議決権を行使できない（189条1項）。会社は、単元未満株主が残余財産の分配を受ける権利などの一定の権利以外の権利の全部または一部を行使できない旨を定款で定めることができる（189条2項）。また、株券発行会社は、単元未満株式に係る株券を発行しないことができる旨を定款で定めることができる（189条3項）。このように、単元未満株式の権利は制限されているので、単位未満株主には会社に対する単元未満株式の買取請求権が認められる（192条・193条）。また、会社は、単元未満株主が単元未満株式の数と併せて単元株式数となる数の株式を売渡請求することができる旨を定款で定めることができ（194条1項）、その請求を受けた株式会社は、自己株式を当該単元未満株主に売り渡さなければならない（同条3項）。

VII　募集株式の発行

1　意　義　募集株式とは、新株発行または自己株式の処分において当該募集に応じてこれらの株式の引受けの申込みをした者に対して割り当てる株式のことである。募集株式の発行とは、発行権限のある機関が募集事項を決定

し（199条〜202条）、株式会社が行う募集に応じて株式の引受けの申込みをした者に対して（203条）、株式会社が割当てを行うことによって（204条）、募集株式引受契約が成立し（206条）、募集株式引受人に払込義務が生じ（208条）、払込金額を払い込むことにより効力が生じる（209条）という法律行為である。

2　授権資本制度　授権資本制度とは、発行可能株式総数（37条1項）を定款で定めておき、設立に際して発行する株式数を差し引いた残りの株式については、会社成立後は取締役会の決議によって発行できるというものである。

3　募集事項の決定　募集株式の決定は、原則、株主総会の特別決議によるが（199条2項）、株主総会の特別決議によって、募集事項の決定を取締役（取締役会設置会社では取締役会）に委任することができ（200条1項）、委任の有効期間は1年である（同条3項）。公開会社は取締役会決議によって決定し（201条1項）、決定された募集事項は株主に通知（公告）する（同条3項・4項）。割当てを受ける権利を与える場合には、募集事項等の決定は、公開会社は取締役会が行い、公開会社でない場合は原則、株主総会決議であるが、定款で取締役会決議（取締役会非設置会社は取締役）と定めることができる（202条3項）。払込金額がとくに有利な金額である場合（有利発行）には、公開会社の場合であっても、株主総会の特別決議が必要となり（199条2項・201条1項・309条2項5号）、その株主総会において取締役は有利発行をする理由を説明しなければならない（199条3項）。とくに有利な金額とは、公正な発行価額を基準としてそれよりもとくに低い価額とされる（第三者割当てにつき東京高判昭48・7・27判時715・100、上場会社につき東京地決平16・6・1判時1873・159、非上場株式につき最判平27・2・19民集69・1・51）。

令和元（2019）年改正により、金融商品取引法2条16項に規定する金融商品取引所に上場されている株式を発行している株式会社は、取締役の報酬等として株式を交付する場合には（361条1項3号、第4節V4参照）、募集株式と引換えにする金銭の払込みまたは金銭以外の財産の給付を要しないこととなった（202の2第1項・200条・202条の適用なし〔第2項〕、指名委員会等設置会社においても同様〔第3項〕、有利発行とはならない）。

4　募集株式の申込み・割当て・引受け　株式会社は、申込者に対し法定の事項を通知し（203条1項）、申込者は一定の事項を記載した書面を株式会社に

交付する（同条 2 項・3 項）。

　株式会社は、申込者のなかから割り当てる者と数を定める（204条 1 項）。募集株式が譲渡制限株式の場合は、この決定は、定款に別段の定めがないかぎり、株主総会（取締役会設置会社にあっては、取締役会）の決議による（204条 2 項）。株式会社は、金銭の払込みまたは財産の給付の期日（期間を定めた場合はその期間の初日）の前日までに、申込者に対し、割り当てる数を通知する（204条 3 項）。株主に株式の割当てを受ける権利を与えた場合は、申込みの期日までに申込みをしないときは、割当てを受ける権利を失う（204条 4 項）。総数引受契約は申込みと割当ては行わず（205条 1 項）、譲渡制限株式の場合は定款に別段の定めがないかぎり、株主総会（取締役会設置会社では取締役会）の決議による承認が必要である（同条 2 項）。取締役の報酬等として株式を交付する場合は、取締役（取締役であった者を含む）以外の者は募集株式の引受けの申込みまたは総数引受契約を締結することができない（3 項、指名委員会等設置会社においても同様〔5 項〕）。心裡留保（民93条 1 項ただし書）および通謀虚偽表示（民94条 1 項）は、申込みおよび割当てならびに総数引受けの契約に係る意思表示については適用しない（211条 1 項）。

　申込者と募集株式の総数を引き受けた者が株式引受人となる（206条）。

　公開会社における支配株主の異動を伴う募集株式の発行について、募集株式の引受人（その子会社を含む）が総株主の議決権の過半数を有することとなる場合には、そのような引受人（特定引受人）に関する情報を、払込期日等の 2 週間前までに株主に通知または公告（あるいは有価証券届書の提出）をしなければならず（206条の 2 第 1 項・2 項・3 項）、通知等の日から 2 週間以内に、総株主の議決権の10分の 1 以上を有する株主が反対の通知をしたときは、当該公開会社は、払込期日等の前日までに、当該特定引受人に対する募集株式の割当て等について株主総会の普通決議（ただし同条 5 項）による承認を受けなければならないが、当該公開会社の財産の状況が著しく悪化している場合において、当該公開会社の事業の継続のため緊急の必要があるときは、このかぎりではない（同条 4 項）。

　5　金銭以外の財産の出資　　株式会社は、金銭以外の財産を出資する旨等（199条 1 項 3 号）を定めたときは、募集事項の決定の後遅滞なく、裁判所に対

し、検査役の選任の申立てをしなければならないが（207条1項）、現物出資財産につき、検査役の選任の申立てが不要な場合がある（207条9項1号～5号。5号はいわゆるデット・エクイティ・スワップ）。

6　出資の履行と発行の効力発生　　募集株式の引受人は、払込期日（払込期間内）に、払込金額の全額の払込みまたは現物出資財産の全部の給付をしなければならない（208条1項・2項）。この払込みまたは給付を出資の履行といい（208条3項）、引受人は、出資の履行をしないときは、法律上当然に失権する（同条5項）。出資の履行債務と株式会社に対する債権とを相殺することができず（同条3項）、権利株の譲渡は会社に対して対抗できない（同条4項）。

引受人は、払込期日を定めた場合は払込期日、払込期間を定めた場合は出資の履行日に、発行の効力が生じ、株主となる（209条1項、取締役の報酬として株式を交付する場合は割当日に株主となる〔4項〕）。平成26（2014）年改正において、仮装した払込金額の全額の支払義務が履行された後でなければ、出資の履行を仮装した募集株式について、株主の権利を行使することができないとされ（209条2項）、当該募集株式の譲受人は、悪意または重過失があるときを除き、株主の権利を行使することができるとされた（同条3項）。引受人は、株主となった日から1年経過後または株主権行使後は、錯誤、詐欺または強迫を理由として募集株式の引受けの取消しをすることができない（211条2項）。株式発行の効力が生じると、会社は変更登記をしなければならない（911条3項5号9号・915条1項2項）。

7　募集株式の発行等をやめることの請求等　　募集株式の発行が法令または定款に違反する場合、または著しく不公正な方法により行われる場合に、株主が不利益を受けるおそれがあるときは、株主が株式会社に対し、その募集に係る株式の発行または自己株式の処分をやめることを請求することができる（210条）。事前の救済方法である。株主が差止請求権を行使する機会が失われないよう、公開会社は、募集事項を取締役会の決議によって定めたときは、一定の期日までに通知（公告）をしなければならない（201条3項・4項）。不公正発行にあたるか否かの判断基準として、いわゆる主要目的ルールが裁判においては採用されている（東京高決平16・8・4金判1201・4）。

8　無効の訴えと不存在確認の訴え　　事後の救済方法として、無効の訴え

（828条 1 項 2 号・ 3 号）、不存在確認の訴え（829条 1 号・ 2 号）がある。

　⑴　株式会社の成立後における株式の発行・自己株式の処分の無効の訴え

　　いつでも誰でもどのような方法でも無効を主張することができる一般原則とは異なり、提訴期間・原告・被告が限定され、訴えをもってのみ主張することができる（828条 1 項 2 号 3 号・ 2 項 2 号 3 号・834条 2 号 3 号）。無効判決の効力は第三者にも及び（838条）、将来に向かってその効力を失う（839条）。無効判決が確定した場合は、当該株式会社は当該判決の確定時における当該株式に係る株主に対し、払込みを受けた金額または給付金を受けた財産の給付の時における価額に相当する金銭を支払わなければならない（840条 1 項・841条 1 項）。無効事由は規定されていないので解釈によらざるをえないが、判例上無効事由とされるのは、通知・公告のない新株発行（最判平 9 ・ 1 ・28民集51・ 1 ・71。**基本判例 6**）、発行差止めの仮処分に違反して発行された場合（最判平 5 ・12・16民集47・10・5423）であり、取締役会の決議を欠く新株発行（最判昭36・ 3 ・31民集15・ 3 ・645）、有利発行に必要な株主総会の特別決議を欠く新株発行（最判昭46・ 7 ・16判時641・97）、著しく不公正な方法による新株発行（最判平 6 ・ 7 ・14金判956・ 3 ）は判例上無効事由とはならない。公開会社でない会社において違法な新株予約権の行使による株式の発行は株主総会の特別決議を経ずに新株が発行された場合と同様に、無効事由となるとする（最判平24・ 4 ・24民集66・6 ・2908）。

　⑵　株式会社の成立後における株式の発行・自己株式の処分の不存在確認の訴え

　　会社成立後における株式の発行・自己株式の処分の実体が存在しないにもかかわらず登記がなされているような場合には、当該行為が存在しないことの確認を、確認の利益を有する者であれば誰でも、いつでも、当該会社に対して訴えをもって請求することができる（829条 1 号 2 号・834条13号14号）。判決の効力は第三者にも及ぶ（838条）。

　9　募集に係る責任　　募集株式の引受人は、取締役・執行役と通じて著しく不公正な払込金額で募集株式を引き受けた場合は、株式会社に対し、当該払込金額と当該募集株式の公正な価額との差額に相当する金額を支払う義務を負い（212条 1 項 1 号）、また、現物出資財産の価額が著しく不足する場合は、その不足額を会社に対し支払う義務を負うが（同条同項 2 号）、募集株式の引受人

◆基本判例6◆　**募集事項の公示の欠缺**
最判平9・1・28民集51・1・71

　経営権等をめぐる争いのある同族会社であるY会社において、新株発行が行われた。株主Xは、(1)新株発行に関する事項について公告又は通知がされておらず、(2)新株発行を決議した取締役会について、一部の取締役に招集の通知がされておらず、(3)代表取締役Aが来る株主総会における自己の支配権を確立するためにしたものであると認められ、(4)新株を引き受けた者が真実の出資をしたとはいえず、資本の実質的な充実を欠いているとして、新株発行無効の訴えを提起した。第1審（金沢地判平3・2・8民集51・1・51）、原審（名古屋高金沢支判平4・10・26民集51・1・60）は、上記(3)(4)により無効としたのでYが上告した。

[**判　旨**]　上告棄却

　「新株発行に関するする事項の公示を欠くことは、新株発行差止請求をしたとしても差止めの事由がないためにこれが許容されないと認められる場合でない限り、新株発行の無効原因となると解するのが相当であり、上記(3)及び(4)の点に照らせば、本件において新株発行差止請求の事由がないとはいえないから、結局、本件の新株発行には、上記(1)の点で無効原因があるといわなければならない。」

が善意でかつ重大な過失がないときは、出資を取り消すことができる（同条2項）。現物出資財産の価額が著しく不足する場合は、取締役等（会社則44条〜46条）や現物出資の証明者は連帯して（213条4項）、その不足額を会社に対し支払う義務を負うが（同条1項・3項）、検査役の調査を経た場合と無過失を証明した場合は義務を免れる（同条2項・3項ただし書）。

　出資の履行を仮装した募集株式の引受人および取締役等の責任が以下のように平成26（2014）年改正において新設された。出資の履行を仮装した引受人は、仮装した払込金額の全額の支払義務を負い（213条の2第1項）、この義務は総株主の同意がなければ免除することはできない（同条2項）。仮装に関与した取締役等も同様の義務を負うが、出資の履行を仮装したものを除き、その職務を行うについて注意を怠らなかったことを証明すれば免責される（213条の3第1項）。

Ⅷ　株　　券

　1　総　　説　株券とは、株式を表章する有価証券である。株券は要式証券（216条）であるが、非設権証券である。

　株式会社は、株券を発行する旨を定款で定めることができ（214条）、この定款の定めがある株式会社を株券発行会社という（117条 7 項）。小規模の公開会社でない会社においては株券を発行する必要性が乏しいため、株券を発行しないことが原則となり、株券発行会社は例外となる。株券発行会社は、株式の発行・併合・分割をした場合は遅滞なく、当該株式に係る株券を発行し（215条 1 項〜 3 項）、公開会社でない株券発行会社は、株主から請求がある時までは、株券を発行しないことができる（同条 4 項）。また、株券発行会社の株主は、株券の所持を希望しない旨を申し出ることができる（217条 1 項。株券不所持制度）。株券の効力発生時期については、判例は交付時説をとる（最判昭40・11・16民集19・8・1970）が、学説にはほかに作成時説と発行時説がある。

　2　株券の提出等　　株券発行会社（株式の全部について株券を発行していない場合を除く）は、旧株券の提出が必要な場合（219条 1 項 1 号〜 8 号）には、当該行為の効力発生期日までに株券を会社に提出しなければならない旨をそれぞれの効力発生期日の 1 ヶ月前までに公告し、かつ当該株式の株主およびその登録株式質権者には、各別にこれを通知しなければならない（同条 1 項）。株券を提出できない者は、会社に対し、自己の負担で（220条 3 項）、利害関係人に対し一定の期間内（ 3 ヶ月を下ることができない）に異議を述べることができる旨の公告をするよう請求できる（同条 1 項）。

　3　株券喪失登録　　株券を喪失した者は、名義書換えや株式の譲渡ができなくなり（128条 1 項）、第三者に善意取得されるおそれもあり（131条 2 項）、株券喪失登録を請求することができ（223条、会社則47条）、その請求があった場合は、株式会社は、株券喪失登録簿記載事項を株券喪失登録簿に記載しなければならない（221条）。株券喪失登録（抹消されたものを除く）がされた株券は、株券喪失登録日の翌日から起算して 1 年を経過した日に無効となり（228条 1 項）、株券が無効となった場合には、株券喪失登録者は株券の再発行を受けることができる（同条 2 項）。

Ⅸ　1 に満たない端数の処理

　当該株式会社の株式を交付する場合において、 1 株に満たない端数があるときは、その端数の合計数に相当する数の株式を競売し、かつ、その競売により

得られた代金を当該者に交付しなければならない（234条1項）。競売に代えて、売却でき（234条2項・3項）、取締役会設置会社においては取締役会の決議によって、株式の全部または一部を買い取ることができる（同条4項・5項）。株式の分割・併合より株式の数に1株に満たない端数が生ずるときも同様である（235条）。募集株式の発行の場合は、端数は切り捨てられる（202条2項ただし書）。

第3節　新株予約権

Ⅰ　意　　義

　新株予約権とは、株式会社に対して行使することにより当該株式会社の株式の交付を受けることができる権利（2条21号）である。新株予約権者が会社に対して新株予約権を行使すると、株式会社は株式を発行するか、自己株式を移転する義務を負う。インセンティブ報酬として取締役や従業員に付与する場合、資金調達のために発行する場合、買収防衛策として発行する場合など多様な目的のために利用されるが、新株予約権が行使されると新たな株主が生ずるので、募集株式の発行と同様に、既存株主との関係が問題となる。

　新株予約権付社債とは新株予約権を付した社債である（2条22号）。新株予約権付社債については、原則として新株予約権および社債の規定がそれぞれ適用されるものとした上で、新株予約権付社債独自の規定として、新株予約権付社債に付された新株予約権の数（236条2項）、新株予約権付社債を引き受ける者の募集（242条6項・248条等）、新株予約権付社債の無償割当て（278条1項2号等）、新株予約権付社債券（292条）が置かれている。

Ⅱ　新株予約権の内容

　新株予約権の内容を定めなくてはならない（236条1項）。募集新株予約権の発行以外にも、新株予約権を創設することがあるので（新株予約権の無償割当て、合併等）、新株予約権の内容について独立の条文が設けられている。金銭以外の財産による払込みも可能である（236条1項3号）。令和元（2019）年改正では、上場会社が取締役の報酬等として（361条1項4号または5号ロ）新株予約権

を発行するときは、行使に際して出資される財産の価額（236条1項2号）を当
該新株予約権の内容とすることを要しないものとし、その場合、新株予約権の
行使に際して出資を要しない旨および当該取締役（取締役であった者も含む）以
外の者は、当該新株予約権を行使することができない旨を定めるものとした
（236条3項、登記事項〔911条3項12号ハ〕。指名委員会等設置会社も同様〔4項〕。）。

III　募集新株予約権の発行

1　募集事項の決定　　株式会社は、その発行する新株予約権を引き受ける
者の募集をしようとするときは、その都度、新株予約権の内容（236条1項）と
募集事項（238条1項）を定めなくてはならない。新株予約権に付された行使の
条件は、新株予約権の内容および数（238条1項1号）となり、登記事項である
（911条3項12号ハ）。

募集事項の決定機関と公示の要否は、募集株式の発行の場合と同じである
（238条〜241条）。募集新株予約権と引換えに金銭の払込みを要しないこと（無
償）とする場合に、無償とすることが引受人にとくに有利な条件であるとき、
有償で発行する場合に、払込金額が引受人にとくに有利な金額であるときは、
株主総会の特別決議（238条2項・309条2項6号）が必要となり、取締役は理由
を説明しなければならない（238条3項・239条2項）。

2　募集新株予約権の申込み・割当て・払込み　　募集新株予約権の申込み
（242条）と割当て（243条・244条）の手続は、募集株式の発行と同様である。平
成26（2014）年改正において募集新株予約権の目的である株式が譲渡制限株式
である場合の総数引受契約の場合についても、募集株式（205条2項）と同様の
規定が新設され（244条3項）、募集新株予約権の発行についても、公開会社に
おける支配株主の異動を伴う募集株式の発行（206条の2）と同様の規定が新設
された（244条の2）。申込者は割当日（238条1項4号）に新株予約権者となり
（245条1項）、割当日に、新株予約権者の新株予約権は新株予約権原簿に記録
（記載）される（249条）。有償の場合（238条1項3号）は、新株予約権者は払込
期日（246条1項かっこ書）までに、払込金額の全額の払込みをしないかぎり、
当該募集新株予約権を行使することができない（246条3項）。新株予約権者が
有する新株予約権を行使することができなくなったときは、新株予約権は消滅

する（287条）。金銭による払込みに代えて、払込金額に相当する金銭以外の財産を給付しまたは当該株式会社に対する債権をもって相殺することができるが、株式会社の承諾が必要である（246条2項）。

3　募集新株予約権の発行をやめることの請求　　新株予約権の発行が法令または定款に違反する場合、または著しく不公正な方法により行われる場合、株主が不利益を受けるおそれがあるときは、株主が株式会社に対し、その新株予約権の発行をやめることを請求することができる（247条）。募集株式の発行の場合と同様に、事前の救済方法である。主要目的ルールの適用につき東京高決平17・3・23判時1899・56、有利発行につき東京地決平18・6・30判タ1220・110、差別的行使条件付新株予約権の無償割当てにつき最決平19・8・7民集61・5・2215。

4　新株予約権発行無効の訴えと不存在確認の訴え　　事後の救済方法として、新株予約権発行無効の訴え（828条1項4号）と新株予約権発行の不存在確認の訴え（829条3号）がある（新株予約権付社債を含む）。

新株予約権発行の無効の訴えの提訴期間・原告・被告は限定されており、訴えをもってのみ無効を主張することができる（828条1項4号・同条2項4号・834条4号）。無効判決の効力は第三者にも及び（838条）、将来に向かってその効力を失う（839条）。無効判決が確定した場合は、当該株式会社は当該判決の確定時における当該新株予約権に係る新株予約権者に対し、払込みを受けた金額または給付金を受けた財産の給付の時における価額に相当する金銭を支払わなければならない（842条1項）。無効事由については募集株式発行等の場合を参照（第2節Ⅶ8⑴）。

新株予約権発行の実体が存在しないにもかかわらず登記がなされているような場合には、当該行為が存在しないことの確認を、確認の利益を有する者であれば誰でも、いつでも、当該会社に対して訴えをもって請求することができる（829条3号）。判決の効力は第三者にも及ぶ（838条）。

Ⅳ　新株予約権原簿

株式会社は、新株予約権原簿を作成し（249条）、備え置かなければならない（250条）。新株予約権原簿を株主および債権者（新株予約権者も含まれる）は閲

覧・謄写の請求をすることができるが（252条2項）、一定の場合には会社がこの請求を拒むことができる。

V　新株予約権の譲渡

1　新株予約権の譲渡　新株予約権者は、新株予約権を譲渡することができる（254条1項）。新株予約権付社債は、社債・新株予約権のいずれかが消滅しなければ、それぞれを単独で譲渡することができない（254条2項・3項）。

2　譲渡方法　証券発行新株予約権の譲渡は、証券の交付が効力要件である（255条1項。証券発行新株予約権付社債につき2項）。

3　譲渡の対抗要件　証券が発行されていない新株予約権の譲渡は、新株予約権原簿に取得者の氏名等を記載（記録）しなければ、株式会社または第三者に対抗することはできない（257条1項）。記名式新株予約権証券が発行されている場合は、新株予約権原簿への記載（記録）がないと会社に対抗できない（257条2項）。

4　権利推定、善意取得　新株予約権証券および新株予約権付社債券の占有者は、新株予約権についての権利者と推定され（258条1項・3項）、交付を受けた者は、悪意または重過失がないかぎり、新株予約権を取得する（同条2項・4項。善意取得）。

5　譲渡の制限　譲渡につき会社の承認を要する旨を新株予約権の内容として定めることができる（236条1項6号）。譲渡承認の手続（262条～266条）は譲渡制限株式と変わらないが、譲渡を承認しない場合に株式会社あるいは指定買取人による買取制度は認められていない。

6　質入れ　新株予約権者は、その有する新株予約権に質権を設定することができる（267条1項）。新株予約権付社債は、新株予約権と社債の双方に質権を設定することになる（267条2項・3項）。

7　信託財産に属する新株予約権についての対抗要件等　新株予約権については、当該新株予約権が信託財産に属する旨を新株予約権原簿に記載（記録）しなければ、当該新株予約権が信託財産に属することを株式会社その他の第三者に対抗することができない（272条の2第1項）。

Ⅵ　株式会社による自己の新株予約権の取得

1　募集事項の定めにもとづく新株予約権の取得　　株式会社は、取得条項付新株予約権の取得（273条）や買取請求の行使による取得（118条等）のほか、合意により取得する場合や組織再編により交付される場合など、財源規制もなく自己新株予約権を取得し、保有し、または処分することができる。取得条項付新株予約権の取得の手続規制（273条〜275条）は取得条項付株式と同様であるが、財源規制はない。

2　新株予約権の消却　　株式会社は、消却する自己新株予約権の内容および数を定めた上で、自己新株予約権を消却することができ、取締役会設置会社においては、この決定は取締役会の決議によらなければならない（276条1項・2項）。

Ⅶ　新株予約権無償割当て

　株式会社は、株主（種類株式発行会社にあっては、ある種類の種類株主）に対して、新たに払込みをさせないで当該株式会社の新株予約権の割当て（新株予約権無償割当て）をすることができる（277条）。株式無償割当てと同様、株主の有する株式（種類株式発行会社にあっては、ある種類の株式）の数に応じて新株予約権を割り当てなければならず（278条2項）、割当てに関する事項の決定は、定款に別段の定めがないかぎり、株主総会（取締役会設置会社にあっては取締役会）の決議によらなければならない（同条3項）。発行決議で定めた効力発生日に、株主は自動的に新株予約権者となる（279条1項）。平成26（2014）年改正において新株予約権無償割当てに関する割当通知は、新株予約権無償割当てがその効力を生ずる日後遅滞なくしなければならないとされ（279条2項）、新株予約権無償割当てを用いた資金調達方法（いわゆるライツ・オファリング）の実施をさらに進めるため、行使期間の末日が割当通知の日から2週間を経過する日前に到来する場合には、行使期間は、割当通知の日から2週間を経過する日まで延長されたものとみなされるものとされた（同条3項）。買収防衛策として新株予約権の無償割当てが行われた事例として、Ⅲ3の最決平19・8・7を参照。

Ⅷ　新株予約権の行使

　新株予約権の行使は、新株予約権の内容および数、行使する日を明らかにしてしなければならない（280条1項。証券発行新株予約権の場合は2項、証券発行新株予約権付社債の場合は3項～5項）。判例は、行使条件に反した新株予約権の行使による株式の発行には無効原因があるとする（最判平24・4・24金判1392・16）。株式会社は、自己新株予約権は行使することはできない（280条6項）。金銭を新株予約権の行使に際してする出資の目的とするときは、新株予約権者は、行使日に、株式会社が定めた銀行等の払込みの取扱いの場所において、その行使に係る新株予約権の行使価額（236条1項2号）の全額を払い込まなければならない（281条1項。金銭以外の財産の出資については284条）。新株予約権者は、払込みまたは給付をする債務と株式会社に対する債権とを相殺することができない（281条3項）。新株予約権を行使した新株予約権者は、その行使の日に新株予約権の目的である株式の株主となる（282条1項）。平成26（2014）年改正において、新株予約権に係る払込み等を仮装した新株予約権者と譲受人の株主となる時期についても、募集株式と同様の規定（209条2項・3項）が新設された（282条2項・3項）。不公正な払込金額で新株予約権を引き受けた者に対する責任（285条）、出資された財産等の価額が不足する場合の取締役等の責任（286条）も募集株式の発行の場合と同様である。平成26（2014）年改正において、新株予約権に係る払込み等を仮装した新株予約権者等の責任、新株予約権に係る払込み等を仮装した場合の取締役等の責任についても、出資の履行を仮装した募集株式の引受人等の責任（213条の2・213条の3）と同様の規定が新設された（286条の2・286条の3）。

Ⅸ　新株予約権に係る証券

　新株予約権証券とは、新株予約権を表章する有価証券である。株式会社は、証券発行新株予約権を発行した日以後遅滞なく、当該証券発行新株予約権に係る新株予約権証券を発行しなければならないが（288条1項）、新株予約権者からの請求があるまでは、発行しないことができる（同条2項）。新株予約権証券には、記名式と無記名式があり、証券発行新株予約権の新株予約権者は、両者の転換を請求できる（290条。例外は236条1項11号）。新株予約権証券の喪失の場

合は、公示催告手続により無効とすることができ（291条1項）、除権決定を得た後でなければ再発行を請求できない（同条2項）。

新株予約権付社債券とは、新株予約権と社債を表章する有価証券であり、社債券の記載事項（697条1項）のほか、当該証券発行新株予約権付社債に付された新株予約権の内容および数を記載しなければならない（292条1項）。

第4節　機　　関

I　総　　説

1　機関の意義　会社は法人であるから、会社の組織上一定の地位にある特定の自然人ないし会議体の行う意思決定または行為を、法律上、会社自身の意思決定または行為として扱う必要がある。このような地位にある存在を機関という。

2　機関設計　(1)　機関設計に関する会社法上の規制　すべての株式会社は、株主総会および取締役を設置しなければならないが（295条・326条1項）、これ以外に、定款の定めにより、取締役会、会計参与、監査役、監査役会、会計監査人、監査等委員会または指名委員会等を設置することができる（326条2項）。

会社法は、株式会社の株主総会以外の機関の設置について、規制を最小限にとどめ、基本的に当事者の機関設計の自由を広く認めている（326条・327条・328条）。

機関設計に関して会社法が定める基本的な規律は、以下の通りである（③⑤⑦については、監査等委員会設置会社および指名委員会等設置会社を除く。【表①】参照）。

①　すべての株式会社は取締役を置く（326条1項）。

②　公開会社は取締役会の設置を要する（327条1項1号）。

③　公開会社かつ大会社は監査役会および会計監査人の設置を要する（328条1項）。

④　非公開会社かつ大会社は会計監査人の設置を要する（328条2項）。

⑤　取締役会設置会社（非公開会社である会計参与設置会社を除く）は、監査役

【表①】　株式会社の機関設計

	非公開会社		公開会社	
	中小会社	大会社	中小会社	大会社
取締役	○	×（328条2項）	×（327条1項1号）	×（327条1項1号・328条1項）
取締役＋監査役	○*			
取締役＋監査役＋会計監査人	○	○		
取締役会＋会計参与	○（327条2項ただし書）▲	×（328条2項）	×（327条2項）	×（327条2項・328条1項）
取締役会＋監査役	○*		○	×（328条1項）
取締役会＋監査役＋会計監査人	○	○	○	
取締役会＋監査役会	○	×（328条2項）	○	
取締役会＋監査役会＋会計監査人	○	○	○	○
取締役会＋監査等委員会＋会計監査人	○	○	○	○
取締役会＋指名委員会等＋会計監査人	○	○	○	○

注1）　このほか、すべての株式会社は会計参与の設置を選択することができる（326条2項）。ただし、▲については必置。

注2）　*監査役の監査の範囲を会計事項に限定することができる（389条1項）。

（著者作成）

　の設置を要する（327条2項）。

⑥　監査役会を置くには、取締役会の設置を要する（327条1項2号）。

⑦　会計監査人を置くには、監査役の設置を要する（327条3項）。

⑧　監査等委員会設置会社および指名委員会等設置会社は、取締役会および会計監査人を置かなければならず（327条1項3号・4号・5項）、監査役を置いてはならない（同条4項）。

　なお、各会社の機関の設置については、その機関の設置が法により義務づけられたものであるか否かを問わず、定款の定めを要する（326条2項）。

　（2）　機関設計の概観　　すべての株式会社は、株主総会のほかに取締役を置かなければならない。株主総会は出資者たる株主を構成員とする会社の意思決定機関である。その株主総会によって選任された取締役が、会社の業務の決

定・執行にあたる。

　取締役会を設置しない会社（いわゆる取締役会非設置会社）の場合、株主総会は、会社法に規定する事項および株式会社の組織、運営、管理その他株式会社に関する一切の事項について決議をすることができる（295条1項）。取締役は会社の業務執行を決定・実行する機関であるとともに代表機関であり、その員数は1名でもよく、資格を株主に制限することもできる（348条・349条・331条2項ただし書）。また、大会社を除き、監査役を置くことも要しない（327条2項・328条参照）。

　取締役会を設置した会社（取締役会設置会社〔2条7号〕）においては、業務執行に関する意思決定機関は取締役会であり（362条2項）、株主総会は、会社法が規定する事項および定款所定の事項のみを決議する（295条2項）。また、業務執行を実行し、対外的に会社を代表する機関として代表取締役を、株主総会により選任されて取締役の業務執行を監査する機関として監査役［会］を置かなければならない（362条3項・363条・349条1項・327条2項・381条・390条・329条1項。ただし、327条2項ただし書参照）。取締役会設置会社は、機関設計として、上記のほか、監査等委員会設置会社または指名委員会等設置会社を選択することができる（327条1項3号4号）。

　会社法は、公開会社（2条5号）について、取締役会を設置することを義務づけている（327条1項1号）。公開会社では、株式の譲渡により株主が頻繁に変動することが予定され、そのような株主が構成員となる株主総会が直接業務執行を担うのは不合理である。そこで、取締役会の設置を義務づけ、これに、会社の業務執行に関する意思決定をゆだねることとしたものである（所有と経営の分離。331条2項5項・362条1項）。

II　株主総会

1　意義および権限　　**(1)　意義および権限**　　株主総会は、株主によって構成され、株主の総意により会社の意思を決定する機関である。

　株主総会の権限は、会社が取締役会を設置するか否かにより大きく異なる。これは、株主総会と取締役（会）の権限分配のあり方が異なるということである。

　取締役会非設置会社においては、取締役が会社の業務執行の決定および執行を行う（348条）。その一方で、株主総会は、会社法に規定する事項および株式会社の組織、運営、管理その他株式会社に関する一切の事項について決議をすることができる（295条 1 項）。すなわち、株主総会は、会社の業務執行に関する決議をすることもでき、取締役はこの決議を遵守すべき義務を負う（355条参照）。

　これに対して、取締役会設置会社の場合、株主総会の決議事項は、会社法の規定する事項および定款で定めた事項に限定される（295条 2 項）。業務執行の決定は取締役会に委ねられ（362条 2 項）、株主総会は、会社の業務執行には直接関与しない。

　(2)　決議事項　　取締役会設置会社における株主総会の法定決議事項は、以下のように大別することができる。①会社の基礎ないし事業に根本的変更を生ずる事項（定款変更、減資、解散、合併等）、②株主の重要な利益に関する事項（計算書類の承認、株式併合等）、および③取締役・監査役等の機関の選任解任に関する事項、④取締役等の専横の危険がある事項（役員報酬の決定等）である。

　法定の総会決議事項について、取締役、執行役、取締役会その他の株主総会以外の機関が決定することができるとする定款の定めは、無効である（295条 3 項）。ただし、総会で必要な大綱を決定して、その細部の決定を他の機関に一任することは許されると解されている。

　法定決議事項以外の事項については、会社が定款に定めた事項にかぎって、株主総会の権限とすることができる（295条 2 項）。

　2　招　集　　(1)　招集手続　　株主総会は、招集権限を有する者が法定の手続に従って招集することを要する。この手続を欠く総会において決議がなされたとしても、原則として、株主総会の決議があったものとは認められない。ただし、株主に総会参加とその準備の機会を与えるために招集手続を要求している法の趣旨に鑑みて、株主全員が開催に同意して出席したときは（全員出席総会）、その決議は総会決議としての効力を有すると解されている（最判昭60・12・20民集39・8・1869）。また、総会において議決権を有する全株主の同意があるときは、招集手続を省略することができる（300条。書面投票・電子投票を認める場合を除く）。

⑵　招集の時期　　株式会社は、毎事業年度の終了後、一定の時期に株主総会を招集しなければならず、これを定時総会という（296条1項）。さらに、株式会社は、必要がある場合にいつでも株主総会を招集することができ、これを臨時総会という（296条2項）。

⑶　招集権者　　(a)　原　則　　取締役会設置会社においては、取締役会が株主総会の招集を決定し、代表取締役・代表執行役がこれを執行するのが原則である。取締役会は、①開催の日時および場所、②株主総会の目的事項（議題）、③書面投票・電子投票を認めるときはその旨、④その他、法務省令で定める事項を定めなければならない（298条1項・4項、会社則63条）。この決定にもとづいて招集手続を行うのは、執行機関である代表取締役（指名委員会等設置会社においては代表執行役）である（296条3項）。取締役会非設置会社においては、取締役が招集を決定し（298条1項）、招集手続を行う（296条3項）。

(b)　少数株主による招集　　総株主の議決権の100分の3以上（定款で引下げ可）を6ヶ月前から（公開会社のみ。定款で短縮可）引き続き保有する株主は、取締役に対し、総会の議題および招集の理由を示して総会の招集を請求することができる（297条1項～3項）。①この請求後遅滞なく招集手続が行われない場合、または②請求の日から8週間以内（定款で短縮可）の日を会日とする総会の招集通知が発せられない場合、この請求をした株主は、裁判所の許可を得て自ら株主総会を招集することができる（297条4項）。

その他、裁判所が総会検査役の報告にもとづいて、取締役に対し、株主総会の招集を命じる場合がある（307条・359条）。

⑷　招集通知　　株主総会を招集するには、公開会社または書面投票・電子投票を認める場合は会日の2週間前までに、それ以外の場合は会日の1週間前までに〔取締役会非設置会社おいては、定款で短縮可。ただし、325条の4第1項〔令和5（2023）年6月1日までに施行予定。以下＊で示す〕〕、株主に対して招集通知を発しなければならない（299条1項）。

取締役会設置会社の場合および取締役会非設置会社であっても書面投票・電子投票を認める場合は、書面または電磁的方法によって総会の招集を通知しなければならず（299条2項・3項、会社令2条1項2号、会社則230条）、この通知には、開催の日時・場所、議題などの記載・記録を要する（299条4項・298条1

71

項、会社則63条。ただし、325条の4第2項＊）。それ以外の場合は、書面によらず、口頭あるいは電話等の方法によって招集を通知することができる。

　書面投票・電子投票を認める場合には、招集の通知に際して、株主総会参考書類および議決権行使書面を交付・提供しなければならない。また、取締役会設置会社は、定時株主総会の招集の通知に際して、計算書類および事業報告を提供しなければならない。令和元（2019）年会社法改正により、これらの資料（株主総会参考資料等）の電子提供制度が導入された（325条の2～325条の7、会社則95条の2～95条の4＊）。会社は定款の定めにより、株主総会参考書類等について電子提供措置（電磁的方法により株主が情報の提供を受けることができる状態に置く措置）をとることができる（325条の2＊）。

　(5)　総会の延期・続行　　総会では、延期（総会の成立後、議事に入らないで会議を後日に持ち越すこと）または続行（議事に入った後、会議を中断して後日に継続すること）の決議をすることができるが、この場合、当初の会議と後日の会議とは同一総会の一部をなすから、後日の会議のために改めて法定の招集手続を行う必要はない（317条）。

　(6)　株主提案権　　株主は、一定の事項を総会の議題とすることを請求することができる（議題提案権。303条）。取締役会設置会社については、この権利は少数株主権として定められている（303条2項。【表②】参照）。濫用的な権利行使を防止する趣旨である。取締役会非設置会社の場合、株主総会の会場で議題提案権を行使することもできる。これに対して、取締役会設置会社では、総会の日の8週間前まで（定款で短縮可）に議題を提案しなければならない（303条2項・309条5項・298条1項2号・299条4項参照）。

　株主は株主総会の場において、総会の議題につき議案を提出することができる（議案提案権。304条）。会議の一般原則により、各株主は、総会の場において動議を提出する権利を当然に有しており、これを明文化したものである。

　株主は、総会の日の8週間前までに、総会の議題につき当該株主が提出しようとする議案の要領を招集通知に記載または記録することを請求することができる（議案の要領通知請求権）。取締役会設置会社の場合、持株要件がある（305条1項ただし書・2項。【表②】参照）。取締役会設置会社の株主が議案の要領の通知を請求する場合に、その株主が提出しようとする議案の数が10を超えると

【表②】 株主提案権

	持株要件		請求の時期	
	取締役会設置会社	取締役会非設置会社	取締役会設置会社	取締役会非設置会社
議題提案権（303条）	総株主の議決権の1/10または300個以上（引下げ可）・6ヶ月前から継続（公開会社のみ・短縮可）	単独株主権・期間要件なし	総会の日の8週間前まで（短縮可）	総会の場でも可
議案の要領通知請求権（305条）				総会の日の8週間前まで（短縮可）
議案提案権（304条）	単独株主権・期間要件なし			

（著者作成）

きは、10を超える部分の議案について、要領通知請求は認められない（305条4項）。株主提案権の濫用的な行使を制限するためである。

また、議案が法令・定款に違反する場合または実質的に同一の議案につき株主総会において総株主の議決権の10分の1（定款で引下げ可）以上の賛成を得られなかった日から3年を経過していない場合は、議案の提出および議案の要領通知の請求をすることはできない（304条ただし書・305条6項）。

(7) **総会検査役の選任**　会社、または総株主の議決権の100分の1以上（定款で引下げ可）の議決権を有する株主（公開会社である取締役会設置会社においては、6ヶ月前から引き続き有する者に限る。定款で短縮可）は、株主総会招集の手続および決議の方法を調査させるため、当該総会に先立ち、裁判所に対し、検査役の選任を申し立てることができる（306条1項・2項）。検査役は必要な調査を行い、調査の結果を裁判所に報告する（306条5項・6項、会社則228条）。裁判所は、必要があると認めるときは、取締役に対して、①一定の期間内に株主総会を招集すること、もしくは②調査の結果を株主に通知すること、または①および②の双方を命じる（307条1項）。

3 議 決 権　(1) **意 義**　株主が総会に出席してその決議に加わる権利を議決権という。株主の議決権は、剰余金配当請求権とともに、株主の最も基本的な権利である。

(2)　1株1議決権の原則　　各株主は、1株につき1個の議決権を有するのが原則である（308条1項）。法が定めた以下の場合を除いて、例外は認められない。

①　単元未満株式　　単元株式数を定款で定めている場合には、1単元の株式につき1個の議決権を有し、単元未満の株式は議決権を有しない（308条1項ただし書・189条1項）。

②　議決権制限株式（108条1項3号）

③　自己株式　　会社は、自己株式につき、議決権を有しない（308条2項）。

④　相互保有株式　　A株式会社（その子会社を含む）がB会社等（組合等を含む）の議決権の総数の4分の1以上を有する場合、B社はA社の株式を有していても、その有するA社株式につき、議決権を有しない（308条1項かっこ書、会社則67条）。会社が影響を及ぼしうる株主の議決権を排除して、総会決議の歪曲を防止しようとするものである。

⑤　特別利害関係株主による議決権行使が制限される一定の場合（140条3項・160条4項・175条2項）。

⑥　基準日後に取得された株式（124条1項。ただし、同条4項）

⑦　非公開会社において、議決権についての属人的定めのある場合（109条2項）。

(3)　議決権の行使方法　　議決権は、総会に自ら出席しない株主にも、これを行使する機会を保障することが望ましいことなどから、以下のような制度が認められている。

(a)　議決権の不統一行使　　株主が複数の議決権を有する場合に、その一部をもって賛成し、残部をもって反対するというように、議決権を統一しないで行使することが認められている（313条1項）。株式の信託などの場合のように、株主名簿上の株主と実質上の株主とが別人であるときに、名簿上の株主が実質上の株主の意思に従って議決権を行使することを認める必要があるからである。したがって、株主が他人のために株式を有する者でないときは、会社は、当該株主による議決権の不統一行使を拒むことができる（同条3項）。取締役会設置会社において、議決権の不統一行使をしようとする株主は、株主総会

の３日前までに、不統一行使をする旨およびその理由を会社に通知しなければ
ならない（同条２項）。会社の事務処理上の便宜をはかる趣旨である。

　(b)　議決権の代理行使　　株主は、代理人によって議決権を行使することが
できる（310条１項）。定款をもってしても、代理人を禁止し、または不当に制
限をして、株主から議決権行使の機会を奪うことは許されないと解される。
もっとも、会社は、総会に出席できる代理人の数を制限することができる（同
条５項）。議事運営の円滑のためである。また実務上、多くの会社では、定款
により代理人資格を株主に制限しているが、このような定款規定は、第三者に
よる撹乱防止という合理的な理由による制限として、有効であると解されてい
る（最判昭43・11・１民集22・12・2402。**基本判例７**）。ただし、このような定款の
下でも、法人株主が、非株主であるその従業員・役職員等を代理人とすること
は認められる（最判昭51・12・24民集30・11・1076）。

　議決権を代理人によって行使する場合には、株主または代理人は、代理権を
証明する書面（委任状）を会社に提出または電磁的方法により提供しなければ
ならない（310条１項・３項・４項、会社令１条１項６号）。この代理権の授与は、
総会ごとに行わなければならない（310条２項）。委任状またはその電磁的記録

◆基本判例７◆　議決権行使の代理人資格の制限
　　　　　　　最判昭43・11・１民集22・12・2402
　　Ｙ株式会社は、定款により、株主が代理人によって議決権を行使する場合につき、当該
代理人を同社の株主にかぎる旨を定めていた。昭和32（1957）年に招集されたＹ社の臨時
株主総会決議において、Ｙ社の株主Ａは総会を欠席し、Ｂに議決権を代理行使させたが、
ＢはＹ社の株主ではなかった。Ｙ社の株主Ｘは、非株主であるＢがＡを代理してなした議
決権行使は定款違反であるとして、総会決議の取消し等を求めて提訴した。第１審、第２
審ともに、決議取消しにつき請求認容。これに対して、Ｙ社は上告し、上記定款規定は、
平成２（1991）年改正前商法239条３項（会社法310条１項に相当）に違反して無効である
と主張した。
［判　旨］ 上告棄却
　　商法239条３項は、「議決権を行使する代理人の資格を制限すべき合理的な理由がある場
合に、定款の規定により、相当と認められる程度の制限を加えることまでも禁止したもの
とは解されず、右代理人は株主にかぎる旨の所論上告会社の定款の規定は、株主総会が、
株主以外の第三者によって撹乱されることを防止し、会社の利益を保護する趣旨にでたも
のと認められ、合理的な理由による相当程度の制限ということができるから、右商法239
条３項に反することなく、有効である」。

は、総会後3ヶ月間本店に備え置かれて、株主の閲覧・謄写に供される（310条6項・7項、会社則226条15号）。

　上場株式に関し、自己または第三者にその議決権の行使を代理させることを勧誘する行為（議決権の代理行使の勧誘）については、委任状用紙および参考書類の交付義務、参考書類に記載すべき内容および委任状用紙の様式などが定められている（金商194条、金商施行令36条の2、上場株式の議決権の代理行使の勧誘に関する内閣府令）。これは、議決権の代理行使のための委任状の獲得が会社支配を確保する手段としての機能を有することなどから、とくに規制がなされているものである。

　(c)　書面による議決権の行使および電磁的方法による議決権の行使　　会社は、株主総会に出席しない株主が書面によって、または電磁的方法によって議決権を行使することを認めることができる（298条1項3号・4号。書面投票制度および電子投票制度）。書面投票制度または電子投票制度を採用するときは、招集の通知に際して、株主総会参考書類を交付しなければならない（301条・302条1項2項、会社則65条・73条〜94条）。さらに、書面投票の場合は議決権行使書面を株主に交付しなければならず（301条、会社則66条）、電子投票の場合は電磁的方法による招集通知を承諾した株主に対して（それ以外の株主については、その請求により）、議決権行使書面に記載すべき事項の電磁的方法による提供を要する（302条3項・4項、会社則66条）。定款に定めを置くことにより、株主総会参考書類等を電子提供措置により提供することもできる（325条の2＊）。

　書面投票または電子投票は、法務省令で定める時までに、会社に対して、必要な事項を記載した議決権行使書面を提出して、または議決権行使書面に記載すべき事項を電磁的方法により提供して行う（311条1項・312条1項、会社則69条・70条）。書面または電磁的方法により行使された議決権の数は、出席した株主の議決権の数に算入される（311条2項・312条3項）。

　議決権を有する株主の数が1000人以上である場合には、書面投票制度を採用することが義務づけられている（298条2項本文・3項）。株主数の多い会社において、株主の意思を総会に反映させるためである。ただし、上場会社がすべての株主に議決権の代理行使を勧誘する場合は、このかぎりでない（298条2項ただし書、会社則64条）。

4　議事および決議　(1)　議　事　　議事の方法は、定款・総会決議または会議慣習によるが、議事運営は議長が行う（315条1項）。議題は、取締役会設置会社においては、招集通知に記載された事項にかぎられる（309条5項本文、298条1項2号・299条4項）。ただし、資料等の調査者の選任および会計監査人の出席（309条5項ただし書・316条・398条2項）、総会の延期・続行（317条）、議長の交代など、議事運営に関する事項については、必要に応じて決定することができる。

(a)　議　長　　会社法は、株主総会の議長の選任に関する明文規定を設けていないが、総会の議長については定款で定めることができ、また、その定めがない場合は、議事運営に係る事項であるから、当然に総会で選任する。しかし実際には、社長を議長とする旨を定款で定めておく場合が多い。

議長は、総会の秩序を維持し議事を整理するなど、議事運営の職務権限を有し、総会の秩序を乱す者を退場させることができる（315条）。

(b)　取締役等の説明義務　　株主は、議題・議案に関して質問する権利を有しており、取締役、会計参与、監査役および執行役は、総会において、株主から特定の事項について説明を求められた場合には、当該事項について必要な説明をしなければならない（314条本文）。ただし、質問事項が、①総会の議題（報告事項をも含む）と関係がない場合、②その説明をすることにより株主の共同の利益を著しく害する場合（重大な企業秘密に属する場合など）、③その他正当な理由がある場合として法務省令で定める場合は、説明を拒否することができる（314条ただし書、会社則71条）。複数の質問に対する一括説明も認められる（東京高判昭61・2・19判時1207・120）。

なお、定時総会において会計監査人の出席を求める決議があったときは、会計監査人は、総会に出席して意見を述べなければならない（398条2項）。

(c)　資料等の調査者　　①株主総会は、その決議により、取締役・会計参与・監査役・監査役会および会計監査人が当該株主総会に提出・提供した資料を調査する者を選任することができる（316条1項）。②少数株主が招集した株主総会は、その決議により、会社の業務および財産の状況を調査する者を選任することができる（316条2項・297条）。

(d)　表決方法　　議案に対する表決の方法について、会社法上とくに制限は

設けられておらず、審議の結果、各株主の確定的賛否の態度が明白になった時点で決議が成立すると解されている（最判昭42・7・25民集21・6・1669）。したがって、定款に別段の定めがないかぎり、必ずしも、議長が改めて挙手・起立・投票などの採決の手続をとることを要しない。

　(e)　議事録　　株主総会の議事については、法務省令で定めるところにより議事録を作成して、原則として、これを本店に10年間、および、この写しを支店に5年間備置しなければならない（318条1項～3項本文、会社則72条。ただし、318条3項ただし書、会社則227条。閲覧・謄写につき318条4項・5項）。

　(2)　決議の種類　　総会の決議は多数決によるが、その要件は決議事項により異なる。

　(a)　普通決議　　これは、法律または定款で決議の要件をとくに定めていない事項の決議方法であって、議決権を行使することができる株主の議決権の過半数を有する株主が出席し（定足数）、出席株主の議決権の過半数の賛成をもって決議が成立する（309条1項）。この定足数の要件は、定款をもって変更することができ、定款で排除している会社が多い。ただし、役員の選任・解任決議については、定款をもってしても、定足数を株主の議決権の3分の1未満に引き下げることは認められない（341条。ただし、343条4項）。

　(b)　特別決議　　これは、一定の重要事項に関する厳重な決議方法であって、議決権を行使することができる株主の議決権の過半数を保有する株主が出席し、出席株主の議決権の3分の2以上の賛成をもって決議が成立する。定款によっても、この定足数を3分の1未満にすることは認められない。のみならず、定款をもってすれば決議要件の加重を妨げず、また、一定の数以上の株主の賛成を要する旨その他の要件を加えることもできる（309条2項）。

　(c)　特殊決議　　これは、決議事項の性質上、特別決議以上に厳重な要件が必要とされる場合である。

　すなわち、①(a)発行する全部の株式の内容として譲渡制限を設ける旨の定款変更決議（309条3項1号）、および(b)公開会社における組織再編行為において、合併対価等に譲渡制限株式等が含まれる場合の合併契約等の承認決議は、その株主総会において議決権を行使することができる株主の半数以上（定款で引上げ可）であって、かつ、議決権を行使することができる株主の議決権の3

分の2以上（定款で引上げ可）の賛成が必要とされる（309条3項2号3号・783条1項・804条1項）。

②非公開会社における剰余金配当請求権・残余財産分配請求権・総会議決権についての属人的な定めに関する定款変更決議は、総株主の半数以上（定款で引上げ可）であって、かつ、総株主の議決権の4分の3以上（定款で引上げ可）の賛成を要する（309条4項・109条2項）。

(3) 株主総会の決議の省略等

(a) 株主総会の決議の省略　会社法は、取締役または株主が株主総会の議題について提案をした場合に、当該提案について議決権を行使することができる株主の全員が書面または電磁的記録により同意の意思表示をしたときは、当該提案を可決する旨の株主総会の決議があったものとみなし、会議の開催を省略することを認めている（319条1項。書面等の備置および閲覧・謄写について、319条2項〜4項）。

この同意の意思表示により、定時株主総会の議題のすべてについての提案を可決する旨の株主総会の決議があったものとみなされた場合には、そのときに当該定時株主総会が終結したものとみなす（319条5項）。

(b) 株主総会への報告の省略　取締役が株主の全員に対して株主総会に報告すべき事項を通知した場合において、当該事項を株主総会に報告することを要しないことにつき、株主の全員が書面または電磁的記録により同意の意思表示をしたときは、当該事項の株主総会への報告があったものとみなす（320条）。

5　決議の瑕疵　(1)　総　説　株主総会の決議に手続上または内容上の瑕疵があるときは、決議の効力は、当然、その瑕疵の影響を受けざるをえない。しかし、決議の効力は、会社や会社の構成員だけでなく会社外の取引関係者など多数人の利害に影響を及ぼし、さらに、その決議にもとづいて、多くの法律関係が進展することになるから、このような法律関係を画一的に確定し、安定をはかるという要請が働く。

そこで会社法は、①決議取消しの訴え（831条）、②決議不存在確認の訴え（830条1項）、および③決議無効確認の訴え（同条2項）という3種類の訴えの制度を設けて、その判決の効力などにつき特別の定めを置き、決議をめぐる会

社の法律関係の画一的確定および安定をはかっている。

　(2)　決議の取消し　　(a)　意　義　　比較的軽微な瑕疵のある総会決議について、会社法は、決議取消しの訴えの制度を設けて、一定の者が一定の期間内に提起した訴えにもとづく取消判決によってのみ、その効力が否定されるものとしている。制限的であることが特徴であって、決議にもとづく法律関係の安定性を重視した制度となっている。この訴えの性質は形成訴訟である。

　(b)　取消原因・提訴権者・提訴期間　　決議取消しの事由として、会社法は、①招集の手続または決議の方法が法令定款に違反し、または著しく不公正なとき、②決議の内容が定款に違反するとき、および③特別利害関係株主が議決権を行使したことにより、著しく不当な決議がなされたとき、の3つの場合を定めている（831条1項）。

　これらの場合の瑕疵は、その性質が決議の不存在や決議内容の法令違反に比べて軽く、かつ時間の経過とともにその判定が困難となることが多い。そこで、提訴権者は株主、取締役、監査役、執行役または清算人にかぎられ、また提訴期間も、決議の日より3ヶ月以内に限定されている（831条1項・828条2項1号かっこ書）。提訴期間が経過すれば、瑕疵は治癒され、その効力を争うことができなくなる。

　(c)　訴えの利益　　決議取消訴訟は形成訴訟であるから、法定の要件を満たすかぎり、訴えの利益が肯定されるのが原則であるが、その後の事情の変化により、その利益を失う場合がある。この場合には、訴えは認められない。役員が退任してしまった後の当該役員の選任決議の取消しの訴えの場合（最判昭45・4・2民集24・4・223）などである。他方、計算書類の承認決議の取消しを求める訴えについては、次期以降の計算書類が確定されていても、当該承認決議が取り消されると次期以降の計算書類は不確定となるから、特別の事情のないかぎり訴えの利益はなくならないとされる（最判昭58・6・7民集37・5・517）。

　(d)　訴訟手続　　法律関係の画一的確定の要請から、会社の機関である株主総会の決議の効力を争う訴えの被告適格は、会社に限定される（834条17号）。その他、訴えは、会社の本店所在地を管轄する地方裁判所の管轄に専属し（835条1項）、同一の請求を目的とする数個の訴えが同時に係属する場合は弁論

および裁判は併合して行われる（837条）。

　濫訴防止のため、被告会社の申立てにより、裁判所は、原告株主に対して担保提供を命ずることができる（836条1項）。この申立てをするには、会社は、原告株主の悪意（不当目的での提訴であること）を疎明しなければならない（同条3項）。提訴につきに悪意・重過失ある原告が敗訴したときは、原告は会社に対し連帯して損害賠償責任を負う（846条）。

　(e)　取消判決の効力　　決議取消しの判決の効力は、当事者以外の第三者にも及ぶ（対世的効力。838条）。取消判決の確定によって、それまで一応有効に存在していた決議は、既往に遡って効力を失う（形成効・遡及効。839条参照）。

　(f)　決議にもとづいてなされた行為の効力　　決議取消判決が確定したときは、決議は決議時に遡って効力を失う。しかし、決議後、その決議にもとづいて種々の法律行為が進展しているのが通常であって、そのため、これらの行為の効力が問題となる。

　総会決議をその有効要件とする行為は、新株発行など、特別の規定により遡及効が排除されている行為（839条）を除き、決議の取消しにより遡及的に無効となると解さざるをえない。しかし、その結果、法律関係の安定性を害するおそれがあるため、解釈によって妥当な解決をはかる必要が生じる。たとえば、取締役の選任決議が取り消された場合に、その取締役が代表取締役として行った取引行為の相手方保護については、不実登記の規定（908条2項）、表見代理（民109条・112条）ないし表見代表取締役（354条）の諸規定の適用による解決のほか、事実上の取締役の法理の活用も考えられる。

　(g)　裁量棄却　　決議取消しの訴えの提起があった場合に、総会の招集手続または決議方法が法令・定款に違反するときであっても、裁判所は、①その瑕疵が軽微で、かつ②決議の結果に影響を及ぼさないという2つの要件がともに満たされる場合には、決議取消しの請求を棄却することができる（831条2項。**基本判例8**）。

　(3)　決議の不存在

　法律上株主総会の決議と認めるべきものが全く存在しない場合には、一般原則により、誰から誰に対しても、またその時期・方法（抗弁としての主張も可）を問わず、決議の不存在を主張することができる。また、不存在について確認

◆**基本判例 8**◆ **決議取消しの訴えと裁量棄却**
最判昭46・3・18民集25・2・183

Y株式会社は臨時株主総会において、会社解散等を決議した。しかし、当該総会の招集を決定した取締役会は、定足数を欠いており、また、総会の招集通知は法定の発送期限より2日遅れて発送されていた。Y社の株主Xらは、招集手続の瑕疵等を理由に、総会決議の取消し等を求めた。第1審および第2審は、本件招集手続の瑕疵は株主総会決議の結果に影響を及ぼさないとして、取消請求を棄却した。

[**判 旨**] 一部棄却、一部破棄自判

「株主総会招集の手続またはその決議の方法に性質、程度等から見て重大な瑕疵がある場合には、その瑕疵が決議の結果に影響を及ぼさないと認められるようなときでも、裁判所は、決議取消の請求を認容すべきであって、これを棄却することは許されない……。けだし、株主総会招集の手続またはその決議の方法に重大な瑕疵がある場合にまで、単にその瑕疵が決議の結果に影響を及ぼさないとの理由のみをもって、決議取消の請求を棄却し、その決議をなお有効なものとして存続せしめることは、株主総会招集の手続またはその決議の方法を厳格に規制して株式総会の適正な運営を確保し、もつて、株主および会社の利益を保護しようとしている商法の規定の趣旨を没却することになるからである。」

を求める利益があるときは、会社を被告として決議不存在確認の訴えを提起することも認められる（830条1項・834条16号）。決議不存在確認の訴えについては、原告適格および提訴期間の制限はなく、確認の利益が存在するかぎり、いつでも誰でもこれを提起することができる。この訴えの性質は、確認訴訟である。

決議不存在確認の判決も対世的効力を有する（838条）。また、専属管轄、弁論等の併合、担保提供命令、悪意重過失ある敗訴原告の損倍賠償責任については、決議取消しの訴えと同様である（835条1項・836条・837条・846条）。

(4) 決議の無効

総会決議の内容が法令に違反する場合（株式会社の本質に反する決議や株主平等原則違反なども含む）は、決議は当然かつ絶対的に無効であって、その無効は誰でも時期・方法を問わず主張でき、また、訴えの利益があるときは、会社を被告として決議無効確認の訴えを提起することが認められている（830条2項・834条16号）。この訴えの性質は、確認訴訟である。

決議無効判決も対世的効力を有する（838条）。また、専属管轄、弁論等の併合、担保提供命令、悪意重過失ある敗訴原告の損倍賠償責任については、決議

取消し・不存在確認の訴えと同様である（835条1項・836条・837条・846条）。

Ⅲ　種類株主総会

1　種類株主総会　　種類株式発行会社（2条13号）では、場合により、異なる種類の株式の株主間で利害が対立するおそれがある。そこで、これらの利害関係の調整のため、種類株主総会制度が設けられている（同条14号）。種類株主総会には、株主総会に関する規定の多くが準用される（325条、会社則95条）。

2　権　　限　　種類株主総会は、会社法に規定する事項および定款で定めた事項にかぎり、決議をすることができる（321条）。

(1)　**ある種類の種類株主に損害を及ぼすおそれがある場合**　　種類株式発行会社が株式の種類の追加に関する定款変更等、一定の行為をする場合において、ある種類の株式の種類株主に損害を及ぼすおそれがあるときは、その種類の株式の種類株主を構成員とする種類株主総会の決議がなければ、その行為は効力を生じない（322条1項本文）。ただし、当該種類株主総会において議決権を行使することができる種類株主が存在しない場合は、種類株主総会の決議を要しない（同条同項ただし書。現実に種類株式を発行していない場合や、ある種類株式のすべてが自己株式である場合等）。

会社は、ある種類の株式の内容として、上の種類株主総会の決議を不要とする旨を定款で定めることができる（322条2項。ただし、同条3項ただし書）。これは、組織再編行為などの円滑化をはかる趣旨である。ある種類の株式を発行した後に定款を変更して、当該種類の株式について、この種類株主総会決議不要の定めを設けようとするときは、当該種類の種類株主全員の同意が必要である（同条4項）。

(2)　**拒否権付種類株式の株主総会**　　種類株式発行会社において、ある種類の株式の内容として、株主総会（または取締役会、清算人会）において決議すべき事項について、当該決議のほか当該種類株式の種類株主総会の決議があることを必要とする旨の定めがあるときは（拒否権付種類株式。108条1項8号）、その定款の定めに従い、当該種類株主総会の決議がなければ、その効力を生じない（323条）。

(3)　**取締役・監査役の選任に関する種類株式の株主総会**　　取締役または監

査役の選任に関して内容の異なる種類株式を発行した場合には、取締役・監査役の選解任につき、種類株主総会決議が必要である（347条・108条1項9号）。

　(4)　その他の法定種類株主総会　　そのほかに会社法が種類株主総会決議を要求しているのは、①ある種類の株式につき譲渡制限・全部取得条項を付す定款変更（111条2項）、②譲渡制限種類株式を募集株式・募集新株予約権の目的とする募集事項の決定またはその委任（ただし、定款で不要の定め可。199条4項・200条4項・238条4項・239条4項）、③組織再編行為において、存続会社等が対価として譲渡制限種類株式を交付する場合（795条4項）、および④組織再編行為において、消滅会社等が種類株式発行会社であって、合併対価等が譲渡制限株式等を含む場合の合併契約等の承認（783条3項・804条3項）の場合である。

　3　種類株主総会の決議　　(1)　普通決議　　種類株主総会の決議は、法律または定款に別段の定めがある場合を除き、その種類の株式の総株主の議決権の過半数を有する株主が出席し、出席した当該株主の議決権の過半数の賛成をもって成立する（324条1項）。

　(2)　特別決議　　一定の決議事項に関する種類株主総会の決議は、当該種類株主総会において議決権を行使することができる株主の議決権の過半数（定款で3分の1以上の割合まで引下げ可）を有する株主が出席し、出席した当該株主の議決権の3分の2以上（定款で引上げ可）の多数をもって行われる。さらに、定款により、一定の数以上の株主の賛成を要する旨その他の要件を加えることができる（324条2項）。

　(3)　特殊決議　　①ある種類の株式につき譲渡制限を定める定款変更（111条2項）、および②組織再編行為において、消滅会社等が種類株式発行会社であって、合併対価等が譲渡制限株式等を含む場合の合併契約等の承認（783条3項・804条3項）に関する種類株主総会決議は、当該種類株主総会において議決権を行使することができる株主の半数以上（定款で引上げ可）であって、かつ、当該株主の議決権の3分の2以上（定款で引上げ可）の賛成が必要とされる（324条3項）。

IV　役員および会計監査人の選任および終任

1　総　　説　(1)　**会社の機関設計の自由**　会社法の下では、株式会社の機関構成について、一定の制限に従うかぎり、定款の定めにより自由に設計することができる建前になっている（定款自治の原則）。実際の株式会社では、その規模に応じて、さまざまな機関構成がとられている。役員等に関して、株式会社が採用しうる諸機関とその設置に関する制限事項は以下の通りである（なお、監査等委員会設置会社については後述XIおよび指名委員会等設置会社については後述Xを参照）。

(2)　**取締役・取締役会**　取締役は株主総会とならぶ株式会社の必須機関である。株主に代わって取締役が経営を担うことが株式会社の法的特徴の1つである。公開会社でない株式会社の場合には、定款の定めにより取締役は株主のなかから選ぶとすることができ、また株主総会の権限が強いこと等、株主による経営監督を容易にするための規定が置かれている。一方、公開会社においては、取締役は必ずしも株主である必要はなく（331条2項）、制度的に所有と経営が分離されている。このような仕組みは、経営の才能ある者を社外から広範に求めることができるとともに、株主数が極端に多い会社の意思決定には便利なシステムであるが、反面、経営者に対するコントロールをどのように行っていくかが重要課題となる。そこで、公開会社の場合には必ず取締役会を置かなければならないとされている。取締役会は3名以上の取締役により構成され、重要な業務執行を決定するとともに、代表取締役および業務執行取締役の選定・解職権をもち、それらの者の業務執行を監督する役割を有している。

(3)　**会計参与**　会計書類の内容の信頼性を高めることは、株式会社の資金調達などに有利である。そこで、株式会社は定款の定めにより取締役と共同して会計書類を作成する権限をもつ会計参与を置くことができ、そのような会社は会計参与設置会社とよばれる。取締役会設置会社であっても公開会社でない会社は監査役を置かないことができるが、その場合は代替措置として会計参与を設置しなければならない（327条2項ただし書）。

(4)　**監査役・監査役会**　株式会社の業務監査をどのように行うかについては多様な制度設計がありうるが、日本は明治商法の時代から監査役という独自の制度を有している。多くの会社では定款の定めにより監査役を置いており、

そのような会社を監査役設置会社という。監査役は、取締役の業務執行を監査し、取締役会において意見を述べ、監査報告書を株主総会に提出しなければならない。そのため監査役には業務財産調査権（381条）および違法行為差止権（385条）などが与えられている。監査役の設置は、強制される場合と任意の場合がある。取締役会設置会社および会計監査人設置会社については、監査役を置かなければならない（327条2項・3項）。それ以外の会社については監査役の設置は任意であり、定款の定めによって置くことができるが、指名委員会等設置会社および監査等委員会設置会社はその監査委員会と職務権限が重複するため監査役を置いてはならない（同条4項）。さらに、大会社・公開会社である株式会社については、3名以上の監査役により監査役会を構成することとし、そのうち半数以上はその就任の前10年間会社またはその子会社の取締役または支配人その他の使用人でなかった者(社外監査役)でなければならない（335条3項）。

　(5)　会計監査人　　大会社等においては、その計算の適正について利害関係を有する者が多く存在することから、正確な会計処理のために外部の専門家を会計監査人として設置することが義務づけられている（328条1項・2項）。それ以外の株式会社についても、必要があるときには定款に定めることで会計監査人を設置することができる（326条2項。従来は大会社およびみなし大会社の場合のみ認められていた）。会計監査人の職務の独立性を確保するために、会計監査人設置会社には必ず監査役を置かなければならない（327条3項。指名委員会等設置会社および監査等委員会設置会社を除く）。

　2　資　格　　(1)　取締役の資格　　取締役は株主の多数から信任を受けた者であり、専門家であるなどの積極的資格をもつ必要はない。公開会社では取締役に広く適材を求める必要があるから、株主であることを資格とすることはできない（331条2項。一方、公開会社でない株式会社では取締役が株主であることを定款の定めにより要求できる）。

　取締役に誰を選ぶのかは株主の最も重要な権利であり原則として自由である。未成年者も取締役になれる。定款による年齢・住所・国籍等の制限は認められるが（「取締役・監査役は日本国籍を有する者に限る」旨の定めも有効とした判例がある。名古屋地判昭46・4・30下民22・3＝4・549）、取締役は自然人のみに限られ法人がなることはできない。

　また、公共の観点から一定の欠格事由が定められている。すなわち、経済犯罪に関して刑に処せられ、その執行が終了していない、または執行猶予期間が終了してから2年を経過しない者、一般犯罪に関して禁固以上の刑に処せられ、その執行が終了していない、または執行猶予期間が終了してから2年が経過していない者は、取締役になることができない（331条1項）。

　令和元（2019）年改正により、制限行為能力者である成年被後見人も取締役への就任が可能となり（331条1項2号削除）、そのような場合には成年後見人による就任の承諾が必要とされるようになった（331条の2、なお被保佐人については、同条2項・3項参照）。

　取締役が会社の使用人（支配人、部長、課長など）を兼務することは法律上禁止されておらず、実際にわが国では使用人を兼務する取締役が多い。ただし、指名委員会等設置会社および監査等委員会設置会社においては、監督と執行の分離という理念から、取締役と使用人との兼務は許されない（331条3項・4項）。

　社外取締役の資格については次の通りである。社外取締役とは、株式会社の取締役のうち、以下の各要件に合致するものである（2条15号参照）。①当該会社またはその子会社の業務執行取締役・執行役・支配人その他の使用人（以下、「業務執行取締役等」という）でなく、かつ、その就任の前10年間当該会社またはその子会社の業務執行取締役等でなかったこと。②その就任の前10年内のいずれかの時において当該会社またはその子会社の取締役、会計参与、または監査役であった者については、それらの就任前10年間について当該会社またはその子会社の業務執行取締役等でなかったこと。③当該会社の親会社等（自然人であるものにかぎる）または親会社等の取締役・執行役・支配人その他の使用人でないこと。④当該会社のいわゆる兄弟会社の業務執行取締役等でないこと。⑤当該会社の取締役・執行役・支配人その他の重要な使用人または親会社等（自然人であるものにかぎる）の配偶者または二親等以内の親族でないこと。

　近時、外国人投資家を中心にわが国企業に対して社外取締役の増加を求める声が高まっている。令和元（2019）年改正においては、監査役会設置会社（公開会社であり、かつ、大会社であるものに限る）であって金商法の規定によりその発行する株式について有価証券報告書を提出しなければならない会社は、社外

取締役を置かなければならないものとされた（327条の2）。

(2)　会計参与の資格　　会計参与は、公認会計士（監査法人）または税理士（税理士法人）でなければならない（333条1項）。その会社または子会社の取締役、監査役もしくは執行役または支配人その他の使用人は会計参与になることはできない（同条3項）。

(3)　監査役の資格　　取締役と同様の欠格事由があるほか、監査役は、その会社もしくは子会社の取締役もしくは支配人その他の使用人の地位を兼ねることはできず、また、会計参与もしくは執行役を兼ねることもできない（335条参照）。ただし、これらに該当する者が監査役に選任された場合であっても、その選任行為自体は有効であり、その者が従前の地位を辞任しなかった点につき任務懈怠の責任が問われるにすぎない（最判平元・9・19判時1354・149）。なお、社外監査役の資格について、社外取締役と同様の定義規定が置かれている（2条16号）。

(4)　会計監査人の資格　　会計監査人は、公認会計士または複数の公認会計士からなる監査法人でなければならない（337条1項）。監査の対象となる会社からの独立性を維持するため、欠格事由について会社法337条2項および会計士法のなかに詳細な定めがあり、①その会社の取締役・監査役等であり、もしくは過去1年以内に役員等であった者（その配偶者を含む）、②法令に定める一定の非監査業務を会社に同時提供している場合、③継続的監査の制限に抵触する場合、④株式を保有するなど会社と著しい利害関係を有する者、⑤業務停止処分を受け監査をすることができない者、または監査法人で社員の半数以上がこれに該当する者、⑥会社関係者から監査業務以外の業務により継続的な報酬を得ている者（その配偶者を含む）、は会計監査人になることができない。

3　選　任　(1)　取締役の選任　　(a)　株主総会の決議　　取締役の選任は、株主総会の普通決議によってなされる（329条1項・309条1項）。ただし、取締役を選任する株主総会決議の定足数については、定款をもってしても、議決権を行使できる株主の議決権の3分の1未満に引き下げることは許されない（341条）。株主に代わって会社経営を担う取締役の選任には、一定数以上の株主からの信任を要するからである。

(b)　累積投票　　株主総会の議題が2人以上の取締役の選任である場合に、

株主は、累積投票制度の利用を会社に請求することができる（342条、会社則97条）。取締役の選任は1人ずつ個別に決議するのが原則であるのに対して、累積投票は、2人以上の取締役を同一の総会で選任する場合に、一括して選任を行い、さらに選任すべき取締役の数と同数の議決権を累積的に一部の候補者に対して集中して、あるいは分散して投票することを認め、その得票の最多数者から順次その員数まで当選者とする制度である。少数派株主も持株数に相応する取締役を選出することが可能となる。しかし、この制度は、取締役会に株主間の対立関係を持ち込み、会社業務の円滑な運営を阻害する欠点があるため、定款で排除できるものとされている（342条1項）。累積投票により選任された取締役の解任は株主総会の特別決議事項である（309条2項7号）。

　(c)　種類株主総会による場合　　非公開会社が、種類株主総会における取締役の選任につき内容の異なる株式を発行した場合には、取締役の選任は、定款の定めに従い、各種類株式の株主を構成員とする種類株主総会によって行われる（347条1項・108条1項9号）。

　(2)　会計参与の選任　　取締役の選任と同様、株主総会の普通決議によってなされる（329条1項・309条1項・341条）。

　(3)　監査役の選任　　取締役の選任と同様、株主総会の普通決議によってなされる（329条1項・309条1項・341条）。監査役の選任につき内容の異なる株式が発行されている場合には、監査役の選任は、定款の定めに従い、各種類株式の株主を構成員とする種類株主総会によって行われる（347条2項・108条1項9号）。

　監査役がある場合に、取締役が監査役の選任に関する議案を株主総会に提出するには、監査役（監査役会設置会社においては監査役会）の同意を得なければならない（343条1項・3項）。また、監査役［会］は、監査役の選任を総会議題とすること、または監査役の選任に関する議案を総会に提出することを請求することができる（同条2項・3項）。これらは、監査役の独立性の確保を意図している。

　(4)　会計監査人の選任　　会計監査人の選任は、株主総会の普通決議事項である（329条1項・309条1項）。

　監査役［会］設置会社においては、株主総会に提出する会計監査人の選任に関する議案の内容は、監査役［会］が決定する（344条1項）。会計監査人の独

立性を確保することを意図するものである。

　会計監査人を設置した旨および当該会計監査人の氏名または名称は、会社の債権者および会社自身の利益のため、登記事項とされている（911条3項19号）。

　(5)　補欠役員の選任　　以上のように、役員および会計監査人は、株主総会の決議によって選任される（329条1項。設立時役員等の選任については、40条・88条）が、これらの選任決議をするときに、法務省令で定めるところにより、取締役が欠けた場合または会社法・定款で定めた役員の員数を欠くこととなるときに備えて補欠の役員を選任することができる（329条3項、会社則96条）。

　4　任　　期　　(1)　取締役の任期　　取締役は定期的に株主総会の信任を受けるべきであるから、取締役の任期が法定されている。取締役の任期は、定款または株主総会の決議によって短縮された場合を除き、原則として、選任後2年以内に終了する事業年度のうち最終のものに関する定時株主総会の終結の時までとされている（332条1項）。ただし、定款変更があった場合には取締役の任期に関して例外規定がある（同条4項）。

　監査等委員会設置会社および指名委員会等設置会社の場合には取締役の任期は1年とされている（同条3項・6項）。これらの会社では、経営監督の機動性が強く求められるからであろう。逆に、監査等委員会設置会社・指名委員会等設置会社でない株式会社のうち、株式譲渡制限会社については、上述の2年の期間を定款により10年まで延長することができる（同条2項）。

　(2)　会計参与の任期　　会計参与の任期は、取締役に準じる（334条1項）。ただし、会社が会計参与を置く旨の定款の定めを廃止する定款変更をしたときは、その定款変更の効力発生時点で会計参与の任期は自動的に満了する（同条2項）。

　(3)　監査役の任期　　原則として、選任後4年以内に終了する事業年度のうち最終のものに関する定時株主総会の終結の時までである（336条1項）。全株式譲渡制限会社においては、定款の定めにより、監査役の任期を選任後10年以内に終了する事業年度のうち最終のものに関する定時総会の終結の時まで伸長できる（同条2項）。

　監査役を置く旨の定款の定めを廃止する定款変更、監査等委員会または指名委員会等を置く旨の定款変更、監査役の監査の範囲を会計に関するものに限定

する旨の定款の定めを廃止する定款変更、および株式譲渡制限会社であること
をやめるための定款変更が効力を生じた時点で、監査役の任期は自動的に満了
する（同条4項）。

(4) 会計監査人の任期　　原則として、選任後1年以内に終了する事業年度
のうち最終のものに関する定時株主総会の終結の時までである（338条1項）。
ただし、別段の決議がないかぎり、当然に再任したものとみなされる（同条2
項）。会計監査人の不再任を株主総会の議題とする場合には、監査役［会］の
決定を要し（344条1項・3項）、また、会計監査人はその総会に出席して意見を
述べることができる（345条5項）。

5 終 任　　(1) 終任事由　　役員および会計監査人は、任期満了（332
条・334条・336条・338条）のほか、委任の法定終了事由（民653条）、辞任（民651
条）、資格の喪失（331条1項・333条・335条・337条）、会社の解散（471条）によっ
て終任する。なお、会計参与、監査役、または会計監査人を辞任した者は、辞
任後最初に招集される株主総会に出席して、辞任した旨およびその理由を述べ
ることができる（345条2項・4項・5項）。これらの監督機能をもつ者たちは経
営者の不法行為を理由として辞任することがあるため、意見陳述の機会を与え
たものである。

(2) 総会決議による解任　　会社はいつでも、役員および会計監査人を株主
総会の決議によって解任することができる（339条1項）。監査役［会］設置会
社においては、株主総会に提出する会計監査人の解任ならびに会計監査人を再
任しないことに関する議案の内容は、監査役［会］が決定する（344条）。

取締役・会計参与・会計監査人の解任については普通決議で足りるが（341
条）、監査役を解任するときは特別決議によることが必要である（343条4項・
309条2項7号、種類株主総会の場合は324条2項5号）。

解任を議題とする株主総会において、会計参与・監査役・会計監査人は意見
を述べることができる（345条1項・4項・5項）。

なお、会計監査人の不祥事等その信頼を失わせる重大事由が発生したとき
は、株主総会の決議によらず、監査役全員の同意があれば、直ちに会計監査人
を解任することができる（340条1項・2項参照）。

任期途中で解任された役員および会計監査人は、その解任に正当な理由があ

◆基本判例 9 ◆　　取締役解任の正当事由

最判昭57・1・21判時1037・129

　Y 株式会社の、実質的な共同経営者である X と A のうち代表取締役 X は、持病の悪化により業務の継続は困難と判断し、療養に専念するため、Y 会社の業務から退くことを決意した。そこで、X は、A との間で、X 所有の Y 会社株式全部を A に譲渡する旨の契約を締結し、さらに X が代表取締役を辞任し、A が後任として代表取締役に就任することが取り決められ、代表取締役交替を決議する旨の取締役会議事録も作成され、その後、A は臨時株主総会を招集し、X の取締役解任と新たな取締役選任を決議した事例において、X は、上記臨時株主総会は、X への招集通知を欠き、また代表取締役ではない A によって招集されたとして、総会決議無効確認および予備的に決議取消しを求めて訴えを提起し、控訴審において、Y 会社による X の解任は、正当な理由がなかったとして、平成17（2005）年改正前商法257条 1 項ただし書（会社法339条 2 項）に基づき、Y 会社に対する任期満了までの期間の役員報酬額に相当する損害賠償請求を追加した。原審判決は、この新たな請求についても失当であるとして控訴を棄却したため、X が上告した。

[判　旨]　上告棄却

　「原審が適法に確定した事実は、⑴ Y 会社の代表取締役であった X は、昭和52年 9 月ころ持病が悪化したので、Y 会社の業務から退き療養に専念するため、その有していた Y 会社の株式全部を Y 会社の取締役 A に譲渡し、A と代表取締役の地位を交替した。⑵そして A は、経営陣の一新を図るため、同年10月31日開催の臨時株主総会を招集し、右株主総会の決議により、X を取締役から解任した、というのであり、右事実関係のもとにおいては、Y 会社による X の取締役の解任につき商法257条 1 項但書にいう正当な事由がないとはいえないとした原審の判断は、正当として是認することができる。」

る場合を除いて、会社に対し、解任によって生じた損害の賠償を請求することができる（339条 2 項）。その損害の範囲は解任されなければ得られたはずの報酬の額である（大阪高判昭56・1・30判時1013・121）。これは会社に解任の自由を保障する一方で、役員の任期に対する期待を保護し、両者の利益調整をはかるためである。取締役の場合につき、病気のため職務執行ができないことは解任の正当理由となりうるが（最判昭57・1・21判時1037・129。**基本判例 9** ）、経営上の失敗を理由とする解任については正当理由になるかどうか議論がある。

　(3)　解任の訴え　　取締役、会計参与、監査役の職務執行に関し不正の行為（横領・背任等）または法令・定款に違反する重大な事実があったにもかかわらず、当該役員の解任議案が株主総会（拒否権付種類株主総会、取締役・監査役の選任に係る種類株主総会を含む）において否決されたときは、総株主の議決権の 3 パーセントまたは発行済株式の 3 パーセント以上（定款で引下げ可）の株式を

6ヶ月前から（公開会社のみ。定款で短縮可）引き続き有する株主は、当該総会の日から30日以内に、訴えをもってその役員の解任を請求することができる（854条。形成訴訟）。この訴えは、会社と当該役員の双方を被告とし（855条）、会社の本店所在地を管轄する地方裁判所の管轄に専属する（856条）。

　これらの役員は通常、多数派株主により選任されていることから、多数決による株主総会では不正のある役員でさえも解任されない危険があるため、少数株主にその修正を認める制度である。解任議案の否決が訴訟要件とされているため、提訴に先立ち、株主提案権（303条）または総会招集権（297条）を行使して、解任議案を提出することが必要となる場合が多い。

　(4)　役員欠員の場合　　任期満了または辞任により退任した役員は、後任の役員が就任するまで、なお役員としての権利義務を有する（346条1項）。会社の業務執行に支障をきたすことを防止するためである。役員の欠員が生じた場合であって、裁判所が必要があると認めるときは（解任の場合や終任した役員が職務を継続することが不適当な場合）、利害関係人の申立てにより、一時役員の職務を行うべき者を選任することができる（仮取締役等。346条2項・3項。会計監査人については346条4項～7項）。なお、退任後もなお会社の役員としての権利義務を有する者について職務の執行に関する不正行為もしくは法令定款に違反する重大事実があった場合であっても、株主は、854条の訴えによりその者の解任を請求することはできない。仮取締役の選任を申し立てることにより、役員の権利義務を有する者の地位を失わせることができるからである（最判平20・2・26民集62・2・638）。

Ⅴ　取締役・取締役会

　1　**総　説**　　ここでは、取締役および取締役会について概説する。まず、取締役会について、その権限・運営・決議について述べ（2）、次に代表取締役について説明する（3）。さらに、取締役の義務について（4）、最初に、善管注意義務と忠実義務の関係に関して解説し、その後、とりわけ会社と取締役の間の利害対立を規制するものとして、競業避止義務・利益相反取引・報酬等・会社補償と役員等賠償責任保険に関して概説する。

　なお、以下では、原則として取締役会設置会社を中心に説明し、取締役会非

設置会社（このほか、「取締役会設置会社以外の会社」、「非取締役会設置会社」等とも呼ばれる）については、Ⅵにおいて簡潔に述べる。

2　取締役会　　（1）　**取締役会の権限**　　取締役会は、取締役会設置会社のすべての取締役によって構成される会議体であり（362条1項）、①業務執行の決定、②取締役の職務の執行の監督、ならびに③代表取締役の選定・解職を行う（同条2項）。

（a）　**業務執行の決定**　　取締役会は、取締役会設置会社の業務執行の決定を行う（362条2項1号。なお、「業務執行の決定」とは会社の業務に関する意思決定のことを指し、「業務執行」とはその実行行為を指す）。

362条4項は、同項1号ないし7号に定める事項および「その他の重要な業務執行」の決定は、取締役に委任することができず、取締役会の決議をもって行うことを要求している（取締役会の法定決議事項）。具体的には、①重要な財産の処分・譲受け、②多額の借財、③支配人その他の重要な使用人の選任・解任、④支店その他の重要な組織の設置・変更・廃止、⑤社債の募集、⑥内部統制システムの整備、⑦取締役等の責任の免除である（これらの事項は、限定列挙ではなく、例示列挙である）。これは、重要な業務執行については慎重な決定を求めるとともに、代表取締役の専横を防止する趣旨である。また、その他にも、会社法の各所に取締役会の法定決議事項とされるものが数多く存在する（たとえば、168条1項、298条4項、362条2項3号・3項、365条1項等）。

まず、①の重要な財産の処分および譲受けについては、会社に重大な影響を与えうる重要な取引であるため、取締役会の法定決議事項とされている。重要財産の処分に該当するか否かについては、判例は、当該財産の価額、その会社の総資産に占める割合、当該財産の保有目的、処分行為の態様および会社における従来の取扱い等の事情を総合的に考慮して判断すべきものとされる（最判平6・1・20民集48・1・1）。実務では、取締役会規程にもとづき、取締役会の承認を要する金額の下限が定められている場合が一般的である（総資産の1％が一応の目安であるといわれる）。

②の多額の借財や⑤の社債の募集についても、会社（とくにその財務内容）に重大な影響を与えうる重要な取引であるため、取締役会の法定決議事項とされている。

　⑥の内部統制システムとは、ある程度規模の大きい会社においては、取締役がすべての従業員の個々の行為を直接監視することは事実上不可能であるから、そのような会社において会社の計算および業務執行が適正かつ効率的に行われることを確保することを目的として、事業の規模・特性等に応じたリスク管理体制を整備するものである。大会社である取締役会設置会社では、かかる内部統制システムの構築の決定が義務づけられている（362条4項6号・5項）。具体的には、①取締役の職務の執行にかかる情報の保存・管理に関する体制、②損失の危険の管理に関する規程その他の体制、③取締役の職務の執行が効率的に行われることを確保するための体制、④使用人の職務の執行が法令・定款に適合することを確保するための体制、⑤会社・親会社・子会社からなる企業集団における業務の適正を確保するための体制、ならびに、⑥監査役による監査が実効的に行われることを確保するための体制から構成される（会社則100条1項・3項）。

　(b)　職務執行の監督　　取締役会は、業務執行に関する意思決定を行うだけであり、業務執行は、代表取締役その他の業務執行取締役（およびその指揮下の使用人）が行う（363条1項）。取締役会は、これら取締役の職務の執行を監督する（362条2項2号）（なお、会社法は、「業務」と「職務」の語を使い分けており、「業務執行」は会社の目的である具体的事業活動に関与することであり、「職務の執行」はより広く、たとえば監督是正権の行使や意思決定への関与〔取締役会の招集や議決権の行使等〕をも含む）。

　取締役会による監督は、業務執行の適法性だけでなく妥当性にまで及ぶ（監査役による監査と対比）。代表取締役その他の業務執行取締役は、3ヶ月に1回以上、自己の職務の執行の状況を取締役会に報告しなければならない（363条2項）。また、大会社の取締役会は、前述のように、内部統制システムに関する事項を決定することにより、その監督体制を整備しなければならない（362条4項6号・5項）。

　監査役設置会社においては、監査役も、取締役会の構成員ではないものの、監査権限との関係上、取締役会に出席し、必要があると認めるときは、意見を述べなければならない（383条1項本文）。さらに監査役は、取締役が不正の行為をし、もしくは当該行為をするおそれがあると認められるとき、または法

令・定款違反の事実もしくは著しく不当な事実があると認められるときは、遅滞なく、取締役会に報告することが義務づけられている（382条）。

　(c)　代表取締役の選定・解職　　取締役会は、取締役の中から代表取締役を選定し、その解職を行う（362条2項3号）。これは取締役会の監督権限のなかでもとくに重要である。また取締役会は、代表取締役以外の業務執行取締役を選定し（363条1項2号。これを選定業務執行取締役という）、解職を行うことができると解されている。なお、会社法上、「業務執行取締役」とは、代表取締役（同項1号）および選定業務執行取締役（同項2号）のほか、実際に業務執行をしたその他の取締役を合わせた概念である（2条15号イ）。さらに「業務執行取締役等」とは、前述の業務執行取締役に執行役と支配人その他の使用人を加えたものである（同号イ）。これらの概念は、主に社外取締役の要件との関係で問題となる。

　(2)　取締役会の運営　　取締役会は、各取締役が招集権を有する。しかし、定款または取締役会決議により、特定の取締役を招集権者と定めることができる（366条1項）。招集権者を定めた場合には、招集権者以外の取締役は、招集権者に対し、取締役会の目的である事項を示して、取締役会の招集を請求することができる（同条2項）。請求のあった日から5日以内に、当該請求日より2週間以内の日を会日とする取締役会の招集通知が発せられない場合には、当該請求をした取締役は自ら取締役会を招集することができる（同条3項）。また監査役は、前述のように取締役会に報告をしなければならない場合において（382条）、必要があると認めるときは、招集権者に対して取締役会の招集を請求することができる（383条2項）。

　取締役会を招集するには、会日から1週間前（定款で短縮可能）に各取締役に対し招集通知を発しなければならない（368条1項）。また、取締役（および監査役）の全員の同意があるときは、招集手続を省略できる（同条2項）。招集通知は、必ずしも書面である必要はなく、口頭でもよい。招集通知に議題を示す必要はないと解されている（東京地判平2・4・20判時1350・138）。

　(3)　取締役会の決議　　(a)　決議の方法　　取締役会の決議は、議決に加わることができる取締役の過半数が出席し（定足数）、その過半数をもって行う（369条1項）。定款の定めによりこの定足数および多数決の要件を加重すること

ができる。取締役は、その経営能力を信頼されて選任されていることから、各取締役は一人一議決権を有している（頭数多数決）。また、同様の趣旨から、株主総会における株主のように、代理人による出席や議決権の代理行使は認められないと解されている。もっとも、定款で定めれば、書面決議は認められる。すなわち、取締役の全員が書面（もしくは電磁的記録）により同意の意思表示をしたときは、当該提案を可決する旨の取締役会決議があったものとみなされる（370条。ただし、監査役設置会社においては監査役が異議を述べなかったときに限られる）。テレビ会議方式による参加も、出席と認められるものと解される。

　決議について利害関係を有する取締役は、決議の公正を期するため、議決に加わることができない（369条2項）。特別利害関係とは、取締役の忠実義務違反をもたらすおそれのある、会社の利益と対立する、取締役の個人的利害関係をいう。たとえば、譲渡制限株式の譲渡承認（139条1項）にかかる関係取締役、競業取引・利益相反取引の承認（365条1項）における当該取引をしようとする取締役、会社に対する責任の一部免除の決議（426条1項）における責任免除の対象となる取締役などがこれに該当することは異論がない。また、代表取締役の「選定」につき、候補者自身が議決権を行使することは、業務執行の決定への参加であり、特別利害関係には該当しないと一般に解されている。しかし、代表取締役の「解職」については、判例は、当該代表取締役が一切の私心を去って会社に対して負担する忠実義務に従い公正に議決権を行使することは困難であるから特別利害関係を有する者に該当すると解している（最判昭44・3・28民集23・3・645）。この点につき、学説は議論が分かれている。

　(b)　取締役会決議の瑕疵　　取締役会決議に瑕疵がある場合は、法の一般原則に従い、その決議は無効である。具体的には、その招集手続や決議方法が違法であったり、決議内容が法令・定款に違反する場合等が瑕疵のある場合に該当する。判例によれば、取締役会の開催にあたり、一部の取締役に対する招集通知を欠いた場合も、特段の事情のない限り、当該決議は無効になる。ただし、その取締役が出席してもなお決議の結果に影響がないと認めるべき特段の事情があるときは、当該決議は有効になると解している（最判昭44・12・2民集23・12・2396）。これに対し学説は、判例のいう「特段の事情」の認定については、慎重であるべきであると解するものが多い。

(c)　特別取締役による決議　　取締役会設置会社において、取締役の数が6人以上いること、および、1人以上の社外取締役がいることといういずれの要件にも該当する場合には、取締役会は、重要財産の処分と譲受け、および、多額の借財についての決議（362条4項1号・2号）については、あらかじめ選定した3人以上の取締役（特別取締役）のうち、議決に加わることができる者の過半数（取締役会で要件を加重することは可能）が出席し、その過半数（取締役会で要件を加重することは可能）をもって行うことができる旨を定めることができる（373条1項）。これは、重要財産の処分等の判断を機動的に行うとともに、取締役会の役割をより基本的事項に集中させることを目的とした制度であるが、実務での利用は少ないといわれる。

(d)　取締役会の議事録　　取締役会の議事については、議事録を作成し、出席した取締役および監査役が署名・記名押印しなければならない（369条3項4項）。取締役会の議事録は、①株主がその権利を行使するために必要なとき、②会社債権者が役員（取締役・会計参与・監査役）・執行役の責任を追及するために必要なとき、または、③親会社社員がその権利を行使するために必要なときは、それぞれ裁判所の許可を得て、その閲覧・謄写を請求することができる（371条2項〜5項）。裁判所の許可を要求しているのは、議事録には、営業上の秘密などが含まれているためである（ただし、業務監査を行う監査役のいない会社の株主は、裁判所の許可を得ることなく、議事録を閲覧・謄写することができる〔同条2項〕）。

取締役会決議に反対した取締役は、議事録に異議を留めなければ決議に賛成したものと推定される（369条5項）。

3　代表取締役　(1)　総　説　　代表取締役とは、会社の業務を執行し、会社を対外的に代表する取締役をいう（47条1項）。代表取締役は取締役会設置会社では、必ず選定されなければならないが（362条3項）、員数は1人でも複数でもよい。代表取締役の氏名・住所は、登記される（911条3項14号）。

取締役会設置会社の代表取締役は、取締役会決議により取締役の中から選定され、当該決議により解職される（362条2項3号・3項）。代表取締役が取締役の地位を失えば、代表取締役の地位も失う。他方で、代表取締役を解職された場合には、代表権のない取締役になる。

　また代表取締役（およびその他の代表者）がその職務を行うにつき第三者に損害を加えた場合は、会社も不法行為責任を負う（350条）。これは、代表者自身がその職務上の行為により不法行為責任（民709条）を負う場合には、第三者保護の観点から、会社にも責任を負わせる旨の規定である。

　(2)　**代表取締役の代表権**　　(a)　**代表権とその制限**　　代表取締役は、会社の業務に関する一切の裁判上または裁判外の行為をする権限を有する（349条4項）。ただし、会社と取締役との間の訴訟については、馴れ合いの危険があるため、代表取締役に代表権はない。監査役設置会社では、この場合、監査役が会社を代表する（386条1項）。

　会社が代表取締役の代表権に制限を加えても、善意の第三者に対抗することはできない（349条5項）。たとえば、ある会社が取締役会規則（内規）により、一定の金額を超える取引を行う場合には取締役会の承認を要する旨を定めていても、善意の第三者に対してそのような制限を主張することはできない（重過失により知らなかった者は、善意の第三者に含まれないと解される）。349条5項の趣旨は、代表権の範囲を明確化し、対外的な業務執行に関する取引の安全を図ることにある。

　(b)　**代表権の濫用**　　たとえば代表取締役が、自己または第三者の借財の返済にあてるために会社を代表して銀行から貸付けを受ける場合を考える。このように代表取締役が代表権を有する範囲内で、これを自己または第三者のために行為をすることを代表権の濫用という。判例は、心裡留保の規定（民93条1項ただし書。平成29〔2017〕年改正前民法93条ただし書）を類推適用し、取引の相手方が代表取締役の真意を知りまたは知ることができたときは当該行為は無効であると判示している（最判昭38・9・5民集17・8・909）。この法理は、平成29（2017）年改正民法107条で明文化された。しかし、学説は、相手方が代表取締役の主観的意図を軽過失により知りえなかった場合にも保護されないことに批判が強く、悪意または重過失の第三者との関係でのみ当該行為の会社への効果帰属を否定すべきであるとの考え方が有力である。

　(c)　**法定の決議を欠く行為——代表取締役の専断的行為**　　株主総会または取締役会の決議が必要な業務執行事項であるのに、代表取締役がそのような決議にもとづかずにこれを行った場合に、当該行為の効力はどうなるか（決議が

無効・不存在であった場合も同様の問題が生じる）。そのような場合の行為の効力は、一律に判断することができず、会社法が決議を要求する趣旨と取引安全の要請とを比較衡量して決める必要があると解されている。

　判例は、取締役会決議を欠いた重要財産の処分について、当該行為は内部的意思決定を欠くに止まるから、原則として有効であるが、相手方が決議を経ていないことを知りまたは知ることができたときは無効であるとしている（最判昭40・9・22民集19・6・1656）。この判例の立場によると、過失ある相手方は保護されないので、結果として相手方に対して（取締役会決議があったか否かの）調査義務を負わせることになる。学説は、会社と相手方との利益衡量の観点からこの結果は適切でないとし、悪意・重過失の相手方に対してのみ無効を主張できると解する見解が多い。

　また、会社法が重要な業務執行の決定を取締役会の決議事項と定めたのは会社の利益を保護する趣旨であるから、取締役会の決議を経ていないことを理由とする取引の無効は、原則として当該会社のみが主張することができ、それ以外の者は特段の事情（当該会社の取締役会が無効を主張する決議をしている等）がない限り、当該取引の無効を主張できないと解される（最判平21・4・17民集63・4・535）。

　(3)　表見代表取締役　　会社が代表権のない取締役に「社長」「副社長」その他会社を代表する権限があると認められる名称を付与した場合には、会社は代表権のないことにつき善意の第三者に対して責任を負う（354条）。このような取締役を表見代表取締役という（なお、平成17〔2005〕年改正前商法は、専務取締役・常務取締役という名称を表見代表取締役として例示していたが、会社法はこれらの名称を削除している）。判例によれば、取締役でない者（使用人など）に会社が代表取締役と認められる肩書きを与えていた場合にも、354条は類推適用される（最判昭35・10・14民集14・12・2499）。また、第三者に重過失がある場合には悪意と同視され、会社は表見代表取締役の行為について責任を負わない（最判昭52・10・14民集31・6・825）。

　4　取締役の義務　　(1)　善管注意義務と忠実義務　　会社と取締役の関係は委任に関する規定に従う（330条）。取締役は会社の受任者として善良な管理者としての注意をもって、その職務を遂行する義務（善管注意義務）を負う（民

644条)。他方で、取締役は、法令・定款および株主総会決議を遵守し、会社の
ため忠実にその職務を遂行する義務(忠実義務)を負う(355条)。この2つの義
務の関係については、争いがある。判例は、忠実義務は、善管注意義務を敷衍
し、かつ一層明確にしたにとどまるものであって、通常の委任関係に伴う善管
注意義務とは別個の、高度な義務を規定したものではないとしている(最大判
昭45・6・24民集24・6・625)。多数説も、忠実義務は、善管注意義務を会社法
において改めて規定したものであって、その内容や違反した場合の効果に差異
はないとする(同質説)。これに対して、両者の義務は異質であると捉える見解
も有力であり、これによれば、善管注意義務は、取締役が職務の執行にあたり
尽くすべき注意の程度を示すものであるに対し、忠実義務は、取締役がその地
位を利用し、会社の利益を犠牲にして自己または第三者の利益を図ってはなら
ない義務として理解される(異質説)。

　もっとも多数説においても、会社と取締役の間に利益対立がある場合におい
て、自己または第三者の利益を図ってはならない義務を忠実義務と呼ぶことは
用語法として定着している。以下に述べる規制は、上記いずれの立場からも、
会社と取締役の利益対立を予防的に規制するものとして理解できる。

　(2)　競業避止義務　　取締役が自己または第三者のために、会社の事業の部
類に属する取引をしようとするときは、その取引につき重要な事実を開示し
て、取締役会設置会社においては、取締役会の承認を受けなくてはならない
(365条1項・356条1項1号。取締役会非設置会社では株主総会の承認が必要となる
〔356条1項1号〕)。また取締役会設置会社では、取引後遅滞なく、当該取引に
ついての重要な事実を取締役会に報告しなければならない(365条2項)。取締
役の競業は、会社のノウハウ、顧客情報などを悪用して会社の取引先を奪うな
ど、会社の利益が害される危険が高いので、予防的に規制したものである。

　「会社の事業の部類に属する取引」とは、会社が実際に行っている取引と目
的物(商品・役務の種類)および市場(地域等)が競合する取引である。定款上
は会社の目的として定められた事業であっても、いまは廃業し、今後も開業す
る見込みのないものについては、競業取引に当たらない。他方、会社が進出を
企図し市場調査等を進めていた地域において同一商品を販売することは、競業
に該当する(東京地判昭56・3・26判時1015・27)。

　「自己または第三者のために」とは、自己または第三者の名において（自己または第三者が権利主体となる）の意味か（名義説）、自己または第三者の計算において（自己または第三者が経済的損益の帰属主体になる）の意味か（計算説）について、争いがある。後述のように、適法な承認手続を経ずに競業取引が行われた場合には、取締役または第三者の得た利益の額を会社の損害の額と推定する旨の規定があることから（423条2項）、競業取引規制は本来なら会社に帰属すべき利益が帰属していないことに着目しているとして、計算説を採る学説が多い。

　実務では、取締役が競業会社の代表取締役になる場合には、包括的に承認を受ける場合が多い。競業会社が完全子会社または完全親会社である場合には、実質的な利害の対立が認められないため、承認は不要であると解される（大阪地判昭58・5・11判タ502・189）。

　競業取引規制に違反してなされた取引であっても、取引は有効である。というのは、競業取引は会社以外の者と取締役との間の取引であるから、これが無効となっても、会社にとっては救済にならないからである。しかし、当該取引をした取締役は、会社に生じた損害につき任務懈怠にもとづく損害賠償責任を負う（423条1項）。さらに、取締役の行為によって生じた損害を立証することは困難であるから、会社法は、前述のように、取締役の行為によって当該取締役または第三者の得た利益の額が、会社の損害の額であると推定する旨を規定している（同条2項）。

　(3)　利益相反取引　　(a)　総　説　　取締役が自己または第三者のために、会社と取引をしようとするときは、取締役会設置会社においては、取締役会の承認を受けなければならない（365条1項・356条1項2号。取締役会非設置会社では株主総会の承認が必要である〔356条1項2号〕）。これを直接取引という。また、会社が取締役以外の者との間で、会社・取締役間の利害が相反する取引をしようとする場合も、取締役会の承認を受けなければならない（365条1項・356条1項3号。取締役会非設置会社では株主総会の承認が必要となる〔356条1項3号〕）。これを間接取引という。両者を併せて利益相反取引と呼ぶ。利益相反取引の規制は、取締役が会社の利益を犠牲にして、自己または第三者の利益を図ることを予防する趣旨で設けられている。

　取締役会の承認を受けた取引については、自己契約・双方代理の禁止に関する民108条は適用されない（356条2項）。

　（b）　直接取引　　直接取引とは、取締役が「自己または第三者のために」会社と取引をすることである（356条1項2号）。この「自己または第三者のために」とは、競業取引の場合とは異なり、自己または第三者の名において会社と取引をすることをいうものと解するのが多数説である（名義説）。したがって、取締役自らが当事者となり、または第三者（他の会社）を代表して、会社を相手に行う場合でなければならないが、会社を代表する者が当該取締役であろうと、他の取締役であろうと、取締役会の承認が必要となる。というのも、他の取締役が会社を代表する場合であっても、当該取締役と他の取締役が結託するおそれがあるからである。また、一方の会社（A社）の取締役（C）が、他方の会社（B社）の代表取締役でもあるときは、両社間での取引は、A社の取締役会の承認が必要になる。これは、A社の取締役Cが「第三者（B社）のために」行う直接取引に該当するからである。ただし、B社にとっては、その代表取締役Cが行う取引ではあるものの、CはA社の代表権を有していないので、利益相反取引には該当しない（B社での承認を要しない）と解されている。

　もっとも、取締役が会社に無利息・無担保で資金を貸し付ける場合（最判昭38・12・6民集17・12・1664）や普通取引約款にもとづく取引を行う場合（東京地判昭57・2・24判タ474・138）等、実質的に会社と取締役との間で利益相反の危険がないような場合には、取締役会の承認は不要である。また、会社とその全株式を有する株主との取引（最判昭45・8・20民集24・9・1305）や、株主全員の合意がある会社と取締役の取引（最判昭49・9・26民集28・6・1306）についても、取締役会の承認は不要であると解されている。

　（c）　間接取引　　間接取引とは、会社が取締役以外の者との間で行う、会社と当該取締役との利益が相反する取引をいう（356条1項3号）。会社法は、その例として、会社が取締役の債務を保証する場合（最判昭45・3・12判時591・88）を挙げているが、会社が取締役の債務を引き受ける場合（最大判昭43・12・25民集22・13・3511）や、会社が取締役の債務につき担保を提供する場合（東京地判昭55・9・11金法785・36）も間接取引に該当することに争いはない。また、判例は、A社とB社の代表取締役を兼ねる者が、A社の第三者に対する債務

◆**基本判例10**◆　**利益相反の間接取引**

最大判昭43・12・25民集22・13・3511

　Ｙ株式会社の代表取締役Ａは、Ｘ株式会社に対する自己の債務について、Ｙ社を代表して債務引受を行った。Ｘ社はＹ社に対して、この債務の支払を求めて訴えを提起したところ、原審は、本件債務引受は利益相反取引に該当するが、Ｙ社の取締役会の承認を得ていないから無効であると判示した。これに対してＸ社が上告した。

〔判　旨〕 破棄自判

　「取締役と会社との間に直接成立すべき利益相反する取引にあたっては、会社は、当該取締役に対して、取締役会の承認を受けなかったことを理由として、その行為の無効を主張し得ることは、前述のとおり当然であるが、会社以外の第三者と取締役が会社を代表して自己のためにした取引については、取引の安全の見地より、善意の第三者を保護する必要があるから、会社は、その取引について取締役会の承認を受けなかったことのほか、相手方である第三者が悪意（その旨を知っていること）であることを主張し、立証して始めて、その無効をその相手方である第三者に主張し得るものと解するのが相当である。」

を、Ｂ社を代表して保証する場合に、間接取引としてＢ社での承認が必要であるとしている（最判昭45・4・23民集24・4・364）。間接取引については、どこまでが規制の対象となる取引に含まれるかという問題がある。直接取引とは異なり、取締役と会社との間に実質的な利益相反関係が存在すれば間接取引に該当することになると解されるため、上記のような場合以外に、どこまでが間接取引として規制の対象となるかについては、解釈が分かれている。

　(d)　承　認　　取締役の利益相反取引の承認は、個々の取引について行われるのが原則であるが、関連会社間の取引のように、反復継続して同種の取引が行われる場合については包括的な承認を行うこともできる。決議の際に、会社と利益が対立する取締役は、決議に特別の利害関係を有するため、議決に加わることができない（369条2項）。

　承認に際しては、取引につき重要な事実を開示しなければならない（356条1項・365条1項）。また、取締役会設置会社では、取引後遅滞なく当該取引についての重要な事実を取締役会に報告しなければならない（365条2項）。

　(e)　承認を欠く利益相反取引の効果　　取締役会の承認を受けずに利益相反取引が行われた場合に、その法的効力をどのように考えるべきかが問題となる。承認を受けない直接取引の相手方に対して会社は取引の無効を主張できることに争いがない。間接取引について、判例は、取引の安全の見地より、その

取引について承認を受けなかったことを相手方が知っていたこと（悪意）を会社が主張・立証してはじめて、その無効を相手方に主張できるとする（前掲・最大判昭43・12・25。**基本判例10**）。このような考え方は相対的無効説と呼ばれており、直接取引の第三者（会社が取締役に譲渡した財産の転得者等）に対しても適用されるものと考えられている。

　利益相反取引は会社の利益を保護するためのものであるから、取引の無効は会社の側からのみ主張できるものと解されている（最判昭48・12・11民集27・11・1529）。

　(4)　取締役の報酬等　　(a)　総　　説　　会社と取締役の関係は委任に関する規定が適用され（330条）、民法上の委任契約は無償であるのが原則である（民648条1項）。もっとも、会社の取締役に関しては、実務上、報酬を受けるのが通常である。

　取締役が会社から受ける報酬等（報酬その他の職務執行の対価）については、定款または株主総会の決議（普通決議）によって一定の事項を定めなければならない（361条1項）。取締役の報酬を取締役自らまたは取締役会が決定することにすると、過剰な報酬額が定められ、会社の利益を犠牲にして、取締役の利益が図られる危険性があるためである（お手盛りの防止機能）。これに加えて、近年では、取締役にインセンティブを付与する手段としての機能も重視されている。

　(b)　報酬等の種類と規制　　取締役の報酬等については、定款または株主総会の決議によって、次の事項を定めなければならない（361条1項）。すなわち、①額が確定しているものについては、その額（同項1号）、②額が確定していないものについては、その算出方法（同項2号）、③その会社の募集株式・募集新株予約権（もしくはこれらと引き換えにする払込みに充てるための金銭）については、当該募集株式・募集新株予約権の上限等（同項3号～5号）、④金銭でないもの（その会社の募集株式・募集新株予約権を除く）については、その具体的内容（同項6号）である。これらの事項を定款で定めると変更に手間がかかるため（466条・309条2項11号。特別決議が必要）、総会決議によって定めることが多い。またこれらの事項を定め、その内容を改定する際には、当該議案を株主総会に提出した取締役が当該事項を相当とする理由を当該総会において説明しな

ければならない（361条4項）。

　①の確定額の報酬について、判例は、株主総会において取締役の個人別の報酬等の額を定める必要はなく、取締役全員に支払われる額の上限（総額の上限）のみを定め、取締役の個人別の報酬等の額は取締役会で決定することも許されるとする（最判昭60・3・26判時1159・150）。これは、実務において、個人別の報酬等の額が明らかになることを嫌う傾向があることに配慮したものであり、報酬等の総額の上限に変更がない限りは、お手盛りの危険は避けられるからであるとしている。さらに、一度、総会で総額の上限を定めれば、その上限を変更しない限りは、改めて総会決議をする必要はないと解されている。また、取締役会から代表取締役に個人別の報酬等の額の決定を委ねること（再一任）も認められるとされている（最判昭31・10・5集民23・409、最判昭58・2・22判時1076・140。もっとも、そのような再一任は、取締役会による代表取締役の監督に不適切な影響を与える可能性があることを学説は指摘する）。

　使用人兼務取締役の使用人分の給与については、判例は、使用人として受け取る給与の体系が明確に確立されている場合には、使用人分の給与は決議する総額の上限に含めなくてもよいとしている（前掲・最判昭60・3・26）。

　また、退職慰労金は、通常は、①の確定額の報酬等に該当するものであるが、実務上は、株主総会で総額の上限さえ定められることなく、当該会社の支給基準に従って、その具体的な金額・支給時期・支給方法を、取締役会の決定に一任する旨の決議が行われることが多い。同時に退任する取締役の数は1人の場合もあり、最高限度額を決議しても金額が分かってしまうからである。判例（最判昭39・12・11民集18・10・2143）は、株主総会において明示または黙示に一定の支給基準を示し、当該基準に従って退職慰労金が支払われるのであれば、その決定を取締役会に委ねることも許されると解している（**基本判例11**）。

　②の不確定額の報酬は、その額が会社業績を示す指標等に連動する可変的な定めがなされているものをいう。賞与を含むインセンティブ報酬が該当する。

　③は、業績連動報酬であり、これもインセンティブ報酬である。たとえば報酬等が募集株式である場合（現物株型の報酬）には、一定期間、譲渡が禁止された当該会社の募集株式を交付されると、取締役にとっては、その期間内に会社の業績を向上させようというインセンティブが働く。また、報酬等が募集新株

◆基本判例11◆　**役員の退職慰労金**
最判昭39・12・11民集18・10・2143
　Y株式会社では、退任した役員に退職慰労金を与える際には、その都度株主総会から一任を受けて取締役会が、会社の業績、退任役員の勤続年数、担当業務、功績の軽重等にもとづく一定の基準に従って金額を決定していた。Y社の株主総会は、退任する監査役に対する退職慰労金について、やはりこのような慣例に従って取締役会の決定に一任する決議がなされた。Y社の株主Xは、このような総会決議は違法であると主張して訴えを提起した。原々審・原審ともXの請求を棄却したため、Xが上告した。

［判　旨］ 上告棄却
　「株式会社の役員に対する退職慰労金は、その在職中における職務執行の対価として支給されるものである限り、〔平成17（2005）年改正前〕商法280条〔取締役の規定の監査役に対する準用規定。会社法には該当する規程なし〕、同269条〔361条〕にいう報酬に含まれるものと解すべく、これにつき定款にその額の定めがない限り株主総会の決議をもってこれを定むべきものであり、無条件に取締役会の決定に一任することは許されないこと所論のとおりであるが、Y社の前記退職慰労金支給決議は、その金額、支給期日、支給方法を無条件に取締役会の決定に一任した趣旨でなく、前記の如き一定の基準に従うべき趣旨であること前示のとおりである以上、株主総会においてその金額等に関する一定の枠が決定されたものというべきであるから、これをもって同条の趣旨に反し無効の決議であるということはできない。」

予約権である場合は、ストック・オプションとよばれる。
　④の金銭でない報酬等とは、たとえば、社宅の提供、退職年金の受給権の付与等が該当する。
　(c)　報酬等の開示　　取締役の報酬等は、近年、その開示が詳細になっている。たとえば、有価証券報告書では、報酬等の総額が1億円以上の取締役については、個別の報酬等の総額・種類別の額を記載することが要求されている。
　また、令和元（2019）年改正会社法により、公開会社かつ大会社である監査役会設置会社であって、有価証券報告書の提出が義務づけられている会社については、取締役会において、取締役の個人別の報酬等の内容についての決定に関する方針（報酬等の決定方針）を定めなければならないものとされた（361条7項、会社則98条の5。もっとも、取締役の個人別の報酬等の額が定款または株主総会で定められているときは、この限りではない）。当該決定方針は、事業報告により開示される（会社則121条6号）。
　(d)　総会決議を欠く報酬等の支払い・報酬の変更　　会社法が明文で報酬規

制を設けている以上、定款の定めも総会決議もないのに取締役に報酬等が支払われた場合には、当該支払いは無効である。その場合は、取締役の側から会社に対して報酬等の支払いを求めることもできない（最判平15・2・21金判1180・29）。

　定款または総会決議によって取締役の報酬等の額が具体的に定められた場合には、その額は、会社と取締役との間の契約内容となり、双方を拘束する。そのため、その後に総会決議によって取締役の報酬等を無報酬であるとしても、当該取締役は、これに同意しない限り、報酬請求権を失わない（最判平4・12・18民集46・9・3006）。

　（5）　会社補償と役員等賠償責任保険　　（a）　会社補償　　会社は、役員等との間で、役員等がその職務の執行に関して生じた費用や損失を補償する契約（補償契約）を締結することができる（430条の2）。補償の対象となるのは、①役員等が法令の規定に違反したことが疑われ、または責任の追及にかかる請求を受けたことに対処するために支出する費用（防御費用）（同条1項1号）と、②第三者に生じた損害の賠償責任を負うことによる損失（損害賠償金・和解金）（同項2号）である。

　従来の実務でも、役員等は、自らに過失がなかった場合などには、裁判に要した費用について、受任者による費用償還請求（330条、民650条）を根拠に会社に請求することができた。しかし、会社補償については、会社法上の規定がなく、利益相反取引（直接取引）の規制の適用を免れないという問題があった。そこで、令和元（2019）年改正会社法は、役員等の経営に関する意思決定が萎縮するのを防ぐために手続や補償の対象となる範囲を明らかにした。

　なお、役員等が会社に対する責任（423条1項等）を負担することによる損失を会社が補償することを約する契約は、認められない。そのような契約は、実質的に、役員等の責任を事前に減免することと同様の効果をもたらし、後述の任務懈怠責任の免除に関する規制（424条以下）の潜脱になりうるためである。

　会社が補償契約の内容を決定するには、取締役会設置会社では取締役会の決議（取締役会非設置会社では、株主総会の決議）が必要である（430条の2第1項）。補償契約の締結については、利益相反取引に関する規定や民108条は適用されない（430条の2第6項）。

(b)　役員等賠償責任保険契約　　役員等賠償責任保険（D&O保険）とは、会社が保険者（保険会社）との間で締結する保険契約のうち役員等がその職務の執行に関し責任を負うこと、または当該責任の追及にかかる請求を受けることによって生じることのある損害を保険者が塡補することを約するもので、役員等が被保険者になるものをいう（430条の3第1項）。

取締役が損害賠償責任を過度におそれて萎縮することなく職務執行ができる環境をつくり、取締役の人材確保に資するため、上場会社の多くがこの保険契約を締結している。

しかし、会社が保険者に対し保険料を支払い、役員等が損害の塡補を受けることから、当該保険契約には利益相反取引（間接取引）の性格があり、また、役員等の会社に対する損害賠償責任も塡補の対象になることから（補償契約では、前述のように、会社に対する責任は補償されない）、補償契約以上に、株主との利益相反性が高いともいわれる。

従来、会社が役員等賠償責任保険を締結するための手続については、法解釈が確立されていなかった（とくに当該保険の保険料を会社が負担できるか否かについて争いがあった）。そこで、令和元（2019）年改正会社法は、手続等を明確にし、取締役会設置会社では取締役会の決議（取締役会非設置会社では株主総会の決議）をもって、当該保険契約を締結することを可能にした（430条の3第1項）。

VI　取締役会非設置会社

公開会社・監査役会設置会社・監査等委員会設置会社・指名委員会等設置会社のいずれにも該当しない会社は、取締役会を設置しないことができる（327条1項）。取締役会非設置会社に適用されるルールの多くは、平成17（2005）年廃止前の有限会社法の規定を引き継いでいる。

取締役会非設置会社においては、取締役は1人でもよい（326条1項）。取締役が2人以上いる場合でも、各取締役に業務執行の権限と会社代表の権限があるのが原則であるが（348条1項・349条1項本文）、定款等によって異なる定めをすることもできる。

業務の決定は、取締役が2人以上いる場合には、定款で別段の定めがある場合を除いて、過半数で決定するのが原則である（348条2項。取締役会設置会社で

は「業務執行の決定」と呼ぶが〔362条2項1号〕、取締役会非設置会社では「業務の決定」と呼ばれる）。ただし、支配人の選任・解任その他348条3項に定める事項の決定は、各取締役に委任することができない（同条3項）。

取締役が2人以上いるときは、各自が会社を代表するが（349条2項）、代表取締役その他会社を代表する者を定めた場合には、その者が会社を代表する（同条1項）。代表取締役を定める場合には、定款・定款の定めにもとづく取締役の互選または株主総会の決議によって、取締役の中から代表取締役を定める（同条3項）。

取締役会設置会社では競業取引・利益相反取引は取締役会により承認されるが（365条1項）、取締役会非設置会社では、これらの取引を承認するのは株主総会である（356条）。

Ⅶ　会計参与

1　総　説　会計参与は、企業会計の専門家を財務書類の作成過程に関与させ、株式会社の財務書類の正確性・信頼性を向上させることを目的として置かれる機関である。主として中小規模の会社に設置されることが制度上期待されている。会計参与は、公認会計士もしくは監査法人、または税理士もしくは税理士法人でなければならない（333条1項）。

2　会計参与の職務権限　(1) 計算書類等の作成　会計参与は、取締役と共同して、計算書類およびその附属明細書等を作成する。また、会計参与は、法務省令で定めるところにより、会計参与報告を作成しなければならない（374条1項、会社則102条）。

会計参与は、その職務を行うに際して取締役の職務の執行に関し不正の行為または法令定款に違反する重大な事実があることを発見したときは、遅滞なく、これを株主等（監査役・監査役会・監査委員会・監査等委員会がある場合はその機関）に報告しなければならない（375条）。

会計参与は、計算書類を承認する取締役会に出席しなければならず、必要があると認めるときは、意見を述べなければならない（376条）。また、計算書類等の作成に際して取締役と意見を異にするときは、株主総会において意見を述べることができる（377条）。株主総会において、株主から特定の事項について

説明を求められた場合に、当該事項について必要な説明をしなければならないのは、取締役等と同様である（314条）。

　会計参与は、計算書類等と会計参与報告を5年間、当該会計参与の事務所等に備え置かなければならず、株主、債権者および裁判所の許可を得た親会社社員の閲覧請求や謄本・抄本の交付請求に応じなければならない（378条）。

　(2)　業務および財産の調査権　　会計参与は、いつでも会計帳簿等の閲覧・謄写をし、取締役および使用人に対して会計に関する報告を求めることができ（374条2項）、さらに、その職務を行うため必要があるときは、会社の業務および財産の調査をすることができる（同条3項）。また、子会社に対して会計に関する報告を求め、子会社の業務および財産の調査をすることができ、子会社は、正当な理由がないかぎりこの報告または調査を拒むことができない（同条3項・4項）。

　3　会計参与の報酬　　会計参与の報酬等は、定款にその額が定められていないときは、株主総会の決議によって定める（379条1項）。また、職務の執行に要する費用等については、前払または償還等を請求することができる（380条）。

　4　会計参与の義務と責任（Ⅻ1・2参照）　　(1)　会計参与の義務　　会計参与は取締役や監査役と同様に会社の役員であるから、株主総会で選任・解任され（329条1項）、会社とは委任ないし準委任の関係に立つ（330条）。会社に対しては、善管注意義務を負う（民644条）。

　(2)　会計参与の責任　　会計参与は、その任務を怠ったときは、会社に対して、これによって生じた損害を賠償する責任を負う（423条）。この責任は、全株主の同意がなければ免除されない（424条）。会計参与の会社に対する損害賠償責任は、職務を行うにつき善意でかつ重大な過失がないときは、株主総会決議・定款規定・責任限定契約のいずれかによって一定の金額に制限することができる（425条〜427条）。

　会計参与の会社に対する責任は、株主代表訴訟の対象となる（847条）。

　その職務を行うについて悪意または重大な過失があったときは、これによって第三者に生じた損害を賠償する責任を負う（429条1項）。また、開示書類の重要性に鑑み、計算書類等への虚偽記載については立証責任が転換されてい

る。すなわち、計算書類およびその附属明細書等に記載し、または記録すべき重要な事項について虚偽の記載または記録をしたときは、その行為をすることについて過失がなかったことを会計参与が証明しないかぎり、第三者に対する責任を免れない（同条2項2号）。

VIII　監査役・監査役会

1　監　査　役　監査役は、取締役の業務執行の適法性を監査する機関である。取締役会から独立した観点から業務執行の監査を行うことが期待されている。監査役は独任制の機関であり、複数の監査役が置かれている場合や監査役会を設置する場合にも独任制の特徴が残されている。

2　監査役の職務権限　(1)　取締役の職務執行の監査　監査役は、取締役（会計参与設置会社にあっては取締役および会計参与）の職務執行を監査する（381条1項）。

監査役は原則として業務監査権および会計監査権を併せもつが、非公開会社では、監査役会あるいは会計監査人を設置している場合を除き、定款の定めにより、その権限を会計監査に限定することが認められている（389条1項・7項）。業務監査とは、取締役等の業務執行の適法性を監査することをいい、その妥当性を監査することは原則として含まないと考えるのが多数説である。また会計監査とは、計算書類等が会社の状況を適切に表示しているかどうかを監査することをいい、会計監査人設置会社の場合は、監査役は会計監査人と連携して会計監査を行う（436条1項・2項）。

(2)　取締役会への出席・報告・招集権　監査役は取締役会に出席して、必要があると認めるときは意見を述べなければならない（383条1項）。ただし、監査役に業務執行権はないため、取締役会の決議に参加することはできない。

また監査役は、取締役が不正行為をし、もしくは不正行為をするおそれがあると認めるとき、または、法令定款に違反する事実もしくは著しく不当な事実があると認めるときは、遅滞なく、その旨を取締役［会］に報告しなければならない（382条）。

したがって監査役は、必要があると認めるときは、取締役に取締役会の招集を求め（383条2項）、あるいは自ら取締役会を招集することができる（同条3

項）。

(3) 株主総会・監査役会への報告義務　監査役は、取締役が株主総会に提出しようとする議案・書類等の調査を行い、それらに法令定款違反または著しく不当な事項があると認めるときは、調査の結果を株主総会において報告しなければならない（384条）。

監査役会設置会社における各監査役は、監査役会の求めがあるときは、いつでもその職務執行の状況を監査役会に報告しなければならない（390条4項）。

(4) 同意権　監査役設置会社において、取締役の責任制限に関する議案を株主総会または取締役会へ提出する場合には、監査役の同意を得なければならないとされている（425条3項・426条2項・427条3項）。また、会社が会計監査人の報酬等を定める場合には、監査役［会］の同意を得なければならない（399条1項）。さらに、株主代表訴訟において会社が取締役側に補助参加する場合についても監査役の同意が必要である（849条3項）。

(5) 業務および財産の調査権　監査役は、いつでも、取締役、会計参与、および使用人に対して事業の報告を求めることができ、会社の業務および財産の調査を行うことができる（381条2項）。また、監査役がその職務を行うため必要があるときは、子会社に対して事業の報告を求め、業務および財産の調査を行うことができ、子会社は、正当な理由がないかぎりこの報告または調査を拒むことができない（同条3項・4項）。

(6) 会社代表権　会社とその取締役の間で訴訟が行われる場合には、馴れ合い訴訟を防止するために、代表取締役ではなく、監査役が会社代表権をもつ（386条1項）。株主代表訴訟に関しては、事前提訴請求、訴訟告知、和解の通知・催告等を行う場合の名宛人も監査役とされている（同条2項）。

(7) 違法行為差止請求権　監査役は、取締役が会社の目的の範囲外の行為その他法令定款違反の行為をし、または、これらの行為をするおそれがある場合において、当該行為によって会社に著しい損害が生じるおそれがあるときは、当該取締役に対し、その行為をやめるよう請求することができる（385条1項）。株主による違法行為差止請求権（360条）の場合と異なり、監査役による差止請求権はより行使しやすいよう、著しい損害が生じるおそれで足りるとされている。また通常は、取締役に対して口頭または書面により行為の差止めを

要求した上で、効果がなければ裁判所を通じて仮処分をすることになるが、ここでも株主による差止めの仮処分の場合と異なり、監査役による場合には仮処分のために担保を立てる必要がない（385条2項）。

　　3　監査役の報酬　　監査役の報酬等は、定款にその額が定められていないときは、株主総会の決議によって定める（387条）。また、職務の執行に要する費用等については、前払または償還等を請求することができる（388条）。

　　4　監査役の義務と責任（XII 1・2参照）　　**(1)　監査役の義務**　　監査役は取締役と同様に会社の役員であるから、株主総会で選任・解任され（329条1項）、会社とは委任ないし準委任の関係に立つ（330条）。会社に対しては、善管注意義務を負う（民644条）。

　　(2)　監査役の責任　　監査役は、その任務を怠ったときは、会社に対して、これによって生じた損害を賠償する責任を負う（423条1項）。この責任は、全株主の同意がなければ免除されない（424条）。監査役の会社に対する損害賠償責任は、職務を行うにつき善意でかつ重大な過失がないときは、株主総会決議・定款規定・責任限定契約のいずれかによって一定の金額に制限することができる（425条～427条）。

　　監査役の会社に対する責任は、株主代表訴訟の対象となる（847条）。

　　その職務を行うについて悪意または重大な過失があったときは、これによって第三者に生じた損害を賠償する責任を負う（429条1項）。また、開示書類の重要性に鑑み、監査報告への虚偽記載については立証責任が転換されている。すなわち、監査報告に記載し、または記録すべき重要な事項について虚偽の記載または記録をしたときは、その行為をすることについて過失がなかったことを監査役が証明しないかぎり、第三者に対する責任を免れない（同条2項3号）。

　　5　監査役会　　**(1)　監査役会の構成および権限**　　取締役会設置会社は、監査役会を設置することができる（監査役会があれば一定の条件のもと取締役会の決議のみで剰余金配当等ができる）。大会社である公開会社は、監査役会、指名委員会等の3つの委員会、もしくは監査等委員会のいずれかを置かなければならない（328条1項）。

　　監査役会を置く場合には、監査役の数は3名以上、そのうち半数以上は社外

◆**基本判例12**◆　**弁護士である監査役の訴訟代理の可否**
　　　　　　　最判昭61・2・18民集40・1・32
　Ｙ株式会社の株主Ｘが、Ｙに対し、株券の券種変更等を求めて提訴した事案で、Ｙの監査役がＹの訴訟代理人となったことが、平成17（2005）年改正前商法276条（会社335条2項）に反するか否か、また双方代理に該当するか否かが争われた。

[判　旨]　上告棄却
　「監査役が会社又は子会社の取締役又は支配人その他の使用人を兼ねることを得ないとする商法276条〔会社法335条2項〕の規定は、弁護士の資格を有する監査役が特定の訴訟事件につき会社から委任を受けてその訴訟代理人となることまでを禁止するものではない」。「監査役が会社ひいては全株主の利益のためにその職務権限を行使すべきものであることは所論のとおりであるけれども、そのことから直ちに、一株主が会社に対して提起した特定の訴訟につき……監査役が会社……の訴訟代理人となることが双方代理にあたるものとはいえない。」

監査役であることが必要である（335条3項）。監査役会はすべての監査役から構成されるが、その中から常勤監査役1名以上を選定しなければならない（390条3項）。

　監査役会は、①監査報告の作成、②常勤監査役の選定および解職、③監査方針や業務および財産の状況の調査の方法、その他の監査役の職務執行に関する事項の決定を行う（390条2項）。もっとも、③の決定により各監査役の権限行使が防げられることはない（独任制。同項ただし書）。

　(2)　監査役会の運営　監査役会は、各監査役が招集することができ（391条）、定款によっても特定の招集権者を定めることはできない。招集通知は原則として監査役会の1週間前までに各監査役に対して発しなければならないが、監査役全員の同意がある場合には招集手続は不要である（392条）。

　取締役、会計参与、監査役および会計監査人は、それぞれ監査役会への報告義務を負っているが、報告すべき事項を監査役全員に個別に通知した場合には、監査役会において報告する必要はない（395条）。

　監査役会の決議は、監査役の過半数をもって行われ、定足数の定めはない（393条1項）。決議に参加した監査役で議事録に異議をとどめないものは、その決議に賛成したものと推定される（同条4項）。

　(3)　監査役会の議事録　監査役会の議事については議事録を作成し、出席した監査役は署名または記名押印しなければならない。（393条2項。議事録が電

磁的記録で作成されている場合は、同条 3 項）。

　この議事録は、会議の日から10年間、会社の本店に備え置かれる（394条 1 項）。株主は、その権利を行使するために必要があるときは、裁判所の許可を得て、監査役会議事録の閲覧・謄写を行うことができる。債権者が役員の責任を追及するため必要があるとき、および親会社社員がその権利を行使するため必要があるときも同じである（394条 2 項・ 3 項）。ただし、議事録の閲覧または謄写により会社（その親会社・子会社を含む）に著しい損害を及ぼすおそれがあると認めるときは、裁判所は許可をしない（同条 4 項）。

IX　会計監査人

　1　総　　説　会計監査人は、会社が作った計算書類等が適正なものであるかどうかを監査する機関であり（396条 1 項）、会計監査の専門家すなわち公認会計士または監査法人であることが必要である（337条 1 項）。会計監査人を置くときは、その本来の機能を発揮させるために、業務監査権限を有する監査役等（監査委員会・監査等委員会）を置かなければならない（327条 3 項・ 5 項）。

　会社は、事業年度ごとに計算書類を作成し公表することを要求されているが、会社の財務内容や経営成績に社会的信用を付与し、株主や債権者の判断を誤らせないようにするためには、計算書類の内容が適正かつ正確に記載されていることが重要である。とりわけ株式等が金融商品取引市場に上場されている大規模な会社においては、一般投資家の投資判断の前提として正確な計算書類の作成・公表が要求されている。会計監査人はこれらの要請に応えるものである。

　2　会計監査人の職務権限　（1）会計監査報告　会計監査人は、会社の計算書類、その附属明細書、臨時計算書類、および連結計算書類を監査し、会計監査報告を作成する（396条 1 項）。

　会計監査人は、その職務を行うに際して取締役の職務の執行に関し不正の行為または法令定款に違反する重大な事実があることを発見したときには、遅滞なく、これを監査役等（監査役会・監査委員会・監査等委員会がある場合はその機関）に報告しなければならない（397条 1 項）。そして、報告を受けた監査役等が、自らの職務権限を行使して当該不正行為等を是正する措置をとる。

(2) **業務および財産の調査権** 会計監査人は、いつでも会計帳簿等の閲覧・謄写をし、取締役、会計参与、および使用人に対して会計に関する報告を求めることができ（396条2項）、さらに、その職務を行うため必要があるときは、会社の業務および財産の調査をすることができる（同条3項）。また、子会社に対して会計に関する報告を求め、子会社の業務および財産の調査をすることができ、子会社は、正当な理由がないかぎりこの報告または調査を拒むことができない（同条3項・4項）。

(3) **株主総会における意見陳述** 会社の作成した計算書類等が法令定款に適合するかどうかについて監査役等と意見が異なるときは、会計監査人は定時株主総会に出席して意見を述べることができる（398条1項）。また、定時株主総会において会計監査人の出席を求める決議があったときは、会計監査人は株主総会に出席して意見を述べなければならない（同条2項）。

3 会計監査人の報酬 会計監査人の報酬等は、会社と会計監査人との間の契約によって定められ、定款や株主総会決議による必要はない。もっとも、取締役がこれを定める場合には、監査役等（監査役会・監査委員会・監査等委員会）の同意が必要である（399条）。

4 会計監査人の義務と責任（Ⅻ1・2参照） (1) **会計監査人の義務** 会計監査人は、会社と委任ないし準委任の関係に立ち（330条）、会社に対して善管注意義務を負う（民644条）。

会計監査人が監査を実施するにあたっては、一般に公正妥当と認められる監査基準に従って行われなければならない（金商193条の2第5項、財務諸表等の監査証明に関する内閣府令3条2項参照）。金融庁の諮問機関である企業会計審議会の定める監査基準に加え、公認会計士協会の定める実務指針等がこれにあたるとされている。

(2) **会計監査人の責任** 会計監査役は、その任務を怠ったときは、会社に対して、これによって生じた損害を賠償する責任を負う（423条1項）。この責任は、全株主の同意がなければ免除されない（424条）。会計監査役の会社に対する損害賠償責任は、職務を行うにつき善意でかつ重大な過失がないときは、株主総会決議・定款規定・責任限定契約のいずれかによって一定の金額に制限することができる（425条～427条）。

◆基本判例13◆　会計監査人の責任

大阪地判平24・3・23判タ1403・225

　Ａ株式会社において架空循環取引による巨額の粉飾決算が判明し、その後Ａに民事再生手続が開始されて管財人に就任したＸが、Ａの会計監査人であった監査法人Ｙに対し、監査契約上の善管注意義務違反等を理由に損害賠償を求めて提訴した。Ｘは、Ａの属する業界に関して日本公認会計士協会が当時示していた特別の監査留意事項にＹが従っていなかったこと等を主張した。

[判　旨]　棄却

　「監査契約上の善管注意義務に違反したか否かは、通常の監査人が準拠すべき一般に公正妥当と認められる監査の基準である企業会計審議会の定めた『監査基準』や日本公認会計士協会の定めた実務指針、監査実務慣行に従った監査を実施したかどうかにより判断する」。「単に抽象的に不正の可能性や疑いが存在するに過ぎず、不正を窺わせる具体的な事情が特段存在しない状況において、取引先と共謀した架空循環取引の存在を前提に……[その]発見のための監査手続を実施すべき義務を負っていたとはいえない。」

　会計監査人の会社に対する責任は、株主代表訴訟の対象となる（847条）。

　その職務を行うについて悪意または重大な過失があったときは、これによって第三者に生じた損害を賠償する責任を負う（429条1項）。また、開示書類の重要性に鑑み、会計監査報告への虚偽記載については立証責任が転換されている。すなわち、会計監査報告に記載し、または記載すべき重要事項について虚偽の記載または記録をしたときには、その行為をすることについて過失がなかったことを会計監査人が証明しないかぎり、第三者に対する責任を免れない（同条2項4号）。

Ⅹ　指名委員会等設置会社

　1　総　　説　指名委員会設置会社とは、定款の定めにより（326条2項）、指名委員会、監査委員会、報酬委員会の3つの委員会を取締役会の中に置く株式会社をいう（2条12号）。株式会社における業務執行と監督の分離を目的として平成14（2002）年商法改正によって導入された制度である。

　指名委員会等設置会社では、取締役は原則として業務執行を行わず（415条）、取締役会が選任する執行役が業務執行を行う（418条）。取締役会は、執行役の職務執行の監督を行うほか、会社経営の基本方針など重要な業務執行の決定を行う（416条1項）。もっとも、執行役による機動的かつ適宜の意思決定を

可能にするため、取締役会は、業務執行の決定の多くを執行役に委任すること
ができる（同条4項）。

　3つの各委員会は、それぞれ3名以上の取締役により構成され（400条1
項）、そのうちの過半数は、公正な活動が期待される社外取締役（2条15号）で
なければならない（400条3項）。これらの委員は、兼任することができる。

　指名委員会等設置会社には監査委員会が設置されるため、監査役を置くこと
はできない（327条4項）。一方、取締役会（同条1項4号）および会計監査人
（同条5項）は必ず設置しなければならない。

　2　取締役・取締役会　　（1）　取締役　　指名委員会等設置会社の取締役も、
株主総会において選任される（329条1項）。取締役の任期は原則1年である
（332条6項）。

　取締役が執行役を兼務することは可能であるが（402条6項）、使用人を兼務
することは認められない（331条4項）。

　取締役の報酬は、定款や株主総会決議によるのではなく、報酬委員会によ
り、その個人別の報酬等が決定される（404条3項・409条）。

　取締役が負う責任は、委員会を設置しない会社と同じである。

　（2）　取締役会　　指名委員会等設置会社の取締役会は、業務執行の決定およ
び執行役の職務執行の監督（416条1項1号・2号）のほか、各委員会の委員を
選定（400条2項）および解職（401条1項）し、執行役を選任（402条2項）およ
び解任（403条1項）し、また代表執行役を選定・解職（420条1項・2項）する。

　取締役会は、たとえ招集権者が定められていても、各委員会が選定した委員
が招集をすることができる（417条1項）。他方、執行役は、取締役会が定めた
窓口としての取締役（416条1項1号ニ）に対して招集を求め、これに応じられ
なかった場合に、自ら招集をすることができる（417条2項）。

　各委員会が選定した委員は、遅滞なく、当該委員会の職務の執行の状況を取
締役会に報告しなければならない（同条3項）。執行役もまた、取締役会に対
し、3ヶ月に一度以上、その職務の執行の状況を報告しなければならず（同条
4項）、さらに取締役会から要求があった場合には、取締役会に出席して説明
をしなければならない（同条5項）。

　3　指名委員会等　　（1）　各委員会の運営　　各委員会は、それぞれの委員

が招集する（410条）。招集手続（411条）、決議の方法（412条）、議事録の備置（413条）については、取締役会の場合とおおむね同様である。

各委員会に付与された権限にもとづき、各委員会が決定した事項については、取締役会によって、これを覆すことはできない。

(2)　指名委員会　　指名委員会は、株主総会に提出する取締役（および会計参与）の選任・解任の議案の内容を決定する委員会である（404条1項）。

(3)　監査委員会　　監査委員会は、執行役と取締役（および会計参与）の職務執行を監査し、監査報告を作成し、また株主総会に提出する会計監査人の選任等に関する議案の内容を決定する委員会である（404条2項）。監査役［会］設置会社とは異なり、監査委員の独任制は重視されていない（405条4項参照）。

監査委員会の監査権限には、業務監査と会計監査がある。監査委員は、その全員が取締役会の構成員であるため、当該監査権限は、執行役等の業務執行の適法性のみならず、妥当性についても及ぶ。監査委員会が行う監査は、監査役による監査と異なり、取締役会が設ける内部統制システムを通じて監査を行うことが予定されている。そのため、指名委員会等設置会社においては、大会社でなくとも内部統制システムの整備が義務づけられており（416条1項1号ロホ・2項）、他方、常勤の監査委員を置くことは義務づけられていない。

監査委員は、会社の執行役、使用人、および会計参与、または子会社の執行役、業務執行取締役、使用人、および会計参与を兼務することができない（400条4項・331条4項・333条3項1号）。

監査委員［会］は、いつでも執行役等および使用人に対して事業の報告を求めることができ、会社の業務および財産の調査をすることができる（405条1項）。また、その職務を行うため必要があるときは、子会社に対して事業の報告を求め、子会社の業務および財産の調査をすることができ、子会社は、正当な理由がないかぎりこの報告または調査を拒むことができない（同条2項・3項）。

執行役または取締役の不正行為や法令定款違反の事実等を取締役会に報告する義務（406条）、および執行役または取締役の違法行為等の差止請求権（407条）については、監査役の場合とおおむね同様である。

会社とその取締役または執行役との間で訴訟が行われる場合には、監査委員

会の選定する監査委員が、その者が当事者でない限り会社を代表する（408条1項）。

(4)　報酬委員会　　報酬委員会は、執行役および取締役（および会計参与）の個人別の報酬の内容を決定する委員会である（404条3項・409条）。執行役が使用人を兼務している場合には、その使用人としての報酬等についても報酬委員会が決定する。

4　執　行　役　(1)　選任・終任　　指名委員会等設置会社は、会社の業務執行を行う機関として、1名以上の執行役を必ず置かなければならない（402条1項）。

執行役は、取締役会により選任（同条2項）および解任（403条1項）され、その任期は取締役の任期と連動して原則1年である（402条7項）。

(2)　資　格　　執行役は、取締役と同様の欠格事由が定められている（331条1項・402条4項）。執行役は、取締役を兼ねることはできるが（402条6項）、監査委員や会計参与を兼ねることはできず（400条4項・333条3項1号）、また親会社の監査役、監査委員、監査等委員、および会計参与を兼ねることもできない（335条2項・400条4項・331条3項・333条3項1号）。

(3)　代表執行役　　執行役が2名以上いる場合は、取締役会決議により代表執行役を選定しなければならない。執行役が1名のときは、その者が当然に代表執行役となる（420条1項）。

代表執行役の包括的代表権（420条3項）および表見代表執行役の制度（421条）は、代表取締役の場合と同じである。

(4)　職務権限　　執行役は、会社の業務を執行し、また取締役会から委任された業務執行の決定を行う（418条）。

執行役は、会社に著しい損害を及ぼすおそれのある事実を発見したときは、直ちに、当該事実を監査委員に報告しなければならない（419条1項）。

(5)　執行役の義務　　執行役は、会社との関係においては、委任の規定が適用され（402条3項）、会社に対して善管注意義務（民644条）および忠実義務（355条・419条2項）を負う。また、競業取引および利益相反取引についても規制を受ける（356条・365条2項・419条2項）。

執行役は、その職務分掌を含めて取締役会により選任され、取締役会および

監査委員会から監督されているため、取締役とは異なり、他の執行役に対する一般的な監視義務は負わないとされている。

(6)　執行役の責任　　執行役は、その任務を怠ったときは、会社に対して、これによって生じた損害を賠償する責任を負う（423条1項）。この責任は、全株主の同意がなければ免除されない（424条）。執行役の会社に対する損害賠償責任は、職務を行うにつき善意でかつ重大な過失がないときは、株主総会決議または定款規定によって一定の金額に制限することができる（425条・426条・428条2項）。

会社が株主権の行使に関し利益供与を行った場合（120条1項）、これに関与した執行役は、会社に対し、その利益に相当する額を支払う義務を負う（同条4項）。

また、剰余金の配当等において分配可能額を超える金銭等の交付が行われた場合、当該行為に関する職務を行った執行役、および当該行為が取締役会の決議にもとづき行われた場合にはその議案を取締役会に提出した執行役は、会社に対し、責任を負うべき取締役等と連帯して、交付された金銭等の帳簿価額に相当する金銭を支払う義務を負う（462条・464条）。

執行役の会社に対する責任は、株主代表訴訟の対象となる（847条）。

その職務を行うについて悪意または重大な過失があった場合には、これによって第三者に生じた損害を賠償する責任を負う（429条1項）。

XI　監査等委員会設置会社

1　総　　説　　会社における業務執行者に対する監督機能の強化のために、指名委員会等設置会社の仕組みが会社法上に規定されていたが、実際にこれを採用した企業はごくわずかであり、ほとんどの株式会社は、従来型の監査役［会］を設置する機関設計を採用していた。そこで、平成26（2014）年会社法改正により新たに創設された仕組みが、監査等委員会設置会社であり、現在、上場会社をはじめとする多くの会社が導入している。

監査等委員会設置会社は、定款の定めにより（326条2項）、監査等委員会を取締役会の中に置く株式会社をいう（2条11号の2）。指名委員会等設置会社とは異なり、指名委員会や報酬委員会の設置は要求されていない（ただし任意で

設置することは可能である）。

　監査等委員会設置会社では、執行役は置かれず、委員会を設置しない従来型の会社と同様に、代表取締役および業務執行取締役が業務執行を行う（363条1項）。取締役会は、原則として重要な業務執行の決定を取締役に委任することができない（399条の13第4項）。ただし、①会社の取締役の過半数が社外取締役である場合、または②取締役会の決議によって重要な業務執行の決定の全部または一部を取締役に委任することができる旨を定款で定めた場合には、指名委員会等設置会社における執行役に対するのと同様に、業務執行の決定の多くを取締役に委任することができる（同条5項・6項）。

　監査等委員会は、3名以上の取締役により構成され、そのうち過半数は社外取締役（2条15号）でなければならない（331条6項・399条の2第2項）。

　監査等委員会設置会社では、大会社でなくとも内部統制システムの整備が義務づけられており（399条の13第1項1号ロハ・第2項）、他方、常勤の監査等委員を置くことは義務づけられていない。

　監査等委員会設置会社には監査等委員会が設置されるため、監査役を置くことはできない（327条4項）。一方、取締役会（同条1項3号）および会計監査人（同条5項）は、必ず設置しなければならない。

　2　監査等委員の選任等　　（1）　選任・終任　　監査等委員となる取締役は、その独立性を担保するため、それ以外の取締役と区別して、株主総会の決議によって選任される（329条2項）。任期は2年であり、短縮や伸長をすることはできない（332条1項・2項・4項）。監査等委員以外の取締役の任期は1年となる（同条3項）。

　監査等委員である取締役の選任議案を株主総会に提出するには、監査等委員会の同意が必要である（344条の2第1項）。また監査等委員会は、取締役に対し、監査等委員である取締役の選任に関する議題または議案を株主総会に提出することを請求することができる（同条2項）。

　監査等委員である取締役を解任するには、それ以外の取締役と異なり、株主総会の特別決議が必要である（339条1項・309条2項7号）。

　監査等委員である取締役は、株主総会において、監査等委員である取締役の選任・解任・辞任について意見を述べることができる（342条の2第1項）。ま

た、監査等委員会が選定する監査等委員は、株主総会において、監査等委員以外の取締役の選任・解任・辞任について監査等委員会の意見を述べることができる（同条4項）。監査等委員を辞任した取締役は、その直後の株主総会に出席して、辞任した旨と辞任理由を述べることができる（同条2項）。

(2)　資　格　　監査等委員も取締役であるから、一定の欠格事由が定められている（331条1項）。

業務執行者からの独立性を確保するため、監査等委員である取締役は、会社の業務執行取締役または使用人を兼ねることができず、また子会社の業務執行取締役、使用人、会計参与および執行役を兼ねることもできない（同条3項）。

3　監査等委員会　　(1)　運　営　　監査等委員会は、各監査等委員が招集する（399条の8）。招集手続（399条の9）および議事録の作成と備置（399条の10第3項〜5項・399条の11）については、取締役会の場合とおおむね同様である。

監査等委員会の決議は、議決に加わることができる監査等委員の過半数が出席し、その過半数をもって行われる（399条の10第1項）。決議について特別の利害関係を有する監査等委員は、議決に加わることができない（同条2項）。取締役会の場合と異なり、決議の省略は認められていない（370条参照）。

(2)　職務権限　　監査等委員会は、取締役の職務の執行を監査し、監査報告を作成し、株主総会に提出する会計監査人の選任等に関する議案の内容を決定する（399条の2第3項）。指名委員等設置会社における監査委員会と同様に、監査等委員の独任制は重視されていない（399条の3第4項参照）。

監査等委員会は、いつでも取締役、会計参与および使用人に対してその職務執行に関する報告を求めることができ、会社の業務および財産の調査をすることができる（399条の3第1項）。また、その職務を行うため必要があるときは、子会社に対して事業の報告を求め、子会社の業務および財産の調査をすることができ、子会社は、正当な理由がないかぎりこの報告または調査を拒むことができない（同条2項・3項）。

取締役の不正行為や法令定款違反の事実等を取締役会に報告する義務（399条の4）、取締役が株主総会に提出しようとする議案等に関する株主総会への報告義務（399条の5）、および取締役の違法行為等の差止請求権（399条の6）については、監査役の場合とおおむね同様である。会社とその取締役との間で

訴訟が行われる場合の会社代表権（399条の7第1項）および取締役会の招集権
（399条の14）は指名委員会等設置会社における監査委員会の場合とおおむね同
じである。

　監査等委員会は、監査等委員ではない取締役と会社との間の利益相反取引に
ついて承認をすることができ、この場合、取締役の任務懈怠の推定規定は適用
されない（423条4項・3項）。もっとも、この承認は取締役会の承認（365条1
項）を省略するものではない。

　4　監査等委員の報酬　監査等委員である取締役の報酬は、それ以外の取
締役と区別して、定款または株主総会の決議によって定める（361条1項・2
項）。監査等委員である各取締役の個人別報酬等について、定款の定めまたは
株主総会の決議がないときは、監査等委員である取締役の協議によって定める
（同条3項）。

　監査等委員である取締役は、株主総会において、監査等委員である取締役の
報酬等について意見を述べることができる（同条5項）。また、監査等委員会が
選定する監査等委員は、株主総会において、監査等委員以外の取締役の報酬等
について監査等委員会の意見を述べることができる（同条6項）。

XII　役員等の責任

　1　役員等の会社に対する責任　　（1）　任務懈怠責任　　（a）総　説　　会
社法は、役員等（取締役・会計参与・監査役・執行役または会計監査人）の会社に
対する責任を定める規定をいくつか用意しているが（たとえば、株主の権利行使
に関する利益供与に関する責任〔120条4項〕、剰余金の配当等に関する責任〔462条・
464条・465条〕等）、中心となるのは、任務懈怠責任である（423条1項）。すなわ
ち、役員等は、その任務を怠ったとき（任務懈怠）は、会社に対して、これに
よって生じた責任を賠償する責任を負う（同条1項）。以下では、役員等のう
ち、とりわけ取締役を中心に説明する。

　取締役は、前述のように、会社に対して委任の関係に立つから（330条）、善
管注意義務（民644条）を負い、また会社に対して忠実義務をも負う（355条）。
そのため、具体的な法令・定款に違反しただけでなく、一般的な善管注意義務
や忠実義務に違反したときにも、民法上の債務不履行（民415条）の一般原則に

より、取締役は会社に対して損害賠償責任を負うはずである。しかし、取締役が会社において果たす役割の重要性に鑑みれば、一般原則のみで責任を規定するだけでは不十分であり、これとは別に、会社法は、任務懈怠責任という特別の責任を定めている。

なお、取締役が損害賠償責任を負う場合において、他の取締役もこの賠償責任を負うときは、これらの者は連帯債務者となる（430条）。

以下では、任務懈怠責任に関する3つの論点と当該責任の特則について説明する。

（b）法令違反　　取締役が法令・定款および株主総会の決議を遵守すべきことは、会社法上、規定されている（355条）。したがって、法令違反行為があればそれだけで任務懈怠になると多数説は解している（一元説。これに対して、具体的な法令違反行為があっても、それが取締役の善管注意義務違反と評価されてはじめて任務懈怠となるという見解〔二元説〕もある）。ここにいう「法令」とは、取締役を名宛人とした規定だけでなく、会社法その他の法令中の会社を名宛人として、会社がその業務を行うに際して遵守すべきすべての法令を含むものと解される（最判平12・7・7民集54・6・1767。なお、同判例は、法令〔独占禁止法〕に違反することを認識できなかった場合について、認識を欠いたことに過失がなかったとして取締役の責任を否定している）。

（c）経営判断の誤り　　取締役の業務執行に関して善管注意義務が尽くされたか否かの判断にあたっては、経営判断原則との関係が重要となる。経営判断の原則とは、取締役の経営判断が会社に損害を与えることになっても、当該判断が、一定の要件の下で行われた場合には、裁判所は事後的に当該判断の当否を審査し、直ちには取締役の善管注意義務違反を問わないというものである。裁判例では、当時の状況に照らして、①経営判断の前提となった事実の認識に不注意な誤りがなかったかどうか、②その事実にもとづく意思決定の過程・内容に通常の取締役として期待される水準に比べて著しく不合理なところがなかったか否かという観点から審査し、そのような誤りや不合理がなければ、当該経営判断は尊重されるという傾向にある。もっとも、故意の法令違反行為や利益相反が問題となる場合には、経営判断の原則は適用されない。

判例は、子会社を完全子会社とする事業再編計画に関連して、子会社株式を

1株5万円で買い取る旨の決定が取締役の善管注意義務に違反するか否かが争われた事案において、事業再編計画の策定は、完全子会社とすることのメリットの評価を含め、将来予測にわたる経営上の専門的判断に委ねられていると解され、この場合における株式取得の方法や価格についても、取締役において、株式の評価額のほか、取得の必要性、会社の財務上の負担、株式の取得を円滑に進める必要性の程度等をも総合考慮して決定することができ、その決定の過程、内容に著しく不合理な点がない限り、取締役としての善管注意義務に違反するものではないとしている（最判平22・7・15判時2091・90）。

　(d)　監督義務違反　　取締役会は、前述のように、取締役の職務の執行を監督する（362条2項2号）。このことから、判例は、個々の取締役は、取締役会に上程された事項について監視するに止まらず、代表取締役の業務執行一般について監視する職務を有するものとされる（最判昭48・5・22民集27・5・655）。個々の取締役は、善管注意義務の一内容として、他の取締役の職務の執行を監視する義務を負うものと解されている。任務懈怠責任は、実際上、他の取締役（または使用人）に対する監督義務違反について争われることが多い。

　また、たとえば大会社である取締役会設置会社では、前述のように、内部統制システムを整備しなければならず（362条4項6号・5項）、その具体的なシステムの内容は取締役会で決定されるが、このシステムの整備を怠った場合にも、取締役は任務懈怠責任を負わされる可能性がある。

　なお、会社が内部統制システムを構築し、それが適切に運用されている場合には、取締役は、他の取締役の職務の執行に関してとくに疑わしい事情がない限り、当該他の取締役による職務の執行が適切に行われていると信頼することが認められ、仮に会社に損害が生じたとしても監視義務違反であると評価される可能性は低くなる。これを「信頼の原則」と呼んでいる（最判平21・7・9判時2055・147参照）。

　(e)　競業取引・利益相反取引に関する任務懈怠責任の特則　　取締役が競業取引・利益相反取引を行って会社に損害が生じた場合には、その取引が取締役会の承認を受けていたか否かを問わず、任務懈怠責任を負う可能性がある（423条1項）。これに加えて、会社と取締役の利害が構造的に対立するこれらの取引については、次のような特則がある。

　まず、取締役が取締役会の承認を得ずに競業取引を行った場合には、当該取引によって取締役または第三者が得た利益の額は会社の損害額と推定される（423条 2 項）。会社の損害額を原告が立証することは必ずしも容易ではないからである。

　また、利益相反取引については、取締役会の承認を得ていたか否かにかかわらず、①当該取引をした取締役、②会社が当該取引をすることを決定した取締役、③当該取引に関する取締役会の承認決議に賛成した取締役について、任務懈怠が推定される（423条 3 項）。

　さらに、取締役が自己のために会社と直接取引をした場合には、任務懈怠が自らの責めに帰することができないことを理由に責任を免れることができない（428条 1 項）。当該取締役に対しては、無過失責任が課されている。

　(2)　任務懈怠責任の免除と一部免除　　(a)　総　説　　前述のように、役員等は会社に対して任務懈怠責任を負うが（423条 1 項）、会社法は、当該責任を免除する方法を定めている（以下では、役員等のうち、とくに取締役を中心に説明する）。もっとも、取締役の当該責任は、原則として総株主の同意がなければ免除できない（424条）。これは、株主代表訴訟の提起権が単独株主権であることに平仄を合わせたものである。他方で、株主数の多い会社では、株主全員から同意を得ることは事実上不可能であり、それでは、取締役は責任をおそれて経営に関する意思決定が萎縮してしまう可能性もある。そこで、取締役の責任を一部免除するために、以下の 3 つの方法（(b)〜(d)）が定められている。

　なお、次に述べる一部免除は、取締役が職務を行うにつき善意・無重過失であるときに限って行うことができる（425条 1 項・426条 1 項・427条 1 項）。また任務懈怠責任のうちでも、自己のために直接取引をした取締役・執行役の責任は、一部免除の対象にすることはできない（428条 2 項）。

　(b)　株主総会決議による一部免除　　取締役が任務懈怠責任を負うべき事情が生じた後で、株主総会の特別決議（309条 2 項 8 号）により、賠償責任を負う額から次に掲げる額の合計額（最低責任限度額）を控除して得た額を限度として、当該取締役の責任を免除することができる（425条 1 項。会社則113条）。最低責任限度額は、取締役がその在職中に会社から職務執行の対価（または受けるべき財産上の利益）の 1 年間あたりの相当額に、各区分により定められた年数

分（①代表取締役および代表執行役は6年、②代表取締役以外の取締役〔業務執行取締役等〔2条15号イ〕である者に限る〕および代表執行役以外の執行役は4年、③①と②を除く取締役・会計参与・監査役・会計監査人は2年）を乗じて算出される。

　取締役・執行役の責任の一部免除のための議案を総会に提出する際には、濫用を防ぐため、監査役等の同意が必要である（425条3項）。株主総会では、株主が判断できるように、一部免除に関し一定の事項を開示しなければならない（同条2項）。

　(c)　取締役会による一部免除　　取締役が2人以上いる監査役設置会社、監査等委員会設置会社または指名委員会等設置会社では、取締役会の決議（取締役会非設置会社では、一部免除の対象となる取締役を除く取締役の過半数の同意）によって、上記の最低責任限度額を控除した額を限度として、取締役の任務懈怠責任を免除することができる旨を定款で定めることができる（426条1項）。これは取締役の責任の一部を免除する権限をあらかじめ取締役会に授権する方法である。株主総会決議による一部免除（(b)）と同様に、監査役等の同意が必要である（同条2項）。株主が異議を述べる手続も定められている（同条3項・4項・7項）。

　もっとも、取締役に責任が生じた後の手続である上記の株主総会（(b)）と取締役会（(c)）による一部免除が利用される場面は限定的であると指摘される。というのも、実際に裁判で取締役の責任が認定されたにもかかわらず、株主総会や取締役会の決議で責任を一部免除することは、事実上難しいからである。そこで、実務上は、次の(d)による手続が重要になる。

　(d)　責任限定契約　　業務執行取締役等（2条15号イ）以外の取締役は、会社と責任限定契約を締結することができる。責任限定契約は、定款に定めた額の範囲内であらかじめ会社が定めた額と、上記の最低責任限度額とのいずれか高い額を限度として、当該非業務執行取締役が責任を負う旨の契約である（427条1項）。この制度では、事前に責任限度額が確定させることができるから、主として社外取締役の人材確保のため、損害賠償責任に関する不安を取り除くことができる。責任限定契約についても、監査役等の同意や事後の報告に関する規定がある（同条3項・4項）。

2　役員等の第三者に対する責任　　(1)　総　説　　取締役と会社との関係

は、前述のように委任関係であるが（330条）、第三者との間にはなんら直接の法律関係がない。本来なら、一般の不法行為（民709条）の要件を満たさない限り、取締役は第三者に責任を負わないはずである。しかしながら、株式会社が経済社会において重要な地位を占めており、しかも、その会社の活動は取締役の職務執行に依存するものであることから、会社法は、第三者を保護するために特別に取締役の対第三者責任について規定を設けていると解されている（法定責任説。最判昭44・11・26民集23・11・2150）。

　具体的には、会社法は、取締役がその職務を行うについて悪意または重過失があったときは、その取締役は、これによって第三者に生じた損害を賠償する責任を負うと定めている（429条1項。なお、同項は、取締役だけでなく、「役員等」として、会計参与・監査役・執行役・会計監査人についても規定しているが、以下では、取締役を中心に述べる。また、423条1項では取締役の「任務」が問題となっており、429条1項では取締役の「職務」が問題となっているが、両者の間には概念上、大きな差異はないと解されている）。429条1項にいう「悪意または重過失」とは、判例によれば、取締役の第三者に対する加害行為に対するものではないと解されている。取締役は、不法行為の要件を満たしていなくても、職務を行うにつき悪意・重過失があり、その任務懈怠行為と第三者に生じた損害との間に相当因果関係があれば、後述の間接損害・直接損害を問わず、第三者に対して損害賠償責任を負うと解される。また同条1項と民709条は競合するとされる（前掲・最判昭44・11・26）。

　なお、上記の判例の立場に対し、429条1項は、取締役の不法行為にもとづく責任についての特則であり、取締役が軽過失によって第三者に損害を及ぼした場合についての責任を免除するものであると考える少数説（特殊不法行為責任説）もある（前掲・最判昭44・11・26の少数意見）。この見解によれば、同条1項の性質は不法行為責任であり、同条1項は直接損害のみを対象とし、民法709条とは競合しないとされる。

　429条1項は、従来、小規模な会社が倒産した場合に、会社債権者が支配株主である取締役の責任を追及する手段として、多く利用されてきた。

　(2)　間接損害と直接損害　　(a)　間接損害　　取締役の悪意・重過失による任務懈怠により会社が損害を被り、その結果、第三者に損害が生じる場合を間

接損害とよぶ。典型的には、取締役の放漫経営等により会社が倒産した場合に、会社債権者が被る損害である。

　なお、株主は、間接損害については、原則として株主代表訴訟（847条以下）により会社の損害の回復を図るべきであり、429条1項の責任追及は認められないと解されている（すなわち、同項にいう「第三者」に当たらないと解されている）。ただし、閉鎖型の会社において、支配株主でもある取締役（いわゆるオーナー経営者）が任務懈怠をした場合には、例外的に、間接損害についても株主に対し429条1項の責任追及を認めるべきであるとする見解もある。

　(b)　直接損害　　取締役の悪意・重過失による任務懈怠により、会社の損害を通さず、直接、第三者に損害が生じる場合を直接損害という。典型的には、会社が倒産に瀕した時期に取締役が返済の見込みのない金銭の借入れ、あるいは代金支払の見込みのない商品購入等を行ったことにより契約の相手方である第三者が被る損害である。なお直接損害については、会社に損害が生じていないにもかかわらず、なぜ取締役の会社に対する任務懈怠が生じるのか、学説は議論が分かれている。

　(3)　責任の対象となる取締役　　(a)　名目的取締役　　とりわけ中小企業では、取締役の就任を頼まれて自己の名前だけを貸すことを承諾して、適法に選任されたものの、取締役の職務は何も行っていない者（名目的取締役）が少なくない。会社が倒産した場合などに、こうした名目的取締役が、業務執行の監視をしていなかったことを理由に、429条1項の責任を第三者（主に会社債権者）から追及されることがある。名目的取締役も取締役として選任されたことに変わりはないから、監視義務違反を理由に責任を負うことになる（最判昭48・5・22民集27・5・655、最判昭55・3・18判時971・101）。もっとも、近時の下級審裁判例には、無報酬であること、あるいは事実上の影響力がないこと等を理由に、重過失や相当因果関係がない等として、名目的取締役の責任を否定するものが少なくない。

　(b)　登記簿上の取締役　　正規の選任手続を経た取締役ではなく、たんに取締役への就任登記を承認したに過ぎない者（登記簿上の取締役）は、会社との関係では取締役としての任務を負わないから、任務懈怠責任を負わないはずである。しかし、判例（最判昭47・6・15民集26・5・984）は、登記簿上の取締役に

つき、取締役への就任を承諾することにより、「不実の登記の出現に加功した者」として、不実登記に関する908条2項が類推適用されるとする（908条2項は登記義務者である会社に対し適用される規定であるため、直接適用はできない）。そして、当該取締役は、自己が実際には取締役に就任していないことを善意の第三者に対抗できない結果、当該第三者に対し、429条1項の責任を負うとしている。

　さらに、正規の取締役を辞任した者も、①辞任したにもかかわらずなお積極的に取締役としての行為をしていた場合や、②会社が辞任登記をしないで取締役の登記を存続させることにつき明示的に承諾を与えていたなど特段の事情がある場合には、908条2項の類推適用により、上記と同様に、自己がもはや取締役でないことを善意の第三者に対抗できない結果、当該第三者に対し、429条1項の責任を負うとしている（最判昭62・4・16判時1248・127）。

　(4)　虚偽記載等にもとづく責任　　取締役は、計算書類などの虚偽記載や虚偽の登記・公告をしたときは、これによって第三者に生じた損害を賠償する責任を負う（429条2項）。このような損害は、直接損害に分類される。もっとも、虚偽記載等は、第三者にとくに大きな危険をもたらすので、取締役が責任を免れるには、取締役の側で自らの無過失を立証しなければならず（同項ただし書）、立証責任が転換されていることに注意が必要である。

XIII　株主代表訴訟と株主の差止請求権・検査役選任請求権

　1　株主代表訴訟　　(1)　意　義　　役員等（取締役・会計参与・監査役・執行役・会計監査人）が会社に対して任務懈怠責任（423条1項）等の責任を負う場合には、損害を被った会社自らが役員等の責任を追及するのが原則である。この場合に、会社を代表して役員等の責任を追及するのは、監査役設置会社であれば監査役である（386条1項。監査役非設置会社においては、代表取締役〔349条4項〕、または株主総会もしくは取締役会が定めうる会社を代表する者である〔353条・364条〕）。しかし、役員間の仲間意識などによって、会社によりその責任の追及がなされない場合も多い（提訴懈怠の可能性）。そこで会社法は、株主自らが会社のために役員等の責任を追及する訴えを提起することを認めている（847条）。これを責任追及等の訴えまたは（株主）代表訴訟という（なお、「責任追及

等の訴え」には、株主が原告となる場合だけでなく、会社が原告となる場合や後述の多重代表訴訟の場合も含まれる。このうち株主が原告となって提起する責任追及等の訴えを、一般に〔株主〕代表訴訟という。以下でもこれを用いる）。

（2）　代表訴訟の対象　　代表訴訟の対象となるのは、①発起人・設立時取締役・設立時監査役・役員等・清算人の会社に対する責任、②払込みを仮装した設立時募集株式等の引受人の責任（102条の2第1項・213条の2第1項・286条の2第1項）、③会社から利益供与を受けた者の責任（120条3項）、④不公正な払込価額で株式を引き受けた者等の責任（212条1項・285条1項）である（847条1項）。このように代表訴訟の対象となりうるのは上記の者であるが、以下では、①の「役員等」のうちとりわけ取締役を中心に説明する。

①の取締役の会社に対する責任については、株主が追及できる責任の範囲が明らかではなく、取締役の地位にもとづく責任に限られるとする見解（限定債務説）と、取締役が会社に対して負担する一切の債務が含まれるとする見解（全債務説）が対立している。判例（最判平21・3・10民集63・3・361）は、取締役の地位にもとづく責任のほか、取締役の会社に対する取引債務についての責任も含まれると判示している（**基本判例14**）。

（3）　手　続　　6ヶ月前から引き続き株式を有する株主は、その保有する株式の数にかかわらず、代表訴訟を提起することができる（847条1項）。ただし、非公開会社の株主には、この保有期間は要求されていない（同条2項）。なお、単元未満株主については、定款をもって代表訴訟の提起権を排除できる（同条1項かっこ書）。

株主は、まず会社に対して、代表訴訟を提起するよう請求しなければならない（847条1項本文）。そして、このような株主からの提訴請求がなされたにもかかわらず、請求した日から60日以内に会社が訴えを提起しないときは、当該請求をした株主は、自ら原告となって会社のために代表訴訟を提起することができる（同条3項）。なお、会社が訴えを提起しない場合には、提訴請求をした株主（または請求対象者である取締役）が請求をすれば、会社は、その者に対して、遅滞なく、訴えを提起しない理由を通知しなければならない（不提訴理由の通知。同条4項、会社則218条）。これは、株主に比べて多くの情報を有する会社に対して不提訴の理由の開示を義務づけることで、会社に十分な調査を行わ

◆基本判例14◆　**株主代表訴訟の対象となる取締役の責任**

最判平21・3・10民集63・3・361

　Ａ株式会社の株主Ｘは、Ａ社が第三者から買い受けた本件各土地について、同社の取締役Ｙに所有権移転登記がなされていると主張し、Ｙに対してＡ社への真正な登記名義の回復を原因とする所有権移転登記手続を求めて、株主代表訴訟を提起した。Ｘは、主位的に、Ａ社が取得した所有権にもとづき所有権移転登記手続を求め、また予備的に、Ａ社が本件土地の買受けに当たり、Ｙとの間で締結していた本件各土地の所有名義をＹとする期限の定めのない名義の借用契約が終了したとして所有権移転登記手続を求めた。

　原々審はＸの請求を棄却し、原審はＸの訴えを却下した。Ｘは上告した。

[判　旨]　主位的請求につき棄却、予備的請求につき破棄差戻

　「〔平成17（2005）年改正前〕商法267条〔847条〕所定の株主代表訴訟の制度は、取締役が会社に対して責任を負う場合、役員相互間の特殊な関係から会社による取締役の責任追及が行われないおそれがあるので、会社や株主の利益を保護するため、会社が取締役の責任追及の訴えを提起しないときは、株主が同訴えを提起することができることとしたものと解される。そして、会社が取締役の責任追及をけ怠するおそれがあるのは、取締役の地位に基づく責任が追及される場合に限られないこと、同法266条1項3号〔会社法423条では同号は削除〕は、取締役が会社を代表して他の取締役に金銭を貸し付け、その弁済がされないときは、会社を代表した取締役が会社に対し連帯して責任を負う旨定めているところ、株主代表訴訟の対象が取締役の地位に基づく責任に限られるとすると、会社を代表した取締役の責任は株主代表訴訟の対象となるが、同取締役の責任よりも重いというべき貸付けを受けた取締役の取引上の債務についての責任は株主代表訴訟の対象とならないことになり、均衡を欠くこと、取締役は、このような会社との取引によって負担することになった債務（以下「取締役の会社に対する取引債務」という。）についても、会社に対して忠実に履行すべき義務を負うと解されることなどにかんがみると、同法267条1項にいう『取締役ノ責任』には、取締役の地位に基づく責任のほか、取締役の会社に対する取引債務についての責任も含まれると解するのが相当である。」

　せる点に意義がある。ただし、60日の期間が経過する間に会社に回復することができない損害が生じるおそれがある場合には、提訴請求をせずに代表訴訟を提起することができる（847条5項）。

　株主は、代表訴訟を提起したときは、会社に訴訟参加の機会を与えるために、遅滞なく会社に対して訴訟告知をしなければならない（849条4項）。会社は、代表訴訟を提起したとき、または訴訟告知を受けたときは、遅滞なくその旨を株主に通知しなければならない（公開会社では公告でもよい。同条5項・9項）。これは、馴れ合い訴訟を防止するとともに、和解が適切に行われることを担保するためである。

代表訴訟は、財産権上の請求でない請求にかかる訴えとみなされるので（847条の4第1項）、訴訟費用（申立手数料）は、請求の額にかかわりなく一律に1万3000円になる（民訴費4条2項）。

(4) 濫用的訴訟の防止 代表訴訟は、単独株主権であり、低額の費用で提起することができるため、濫用目的で提起される場合もありうる。濫用的訴訟を防止し、取締役を保護するため、会社法は、次の2つの措置を用意している。

すなわち、第1に、代表訴訟が、株主もしくは第三者の利益を図り、または会社に損害を加えることを目的とする場合には、株主は代表訴訟を提起できないと規定している（847条1項ただし書）。このような要件に該当する場合には、提訴請求の要件を満たさないので、代表訴訟を提起することができず、却下される。

第2に、代表訴訟の被告が、原告である株主等の悪意を疎明する場合には、裁判所は、被告の申立てにより、相当の担保の提供を命じることができると規定している（847条の4第2項・3項）。この担保提供制度の趣旨は、株主による代表訴訟の提起が不法行為と評価された場合に被告が有することになる損害賠償請求権を担保するものであると解されている。

(5) 訴訟参加・補助参加 訴えを提起した会社や株主が、被告である取締役と馴れ合って、わざと敗訴したり、途中で訴えを取り下げたり、和解したりすることも考えられる。そこで、そのような馴れ合い訴訟を防止するために、株主または会社は、共同訴訟人（民訴52条）として、または当事者の一方を補助（民訴42条）するために、訴訟に参加することができる（849条1項）。したがって、株主が訴えを提起した場合に、取締役に責任がないと考える会社は、取締役の側に補助参加することができる（同条1項）。ただし、会社の判断の適正を確保するため、監査役設置会社等が当該参加をするには、監査役等の同意が必要である（同条3項）。

(6) 判決の効力 代表訴訟の確定判決の効力は、勝訴・敗訴ともに会社に対して及ぶ（民訴115条1項2号）。したがって、原告・被告だけでなく会社も、当該判決の既判力に抵触する主張はできなくなる。ただし、代表訴訟の原告と被告が共謀し、会社の権利を害する目的をもって判決をさせたときは、会社ま

たは株主は、再審の訴えを提起することができる（853条1項）。

　原告株主が勝訴したときは、訴訟に関して支出した必要な費用の額や弁護士報酬の額のうち相当と認められる額につき、会社に対して請求することができる（852条1項）。これに対して、原告株主が敗訴したときであっても、当該株主に悪意がなければ、当該株主は会社に対して損害賠償義務を負わないとされている（同条2項）。

　(7)　和　解　　代表訴訟は、訴訟上の和解によっても終了する。ただし、会社が和解の当事者でないときは、会社や他の株主の利益が害される危険がある。そこで、裁判所は、会社に対し、和解内容を通知し、かつその和解内容に異議があるときは2週間以内に異議を述べるべき旨を催告しなければならない（850条2項）。会社が当該期間内に異議を述べないときは、株主が和解することを会社も承認したものとみなされ（同条3項）、会社に対して確定判決と同一の効力が及ぶ（同条1項ただし書）。なお、会社が代表訴訟の和解の当事者となるときは、各監査役等の同意を得なければならない（849条の2）。

　(8)　組織再編・親子会社と代表訴訟　　(a)　組織再編によって株主でなくなった場合　　株主は、いったん代表訴訟を提起すると、その訴訟終了時まで株主であり続けなければならない。ただし、訴えを提起した株主が訴訟の途中でその会社の株主でなくなっても、原告適格が維持される場合がある。すなわち、訴えの提起後に会社（A社）が株式交換・株式移転により他の株式会社（B社）の完全子会社になったため、原告株主がA社の株主資格を失っても、当該株主がその行為によりB社（またはB社の完全親会社）の株主になった場合には、原告適格を失うことなくその訴訟が追行できる（851条1項1号）。同様に、会社（A社）が合併の消滅会社になった場合において、原告株主が存続会社（もしくはその完全親会社）または新設合併設立会社の株主になった場合も、訴訟が追行できる（同2号）。これらの場合において、原告株主は、組織再編によって株主としての地位を失ったのであり、自らの意思でその地位を失った訳ではないからである。

　さらに、①株式交換・株式移転によって会社（A社）の完全親会社（B社）の株式を取得し、または、②三角合併方式の吸収合併によって存続会社（A社）の完全親会社（B社）の株式を取得し、引き続き当該会社（B社）の株式を

有する株主（旧株主という）は、A社（株式交換等完全子会社もしくは吸収合併存続会社）に対し、①の場合はその効力発生日前に原因が生じたA社の取締役の責任（または義務）、②の場合はその効力発生日前に原因が生じた消滅会社の取締役の責任（または義務）、にかかる責任追及等の訴えの提起を請求することができる（847条の2第1項）。この制度は「旧株主による責任追及等の訴え」と呼ばれ、平成26（2014）年改正会社法において新設されたものである。代表訴訟の提起前に組織再編が行われた場合も、株主はその原告適格を自らの意思とは関係なく失う。しかし、組織再編による株主としての地位の喪失が代表訴訟の提起の前に生じたか後に生じたかによって、代表訴訟による責任追及の可否を区別することは適切ではないと考えられるから、本制度は新設された。

　(b)　特定責任追及の訴え・多重代表訴訟　　従来、子会社の取締役が子会社に損害を生じさせた場合の責任追及は、子会社の株主である親会社はこれを行うことができるが、親会社の株主は行うことができなかった。しかし、親会社と子会社取締役の密接な関係から、親会社が子会社取締役の責任追及を懈怠するおそれがあった。そこで、平成26（2014）年改正会社法は、親会社の株主を保護するためにかかる制度を創設し、企業グループの頂点に位置する会社（最終完全親会社等）の株主に対し、一定の要件の下で、重要な完全子会社（下記の説明ではA社）の取締役の責任追及の訴えを認めた。これを特定責任追及の訴えまたは多重代表訴訟という。

　具体的には、会社（A社）の最終完全親会社等（完全親子会社関係が多層にわたる場合には最上位の会社。847条の3第1項・2項）の議決権または発行済株式の100分の1以上を6ヶ月前から引き続き有する株主は、A社に対して、特定責任にかかる責任追及等の訴えの提起を請求することができる（同条1項）。ここでの特定責任とは、A社の取締役の責任の原因となった事実が生じた日において、最終完全親会社等（およびその完全子会社等）において計上されたA社株式の帳簿価額が最終完全親会社等の総資産額の5分の1を超える場合における当該A社の取締役の責任である（同条4項・5項）。

　2　株主の差止請求権　　取締役が会社の目的の範囲外の行為、その他法令・定款に違反する行為をし、またはそれらの行為をするおそれがある場合に、その行為によって会社に著しい損害が生じるおそれがあるときは、株主

は、会社のために、その行為の差止めを取締役に対し請求することができる（360条1項。なお、執行役についても同様の制度がある〔422条〕）。株主代表訴訟が会社の損害の事後的な救済であるのに対し、差止請求権は事前の損害防止の手段である。もっとも、会社のために単独株主が行為をするという点において、両制度は共通している。

　監査役設置会社等の場合には、「著しい損害」ではなく、「回復することができない損害」が生じるおそれがある場合にのみ差止請求をすることができる（360条3項）。このような会社では、「著しい損害」の場合には、監査役等が差止請求をすることができるからである（385条1項・399条の6第1項・407条1項）。差止請求をしうる株主は、6ヶ月前から引き続き株式を有する株主である（ただし、非公開会社では、この保有期間の制限はない〔360条2項〕）。

　差止請求は、裁判外でもできるが、取締役がその請求に応じない場合には、その取締役を被告として差止めの訴えを提起することができる。さらにその訴えを本案として仮処分を申し立てることもできる（民保23条）。

3　株主の検査役選任請求権　会社法は、株主自らが会社の業務および財産の状況を調査する権利を定めていない。その代わりに、当該調査を検査役に行わせる制度がある。すなわち、会社の業務執行に関し、不正の行為または法令・定款に違反する重大な事実があることを疑うに足りる事由があるときは、総株主の議決権の100分の3以上の議決権を有する株主または発行済株式の100分の3以上の株式を有する株主は、会社の業務および財産の状況を調査させるために、裁判所に対し、検査役の選任の申立てをすることができる（358条1項）。

　裁判所は、申立てが適法である場合には、検査役を選任しなければならない（358条2項）。検査役としては通常弁護士が選任され、補助者として公認会計士が使用されることが多いといわれる。

　検査役は、その職務を行うために必要があるときは、子会社の業務および財産の状況を調査することができる（358条4項）。検査役は必要な調査を行い、その結果を裁判所に報告するとともに（同条5項）、申請株主にもその内容を提供しなければならない（同条7項）。検査役の調査を受けて、裁判所は、必要があると認めるときは、株主総会の招集を命じ、または調査の結果を株主全員に

通知することを命じることができる（359条1項）。

第 5 節　計　　算

I　総　　説

　株式会社は営利社団法人であり、その営利性は、会社がその事業より利益を得るだけでは不十分であって、社団の構成員である株主に分配することを最終的な目的としている。それゆえ、損益計算の明確化は会社における基本的かつ必須の要請となる。ことに株式会社では、存続期間を限定しないのが通常であるのに加えて、株式譲渡の自由が認められるから（127条）、会社が継続的に剰余金の分配を行いうる財政的基盤を確立することが、株主としても重大な関心事である。また株主有限責任の原則（104条）の結果、会社財産を唯一の担保財産とする会社債権者も、会社が明確な損益計算の下で経営され、その財政的基盤が確保されることを当然に期待する。

　そこで、会社法は、会社の損益計算を明確にして、これを計算書類上に真実かつ明瞭に表示させるとともに、その財政的基盤を強固にして、株主および会社債権者の利益保護につとめると同時に、それを公示させることにより一般公衆の保護をもはかっている。

　株式会社の会計は、一般に公正妥当と認められる企業会計の慣行に従うものとされている（431条。なお、会社計算3条参照）。一般に公正妥当と認められる企業会計の慣行としては、企業会計審議会が定めた企業会計原則その他の会計基準がある。

II　会計帳簿

1　会計帳簿　会社は、法務省令で定めるところにより、適時に、正確な会計帳簿（日記帳・仕訳帳・総勘定元帳等）を作成しなければならない（432条1項）。また、会計帳簿の閉鎖の時から10年間、その事業に関する重要な資料とともに保存しなければならない（同条2項）。

2　株主の会計帳簿閲覧・謄写権　株主が監督是正権（取締役の違法行為差止請求権〔360条〕・株主代表訴訟提起権〔847条〕等）を適切に行使することができる

ために、会計帳簿閲覧・謄写権が認められている。すなわち、総株主の議決権の100分の3（定款で軽減可）以上の議決権を有する株主、または発行済株式数（自己株式を除く）の100分の3（定款で軽減可）以上の株式を有する株主は、会社の営業時間内はいつでも、請求の理由を明らかにして、会計帳簿またはこれに関する資料の閲覧・謄写を請求することができる（433条1項）。閲覧・謄写の請求の理由は、具体的に記載されなければならないが、その記載された請求の理由を基礎づける事実が存在することを立証する必要はない（最判平16・7・1民集58・5・1214）。閲覧・謄写の対象は、会計帳簿および作成材料となった伝票、受取証等の資料である。

　ただし、次の場合には会社は閲覧・謄写を拒否できる。①請求者がその権利の確保または行使に関する調査以外の目的で請求を行ったとき、②請求者が会

◆**基本判例15**◆　**帳簿閲覧請求の拒絶事由**
最決平21・1・15民集63・1・1

　Y㈱は、青果仲卸業務の受託等を目的とする会社であり、その発行済株式はすべて、青果の仲買業等を目的とするA㈱が有している。A社およびY社は、もっぱら野菜類を取り扱っており、果実類を取り扱う予定はない。B㈱は、青果の仲買業等を目的とする会社であり、もっぱら果実類を取り扱っており、野菜類を取り扱う予定はない。

　Xは、A社の株式5840株（総議決権の約3.6％）を保有し、Xの子Zは、その3万4320株（同約21.5％）を有するほか、B社株式の30％以上を保有し、同社の監査役に就任している。なお、XはB社株式を有していない。XはZとともに、A社の株主として、旧商法293条ノ8第1項（会社433条3項）にもとづき、A社の子会社であるY社の会計帳簿の閲覧謄写許可を申請した。原々審は、Zについては、旧商法293条の7第2号（会社433条2項3号）の拒絶事由について認定し許可申請を却下したが、Xについては、閲覧謄写を一定の範囲内で認めた。原審は、A社とB社は競合せず、Zに他の競業者に利用させようとする主観的意図は存在しないことから、拒絶事由はないとし、実質的において一体のものとみられるXの請求についても拒絶事由がないため一部認めた。これに対し、Y社が許可抗告を申し立てた。

[判　旨] 抗告棄却

　最高裁は、旧商法293条の8第2項（会社433条4項）が不許可事由として規定する同法293条の7第2号（会社433条2項3号）に掲げる事由があるというためには、「当該株主が当該会社と競業をなす者であるなどの客観的事実が認められれば足り、当該株主に会計帳簿等の閲覧謄写によって知りうる情報を自己の競業に利用するなどの主観的意図があることを要しないと解するのが相当であり、……」と判断し、Xについては拒絶事由がないことから請求を一部認め、抗告を棄却した。

社の業務の遂行を妨げ、株主の共同の利益を害する目的で請求を行ったとき、③請求者が会社の業務と実質的に競争関係にある事業を営み、またはこれに従事する者であるとき、④請求者が会計帳簿またはこれに関する資料の閲覧・謄写によって知りえた事実を利益を得て第三者に通報するために請求したとき、⑤請求者が、過去2年以内に、会計帳簿またはこれに関する資料の閲覧・謄写によって知りえた事実を利益を得て第三者に通報したことがあるとき、である（433条2項）。③について、判例は、請求者が会社と競業をなす者であるなどの客観的事実が認められれば、請求者の具体的な意図を問わず一律に閲覧・謄写を拒否できるとする（最決平21・1・15民集63・1・1。**基本判例15**）。

Ⅲ　計算書類

1　計算書類の方式　（1）　計算書類の作成　会社は、法務省令で定めるところにより、成立日における貸借対照表、および各事業年度に係る計算書類・事業報告・これらの附属明細書を作成しなければならない（435条1項・2項）。また、計算書類を作成した時から10年間、当該計算書類・その附属明細書を保存しなければならない（同条4項）。計算書類とは、貸借対照表・損益計算書・株主資本等変動計算書・個別注記表である（同条2項、会社計算59条1項）。

（2）　貸借対照表　貸借対照表は、会社が現に有する財産額とその有すべき財産額とを対照して、会社財産の構成、その他財産状態の大綱を明らかにする一覧表であり、資産・負債・純資産の各部に区分される（会社計算73条1項）。記載の方法は報告式にかぎらず、勘定式でもよい。

資産の部は、流動資産・固定資産・繰延資産の各部に区分される（会社計算74条1項）。さらに、固定資産の部は、有形固定資産・無形固定資産・投資その他の資産の各部に細区分される（同条2項）。負債の部は、流動負債・固定負債の各部に区分される（会社計算75条1項）。純資産の部は、株主資本、評価・換算差額等、株式引受権、新株予約権の各部に区分される（会社計算76条1項1号）。

（3）　損益計算書　損益計算書は、一会計期間に発生した収益とそれに対応する費用を記載することにより、その期間内の会社の経営成績を明らかにする

計算書である。

　損益計算書は、売上高・売上原価・販売費および一般管理費・営業外収益・営業外費用・特別利益・特別損失の各部に区分される（会社計算88条1項）。

　(4)　株主資本等変動計算書　　株主資本等変動計算書とは、貸借対照表の純資産の部の各項目の変動を、その変動事由とともに示す表である（会社計算96条）。

　株式会社では、株主総会等の決議により、剰余金の配当を含め、純資産の部の計数をいつでも変動させることができるなど、損益計算書を経由しない資本項目の変更があるため、その数値の連続性を把握するために株主資本等変動計算書の作成が求められている。

　(5)　個別注記表　　個別注記表は、継続企業の前提に関する注記、重要な会計方針に係る事項に関する注記、貸借対照表・損益計算書・株主資本等変動計算書に関する注記等、すべての注記事項を記載した表である（会社計算98条）。

　(6)　事業報告　　事業報告は、会社の状況に関する重要な事項（計算書類・その附属明細書・連結計算書類の内容を除く）および内部統制システムの整備に関する決定または決議の内容の概要等をその内容とするものである（会社則118条。なお、公開会社については会社則119条参照）。事業報告は計算書類に含まれないため（435条2項参照）、監査役（監査等委員会設置会社においては監査等委員会、指名委員会等設置会社においては監査委員会）の監査の対象であるが（436条2項2号）、会計監査人の監査の対象とならない。

　(7)　附属明細書　　附属明細書は、計算書類および事業報告の内容を補足する重要な事項を記載した書類である（計算書類の附属明細書につき会社計算117条、事業報告の附属明細書につき会社則128条）。

　(8)　臨時計算書類　　会社は、最終事業年度の直後の事業年度に属する一定の日（臨時決算日）における当該会社の財産の状況を把握するため、法務省令で定めるところにより、臨時計算書類（臨時決算日における貸借対照表・臨時決算日の属する事業年度の初日から臨時決算日までの期間に係る損益計算書）を作成することができる（441条1項）。

　剰余金の配当を事業年度中に回数の制限なく行うことが可能であるため、剰余金の配当を行う前に作成することがありうる。

　(9)　連結計算書類　　会社およびその子会社から成る企業集団の財産および損益の状況を示すため、会計監査人設置会社は、法務省令で定めるところにより、各事業年度に係る連結計算書類（連結貸借対照表・連結損益計算書・連結株主資本等変動計算書・連結注記表〔会社計算61条〕）を任意に作成することができる（444条1項）。一方、事業年度の末日において、大会社かつ金融商品取引法上の有価証券報告書提出会社（金商24条1項）である会社については、当該事業年度に係る連結計算書類の作成が義務づけられている（444条3項）。

　連結計算書類を作成した場合には、配当規制についても連結ベースでの規制を受けることができる（会社計算2条3項55号）。

　2　決算手続　(1)　監　査　　会計監査人設置会社でない監査役設置会社（監査役の監査の範囲が会計監査に限定される会社を含む）においては、計算書類・事業報告・これらの附属明細書は、法務省令で定めるところにより、監査役の監査を受けなければならない（436条1項）。ただし、権限が会計監査に限定された監査役には、事業報告の監査権限はない（会社則129条2項）。

　会計監査人設置会社においては、法務省令で定めるところにより、計算書類・その附属明細書は、監査役（監査等委員会設置会社においては監査等委員会、指名委員会等設置会社においては監査委員会）および会計監査人の両者の監査を、事業報告・その附属明細書は、監査役（監査等委員会、監査委員会）の監査を受けなければならない（436条2項）。

　また、連結計算書類も、法務省令で定めるところにより、監査役（監査等委員会、監査委員会）および会計監査人の監査を受けなければならない（444条4項）。

　監査役設置会社または会計監査人設置会社において臨時計算書類を作成した場合は、法務省令で定めるところにより、監査役または会計監査人（監査等委員会および会計監査人、監査委員会および会計監査人）の監査を受けなければならない（441条2項）。

　監査役・監査役会・監査等委員会・監査委員会は監査報告を、会計監査人は会計監査報告を作成しなければならない（381条1項・390条2項1号・396条1項・399条の2第3項1号・404条2項1号）。

　(2)　取締役会の承認　　取締役会設置会社においては、計算書類・事業報

告・これらの附属明細書は、取締役会の承認を受けなければならず、監査役設置会社または会計監査人設置会社においては、前述(1)の監査を受けたものでなければ承認することができない（436条3項）。臨時計算書類および連結計算書類も同様に取締役会の承認を受けなければならない（441条3項・444条5項）。

(3)　**株主への提供**　取締役会設置会社においては、取締役は、定時株主総会の招集通知に際して、法務省令で定めるところにより、株主に対し、前述(2)の取締役会の承認を受けた計算書類・事業報告（監査報告・会計監査報告を含む）を提供しなければならない（437条、会社計算133条、会社則133条）。連結計算書類も株主への提供を要するが（444条6項、会社計算134条）、臨時計算書類の提供は不要である。

(4)　**株主総会の承認**　取締役は、計算書類・事業報告を定時株主総会に提出または提供し、計算書類については株主総会の承認を受け、事業報告の内容を株主総会に報告しなければならない（438条）。ただし、取締役会設置会社である会計監査人設置会社においては、前述(2)の取締役会の承認を受けた計算書類が、法令・定款に従い会社の財産・損益の状況を正しく表示しているものとされる場合、すなわち、会計監査人の会計監査報告に無限定適正意見が含まれていること、および当該会計監査報告に係る監査役・監査役会・監査等委員会・監査委員会の監査報告の内容として会計監査人の監査の方法または結果を相当でないと認める意見がない等の要件をすべて満たす場合には、株主総会の承認を要せず、取締役は、当該計算書類の内容を株主総会に報告すれば足りる（439条、会社計算135条）。

臨時計算書類も株主総会の承認を要するが、計算書類の場合と同一の要件を満たすときは、報告で足りる（441条4項）。連結計算書類は株主総会に提出または提供し、その内容および監査結果の報告を要する（444条7項）。

(5)　**備置、閲覧、謄本・抄本の交付**　会社は、計算書類・事業報告・これらの附属明細書（監査報告・会計監査報告を含む）を、定時株主総会の会日の1週間前（取締役会設置会社においては2週間前）から本店に5年間、写しを支店に3年間備え置かなければならない（442条1項1号・2項1号）。株主および債権者は、会社の営業時間内はいつでも、これらの閲覧または謄本・抄本の交付を請求することができる（同条3項）。

臨時計算書類も、備置・閲覧等の対象となるが（同条 1 項 2 号・2 項 2 号・3 項）、連結計算書類には、備置義務等は課されていない。

(6)　公　告　　会社は、法務省令で定めるところにより、定時株主総会の終結後遅滞なく、貸借対照表（大会社においては損益計算書も）を公告しなければならない（440 条 1 項）。なお、公告方法を官報または日刊新聞紙に掲載する方法とする会社（939 条 1 項 1 号・2 号）では、要旨を公告すれば足り（440 条 2 項）、また、このような会社は、株主総会の終結後 5 年間、継続して電磁的方法により不特定多数の者が提供を受けることができる状態に置く措置により公告することができる（同条 3 項）。

金融商品取引法上の有価証券報告書提出会社（金商 24 条 1 項）は、電子開示システム（EDINET）により情報が開示されるため、このような公告義務は免除される（440 条 4 項）。

臨時計算書類および連結計算書類はともに公告の対象外である。

Ⅳ　資本金と準備金

1　資本金と準備金の意義　　株主有限責任の原則がとられる株式会社では、会社財産以外には財産的基礎となるものがないため、会社債権者に対する責任財産の最小基準となる金額を設けることが必要であり、このような債権者担保の基準額としての機能を果たすのが資本金である。

資本金の額は、原則として、会社設立時または新株発行時に株主となる者が会社に対して払込みまたは給付した財産の額であるが（445 条 1 項）、会社に財務活動の余地を残す必要上、払込みまたは給付額の 2 分の 1 以下の額（払込剰余金）は、資本金としないことが認められている（同条 2 項）。払込剰余金を無制限に認めないのは、債権者担保の最小基準額としての資本金を無機能化して、会社の財産的基礎を薄弱にしないためである。したがって、払込剰余金も株主の出資金である以上、資本準備金として計上しなければならない（同条 3 項）。

準備金には、法律の規定により積立が課されている資本準備金および利益準備金がある。剰余金の配当をする場合には、法務省令で定めるところにより、当該剰余金の配当により減少する剰余金の額の 10 分の 1 を資本準備金または利

益準備金として、その合計額が資本金の額の4分の1に達するまで、計上しなければならない（445条4項、会社計算22条）。

　合併・吸収分割・新設分割・株式交換・株式移転または株式交付に際して資本金または準備金として計上すべき額は、法務省令で定められている（445条5項）。

　2　資本金と準備金の額の減少　　(1)　序　　会社は、資本金および準備金の額を減少させることができる。資本金および準備金の額の減少は、もっぱら株主資本の各項目（資本金・準備金・剰余金）間の計数を変動するだけにとどまるものである。

　(2)　資本金の額の減少　　資本金の額の減少は、実質上は会社の一部解散にほかならず、株主の権利を直接に縮減または消滅させるなど、各株主の利害に重大な関係があるため、株主総会の特別決議を要する（309条2項9号）。決議により、①減少する資本金の額、②減少する資本金の額の全部または一部を準備金とするときは、その旨および準備金とする額、③資本金の額の減少の効力発生日を決定しなければならない（447条1項）。①から②を控除した額が剰余金の額の増加額となる。この場合、①の額は効力発生日における資本金の額を超えてはならない（同条2項）。このことは、資本金の額を0円とすることも可能であることを意味している。

　もっとも、定時株主総会において資本金の額の減少を決議する場合であって、減少する資本金の額が欠損の額（会社則68条）を超えない場合には、普通決議で足りる（309条2項9号）。分配可能額が生じないからである。

　また、株式の発行と同時に資本金の額を減少する場合において、当該資本金の額の減少の効力発生日後の資本金の額が効力発生日前の資本金の額を下回らないとき、すなわち、株式の発行によって増加すべき資本金の額の範囲内で減少させるときは、取締役の決定（取締役会設置会社においては取締役会決議）で足りる（447条3項）。

　(3)　準備金の額の減少　　会社は、株主総会の普通決議により、準備金の額を減少することができる。この場合、①減少する準備金の額、②減少する準備金の額の全部または一部を資本金とするときは、その旨および資本金とする額、③準備金の額の減少の効力発生日を決定しなければならない（448条1

項）。資本金の額の減少の場合と同様に、準備金の額を 0 円にすることが可能である（同条 2 項）。また、資本金の額の減少の場合と同様の要件を満たすときは、取締役の決定（取締役会設置会社においては取締役会決議）により、準備金の額を減少することができる（同条 3 項）。なお、剰余金の配当の場合と同様の要件を満たすとき（後述 V 2 (3)参照）、欠損の額（会社則68条）を超えない範囲での準備金の額の減少を取締役会決議により行うことができる（459条 1 項 2 号・2 項、会社計算155条）。

　(4)　債権者異議手続　　資本金および準備金の額を減少する場合には、会社債権者は、会社に対し異議を述べることができる。ただし、①減少する準備金の額の全部を資本金とする場合、②定時株主総会において準備金の額の減少を決議する場合であって、減少する準備金の額が欠損の額（会社則68条）を超えない場合には、債権者異議手続を要しない（449条 1 項）。このように、債権者異議手続を要することなく準備金の額を減少させることができる場合があるという点で、資本金と準備金の差異を設ける意義がある。

　債権者が異議を述べることができる場合には、会社は、官報に一定の事項を公告し、かつ、知れている債権者に対して個別的催告をしなければならない（同条 2 項、会社計算152条）。官報のほか、日刊新聞紙への掲載または電子公告により公告するときは、個別的催告は不要である（449条 3 項）。異議申出があれば、会社は、債権者に対して、弁済、相当の担保の提供、信託会社等への相当の財産の信託をしなければならない（同条 5 項）。

　(5)　効力発生時期　　資本金または準備金の額の減少の効力は、原則として、株主総会等で決定した効力発生日に生じるが、債権者異議手続が終了していないときは、完了した時に生じる（同条 6 項）。

　(6)　資本金額減少無効の訴え　　資本金の額の減少の手続に瑕疵がある場合（株主総会決議の手続上・内容上の瑕疵、債権者異議手続の欠缺・瑕疵等）、効力発生日から 6 ヶ月以内に、資本金額減少の無効の訴えをもってのみその無効を主張することができる（828条 1 項 5 号）。提訴権者は、株主・取締役・執行役・監査役・清算人・破産管財人・資本金額減少を承認しなかった債権者にかぎられる（同条 2 項 5 号）。無効判決には対世効があるが（838条）、遡及効は認められていない（839条）。

3　資本金と準備金の額の増加　　会社は、株主総会の普通決議により、剰余金の額を減少して、資本金または準備金の額を増加することができる。この場合、①減少する剰余金の額、②資本金または準備金の額の増加の効力発生日を決定しなければならない（450条1項2項・451条1項2項）。

V　剰余金の配当

1　総　　説　　剰余金の配当とは、法定の手続に従って、会社が株主に対して、会社財産を払い戻す行為である。会社は、株主総会の決議によって、いつでも剰余金の配当をすることができる。ただし、自己株式には配当することができない（453条）。また、配当は年に何回でも行うことができる。

2　決定手続　　(1)　決定機関　　会社は、剰余金の配当をしようとするときは、原則として、その都度、株主総会の普通決議により、①配当財産の種類および帳簿価額の総額、②株主に対する配当財産の割当てに関する事項、③剰余金の配当の効力発生日を決定しなければならない（454条1項。剰余金の配当について内容の異なる種類株式につき、同条2項）。②の事項は、株主の有する株式数（種類株式の場合は各種類株式数）に応じて配当財産を割り当てることを内容とするものでなければならない（同条3項）。

(2)　現物配当　　会社は、金銭以外の財産を配当財産とすることができる（454条4項）。配当財産についての特別の限定はないが、当該会社の株式・社債・新株予約権を配当財産とすることはできない（同条1項1号かっこ書）。株式等については、別途、規定（引き受ける者の募集による交付〔199条以下・238条以下・676条以下〕や無償割当てによる交付〔185条以下・277条以下〕）が設けられているからである。現物配当を望まない株主のために、金銭分配請求権（当該現物に代えて金銭の交付を会社に対して請求する権利）が認められている（454条4項1号・455条）。

現物配当を行う場合には、原則として、株主総会の特別決議を要するが（309条2項10号）、株主に対して金銭分配請求権を与えるときは普通決議で足りる。

現物配当についても、株主の有する株式数（種類株式数）に応じて配当財産を割り当てなければならないが（454条3項）、会社は、一定の数（基準株式数）

以上の数の株式を有する株主に対してのみ配当財産を割り当てることもできる（同条4項2号）。この場合、基準株式数未満の数の株式を有する株主には、金銭を支払わなければならない（456条）。

　(3)　決定機関についての例外　　①監査等委員会設置会社、②指名委員会等設置会社、または③監査役会および会計監査人を設置し、かつ、取締役（監査等委員会設置会社においては監査等委員以外の取締役）の任期が1年である会社は、最終事業年度に係る計算書類が、法令・定款に従い会社の財産・損益の状況を正しく表示しているものとされる場合、すなわち、会計監査人の会計監査報告に無限定適正意見が含まれていること、および当該会計監査報告に係る監査役会・監査等委員会・監査委員会の監査報告の内容として会計監査人の監査の方法または結果を相当でないと認める意見がない等の要件をすべて満たす場合には、定款で定めることにより、剰余金の配当を取締役会決議により行うことができる（459条1項4号・2項、会社計算155条）。剰余金の配当の決定権限が取締役会にある会社は、剰余金の配当を株主総会決議により決定しない旨を定款で定めることができる（460条1項）。このような定款の定めがある場合には、剰余金の配当について、株主は株主提案権を行使することができない。

　なお、剰余金の配当の決定権限が株主総会にある取締役会設置会社においても、定款で定めることにより、一事業年度に1回のみ、取締役会決議により剰余金の配当（金銭に限る）をすることができる（454条5項）。

　(4)　財源規制　　財源規制には、事前の分配可能額規制と後述する期末の欠損塡補責任がある。

　まず、会社の純資産額が300万円を下回る場合には、剰余金の配当をすることができない（458条）。

　次に、剰余金の配当により、株主に対して交付する金銭その他の財産（自己株式を除く）の帳簿価額の総額は、配当の効力発生日における分配可能額を超えてはならない（461条1項8号）。分配可能額は、最終事業年度に係る貸借対照表から算出される分配可能額、すなわち、剰余金の額（その他資本剰余金とその他利益剰余金の合計額〔446条、会社計算149条〕）から自己株式の帳簿価額、最終事業年度末日後の自己株式処分対価額、およびその他法務省令（会社計算158条）で定める各勘定科目に計上した額（のれん等調整額、評価・換算差損等）の合

◆基本判例16◆　**剰余金の配当と株主平等原則**
最判昭45・11・24民集24・12・1963

　Ｙ㈱は、海上海運等を目的とする会社であり、Ｘは、自己および家族名義でＹ社の発行済株式総数の３％以上を有する大株主であった。Ｙ社は、昭和38（1963）年９月決算期に株主に配当すべき利益金を算出できない結果となった。そこでＹ社は、同年11月開催の株主総会において、無配決議案を可決させるために大株主らに事前に承認を得ようとした。大株主のうちＸは承認を不満とし、自己の有する少数株主権を当該株主総会で行使すること等をほのめかし、利益金配当を行わない場合には自己をＹ社の顧問に就任させるか、毎月10万円中元および歳暮に各５万円の金員の支払を求めた。これに対しＹ社は、昭和38年11月１日以降、毎月８万円、毎年中元および歳暮各５万円の金員の支払を約した。その後Ｙ社が本件契約の終了を通告したため、Ｘは、本件契約に基づく昭和40（1965）年７月以降の支払を求めて本件訴えを提起した。

　原々審、原審ともに、本件贈与契約は、他の株主に比較してＸのみを株主として特別有利に待遇するものであることを理由に、株主平等の原則に反して無効であるとした。これに対しＸは上告を申し立てた。

[判　旨]　上告棄却

　最高裁は、「本件贈与契約は無配による上告人の投資上の損失を補塡する意味を有するものである旨、そして、本件贈与契約は右のように株主中上告人のみを特別に有利に待遇し、利益を与えるものであるから、株主平等の原則に違反し、商法293条本文（会社法454条３項）の規定の趣旨に徴して無効である旨の原審の認定判断は、原判決挙示の証拠関係に照らして首肯でき……」とし、上告を棄却した。

計額を減額した額を基準として算出する（461条２項）。この額に、最終事業年度の末日後、剰余金の配当を行う時までの剰余金額の増減を反映させる（446条、会社計算150条）。また、臨時決算手続を行った場合は、臨時決算日までの期中損益と自己株式処分対価額等も分配可能額に反映させることができる。

3　剰余金の配当に関する責任　(1)　違法な剰余金の配当に関する責任　会社が分配可能額を超える剰余金の配当をした場合、以下の者は、会社に対し、交付された金銭等の帳簿価額に相当する金銭を支払う連帯責任を負う。

　支払義務を負うのは、①剰余金の配当により金銭等の交付を受けた株主、②剰余金の配当に関する職務を行った業務執行者（業務執行取締役・執行役・当該業務執行取締役の行う業務執行の職務上関与者）、③剰余金の配当に関する株主総会または取締役会の決議があった場合に、株主総会または取締役会に議案を提案した取締役（株主総会への議案提案の決定に同意した取締役等を含む）である（462条１項６号、会社計算160条）。②の職務上関与者として、剰余金の配当によ

る金銭等の交付に関する職務を行った取締役・執行役、株主総会において剰余
金の配当に関する事項について説明をした取締役・執行役、取締役会において
剰余金の配当に賛成した取締役等が挙げられる（会社計算159条8号）。

　①の株主は、善意・悪意にかかわらず弁済責任を負う。ただし、支払義務を
履行した②および③の取締役等は、①の株主が善意である場合、求償すること
はできない（463条1項）。一方、会社債権者は、①の株主に対し、その交付さ
れた金銭等の帳簿価額に相当する金銭（ただし、当該債権者が会社に対して有する
債権額を上限とする）を支払わせることができる（同条2項）。債権者代位権（民
423条）の特則であり、債権者自身に直接支払うよう請求することができる。

　②および③の取締役等の責任は、過失責任である（462条2項）。ただし、分
配可能額を超えて配当された部分については、総株主の同意がある場合であっ
ても、責任は免除されない（同条3項）。

　(2)　買取請求に応じた株式取得の場合の責任　　会社が116条1項または182
条の4第1項の規定による株式買取請求に応じて株式を取得した場合、請求し
た株主に分配可能額を超えて金銭を支払ったときは、当該株式の取得に関する
職務を行った業務執行者は、自己の無過失を証明しないかぎり、会社に対して
超過額を支払う連帯責任を負う（464条1項）。

　(3)　欠損塡補責任　　会社が剰余金の配当をした場合、事後的に欠損が生じ
たときは、剰余金の配当に関する職務を行った業務執行者は、自己の無過失を
証明しないかぎり、会社に対して欠損の額または交付した額のいずれか少ない
額を支払う連帯責任を負う。ただし、定時株主総会の決議にもとづく剰余金の
配当、および資本金または準備金の額の減少の効力発生と同時に行われる剰余
金の配当については、この責任は課されない（465条1項10号）。

第6節　定款の変更

I　意　　義

　定款とは、会社の組織および活動に関する根本規則のことである。定款の変
更とは実質的意義での定款の変更をさし、形式的意義での定款の変更はここで
いう定款変更ではない。株式会社の本質や強行規定または株主平等原則に反し

ないかぎり、会社は、出資をした株主の総意により、自由にその定款を変更することができる。

II　手続・効力

1　株主総会の決議　会社は、原則として、株主総会の特別決議により、定款を変更することができる（466条・309条2項11号）。

なお、例外的に、取締役会決議等により、定款を変更することができる場合がある。まず、株式分割をした場合、分割の割合以下で発行可能株式総数を増加する定款の変更は、株式分割の手続中に行うことができるため、株主総会の普通決議または取締役会決議で足りる（184条2項）。株式分割と同時に単元株式数を増加し、または新たに単元株制度を採用する場合であっても、各株主の有する議決権数が減少しないときには同様である（191条）。また、単元株式数を減少し、または単元株制度を廃止する定款の変更は、取締役の決定（取締役会設置会社においては取締役会決議）により行うことができる（195条1項）。

2　種類株主総会の決議　種類株式発行会社において、株式の種類の追加、株式の内容の変更、発行可能株式総数または発行可能種類株式総数を増加する定款の変更が、ある種類の株式の株主に損害を及ぼすおそれがあるときは、株主総会の特別決議および種類株主総会の特別決議を要する（322条1項・324条2項4号）。

また、ある種類の株式を譲渡制限種類株式または全部取得条項付種類株式とする定款の定めを新設する場合、株主総会の特別決議および種類株主総会の特殊または特別決議を要する（111条2項・324条2項1号・同条3項1号）。この定款変更に反対する株主には、株式買取請求権が認められている（116条1項2号）。

3　定款変更の特殊な場合　種類株式発行会社以外の会社において、全部の株式を譲渡制限株式とする定款の定めを新設する場合、議決権を行使できる株主の半数以上、および当該株主の議決権の3分の2以上の賛成を要する（309条3項1号）。この定款変更に反対する株主には、株式買取請求権が認められている（116条1項1号）。

また、非公開会社において、剰余金の配当・残余財産の分配・議決権に関す

る株主ごとの異なる取扱いについての定款の定めの変更には、総株主の半数以上、および総株主の議決権の4分の3以上の賛成を要する（309条4項）。

4　総株主の同意　　種類株式発行会社以外の会社において、全部の株式を取得条項付株式とする定款の定めの新設・変更には、株主全員の同意を要する（110条）。同様に、種類株式発行会社において、ある種類の株式を取得条項付種類株式とする定款の定めの新設・変更についても、株主総会の特別決議および当該種類株式の株主全員の同意を要する（111条1項）。

5　効力の発生　　定款の変更は、原則として、株主総会決議により効力が生じる。なお、定款変更そのものは登記を必要としないが、登記事項の変更を生ずる場合には、変更登記を行わなければならない（915条）。

第7節　解　散

Ⅰ　意　義

　会社の解散は、その法人格の消滅原因となる事実であるが、会社の法人格は解散により直ちに消滅するのではなく、解散後も既存の法律関係を清算するまでは、なお清算の目的の範囲内で存続し、清算の終了により法人格を失う。

Ⅱ　解散原因

1　総　説　　会社の解散原因は、以下の通りである。①定款で定めた存続期間の満了（471条1号）、②定款で定めた解散事由の発生（同条2号）、③株主総会の特別決議（同条3号・309条2項11号）、④合併（合併により当該会社が消滅する場合にかぎる。471条4号）、⑤破産手続開始の決定（同条5号）、⑥解散を命ずる裁判（同条6号。会社の解散命令〔824条1項〕と会社の解散の訴え〔833条1項〕がある）である。

2　解散命令　　①会社が不法な目的で設立されたとき、②正当な理由なく、会社成立後1年間事業を開始しないとき、または1年以上事業を休止したとき、③業務執行取締役・執行役・業務を執行する社員が、法令・定款所定の会社の権限を逸脱・濫用する行為または刑罰法令に触れる行為をした場合において、法務大臣から警告を受けてもなお継続反復して当該行為をしたときで

あって、かつ、公益上会社の存立を許すことができないときは、裁判所は、法務大臣・株主・債権者・その他の利害関係人の申立てにより、会社の解散を命じることができる（824条1項）。

3　会社の解散の訴え　総株主の議決権の10分の1（定款で軽減可）以上の議決権を有する株主、または発行済株式数（自己株式を除く）の10分の1（定款で軽減可）以上の株式を有する株主は、①会社が業務の執行上著しく困難な状況に至り、当該会社に回復することができない損害が生じ、または生ずるおそれがあるとき（50パーセントずつの議決権を有する二派が対立して、新取締役の選任その他動きがとれないとき〔東京地判平元・7・18判時1349・148。**基本判例22**〕）、②会社財産の管理または処分が著しく失当で、会社の存立を危うくするとき（議決権の過半数を有する取締役に会社の存立に係わる非行があるとき〔大阪地判昭57・5・12判時1058・122〕）であって、かつ、やむを得ない事由があるときは、会社の解散を裁判所に請求することができる（833条1項）。

Ⅲ　休眠会社のみなし解散

登記が最後にあった日から12年を経過した会社（休眠会社）は、法務大臣により2ヶ月以内に登記所に事業を廃止していない旨の届出をすべきであることを官報に公告され、また登記所から公告があったという通知がされたにもかかわらず、その届出または登記をしないときは、2ヶ月の期間満了時に解散したものとみなされる（472条）。

Ⅳ　解散の効果

会社が解散したときは、合併による解散または破産手続の未了の場合を除いて、清算手続に入る（475条1号）。

会社が、定款所定の存続期間の満了、定款所定の解散事由の発生、株主総会決議により解散したときは、会社を代表すべき清算人は2週間以内に解散の登記をしなければならない（471条1号〜3号・926条）。

Ⅴ　会社の継続

会社が、定款所定の存続期間の満了、定款所定の解散事由の発生、株主総会

決議により解散したときは、清算が結了するまでは、株主総会の特別決議により、会社を継続することができる（309条2項11号・473条）。解散したものとみなされた休眠会社も、その後3年以内であれば同様に継続できる（473条）。

　いずれの場合にも、会社が継続したときは、2週間以内に継続の登記をしなければならない（927条）。

第8節　清　算

Ⅰ　総　説

　会社が解散したときは、合併による解散または破産手続の未了の場合を除いて、清算手続に入る（清算株式会社。475条1号）。すなわち、債権の取立て、債務の弁済、株主への残余財産の分配等を行う。清算株式会社も解散前の会社と同一性を有するが、ただその目的が清算の範囲内に縮減されている（476条）。したがって、自己株式の有償取得、剰余金の配当、清算株式会社が存続会社となる合併等は行うことができない（474条・509条1項）。

　清算には、定款または総社員の同意により任意に行う任意清算（668条1項）と法定の手続に従って行う法定清算があるが、株式会社は会社財産だけが会社債権者の責任財産となるため、法定清算のみが認められている。法定清算には、通常清算のほか、裁判所の直接的関与の下でなされる特別清算がある。

　解散により取締役はその地位を失い、1人以上の清算人がこれに代わるのに対して（477条1項・478条1項1号）、株主総会は存続する。定款で定めることにより、清算人会・監査役・監査役会を置くことはできるが（477条2項）、執行役・会計参与・会計監査人・委員会を置くことはできない（同条7項）。

Ⅱ　通常清算

1　清算人　(1)　清算人の選任・解任　　清算人には取締役と同様の欠格事由が設けられている（331条1項・478条8項）。定款に別段の定めがない場合、または株主総会において取締役以外の者を清算人に選任しなかったときは、取締役が法定清算人となる（478条1項）。監査等委員会設置会社においては、監査等委員以外の取締役、指名委員会等設置会社においては監査委員以外

の取締役が清算人となる（同条 5 項・6 項）。これらの者が清算人とならないとき、また解散を命ずる裁判（471条 6 号）により解散したときは、裁判所が清算人を選任する（478条 2 項・3 項）。

　清算人の任期は法定されていないが、裁判所が選任した場合を除き、株主総会の普通決議によりいつでも解任することができ（479条 1 項）、また重要な事由があれば、少数株主の請求により、裁判所はいずれの清算人をも解任することができる（同条 2 項・3 項）。

　(2)　清算人と会社との関係　　清算人は、会社との関係につき委任の規定に従う（330条・478条 8 項）。そのため、会社に対して忠実義務を負い、自己取引についても株主総会または清算人会の承認を要するほか、会社・清算人間の訴訟では会社を代表する権限がない。また、違法行為の差止請求、報酬等についても、取締役の規定が準用される（353条〜357条〔3 項を除く〕・360条・361条 1 項4 項・482条 4 項）。

　(3)　清算事務　　清算人の職務は、①現務の結了として解散当時未了の業務を完了し、②債権の取立ておよび債務の弁済をなし、③会社債務の完済後に株主に対して残余財産の分配をすることである（481条）。これらのためになす財産の換価処分も重要な清算事務である。

　清算株式会社は、条件付債務または存続期間不確定債務などをも弁済することができるが（501条 1 項）、そのためには、一定期間（2 ヶ月以上）内における債権申出の官報への公告、かつ、知れている債権者に対する個別的催告を要する（499条 1 項）。他の債権者を害するおそれがない債務を除き、当該期間内は、弁済期の到来した債務でも弁済することができない（500条）。

　債務の弁済をした後、株主の有する株式数に応じて残余財産の分配をするが（502条・504条）、金銭以外の財産の分配も可能である（505条）。

　2　清算の結了　　清算事務が終了したときは、遅滞なく、法務省令で定めるところにより、決算報告を作成して株主総会の承認を受けることを要し、これにより清算人は損害賠償責任を免除される（507条）。会社の帳簿ならびにその事業および清算に関する重要資料は、清算結了登記後10年間、保存を要する（508条）。

　会社の法人格は清算の結了によって消滅する。株主総会の承認後 2 週間以内

に清算結了の登記をしなければならないが（929条）、清算結了の登記に創設的
効力はなく、清算の結了を単に公示するためのものにすぎない。

Ⅲ　特別清算

　これは、解散した会社につき、清算の遂行に著しい支障を来すべき事情、ま
たは債務超過の疑いがある場合に、債権者・清算人・監査役・株主の申立てに
より、裁判所の命令をもって開始される特別な清算手続である（510条・511
条）。このような場合は、通常清算の方法によると手続の円滑・公正を害する
おそれがあるが、会社を破産させて破産手続を行うのも時間と費用の点からみ
て適当でない。そこで、この両手続の中間段階として清算を遂行させようとす
るのが、特別清算の制度である。

　特別清算は、通常清算とは異なり、裁判所の監督の下に置かれる（519条1
項）。特別清算が結了したとき、または特別清算の必要がなくなったとき、清
算人等の申立てにより裁判所は特別清算の終結を決定し（573条）、これにより
会社は消滅する。一方、実行性のある協定の見込みが立たないとき等の場合に
はじめて、破産手続に移行させる（574条1項）。

第3章 持分会社

第1節 総　説

　合名会社、合資会社および合同会社を総称して持分会社という（575条1項）。持分とは会社における社員の地位をいう。株式会社とは異なり、持分会社では社員がそれぞれ1個の持分を有する（持分単数主義）。

　合名会社は、無限責任社員のみからなる会社である（576条2項）。社員は、会社財産をもって会社の債務を完済できない場合などに、会社債権者に対し連帯して直接かつ無限の責任を負う（580条1項）。合資会社は、無限責任社員と有限責任社員からなる（576条3項）。有限責任社員は、出資の価額を限度として会社債権者に対し直接に責任を負う（580条2項）。合同会社は、有限責任社員のみからなる会社である（576条4項）。会社債権者に対する関係で、合資会社の有限責任社員が直接責任を負うのに対して、合同会社の社員は間接責任を負うにすぎない。間接責任とは、社員の出資した財産が会社財産として会社債権者の債権の担保となっていることを意味する。

　持分会社では、社員間の人的信頼関係を基礎として社員が結合することが予定される。したがって、社員の個性が重視され、社員の数はおのずと少なくなる。少数の社員が信頼関係によって結合しているのであるから、法が会社の内部関係に干渉する必要は乏しい。そこで、持分会社の内部関係の規律は広く定款自治にゆだねられている。会社法は、持分の譲渡や会社成立後の定款変更などの重要な事項の決定について、総社員の一致を原則とするが、定款で別段の定めをすることを許容する（585条1項4項・637条）。

　持分会社のうち、合名会社と合資会社は、会社の対外的な信用の基礎を無限責任社員の個人的な信用に置く。会社債権者の債権は、一次的には会社財産により、二次的には無限責任社員の個人財産により担保されている。したがっ

て、会社財産の確保がさほど重要性をもたないため、無限責任社員のなす出資には労務や信用の出資も認められる（576条1項6号かっこ書の反対解釈）。また、社員が退社するとその持分が現実化され、退社員はその払戻しを請求することができる（611条）。さらには、出資の払戻しも認められる（624条）。

　他方、合同会社の対外的信用は会社財産を基礎とする。有限責任社員のみからなる会社において、会社債権者の担保となるのはもっぱら会社財産であるから、それを確保することが要請される。したがって、社員の出資の目的は金銭その他の財産にかぎられ、労務または信用の出資は認められない。また、資本金の額の減少、利益の配当、出資の払戻し、退社員の持分の払戻し等について特則が設けられている（625条以下）。合同会社は、内部関係の定款自治と社員の有限責任を両立させるように設計された会社であり、会社財産を確保するため株式会社の資本に類似した制度をもつ。

第2節　持分会社の設立

I　設立手続

　持分会社の設立に必要な手続は、定款の作成、社員および出資の確定、機関の設置ならびに設立登記である。このうち、前三者は会社の実体を形成するための実質的手続であり、設立登記は会社が法人格を取得するための形式的手続である。持分会社の定款には、社員および出資に関する事項が記載または記録される（576条1項）。また、原則として各社員が会社の機関となる（590条1項・599条）。持分会社では所有と経営が分離されておらず、社員資格と機関資格とが結合している（自己機関）。したがって、持分会社では、定款を作成して設立登記をすれば、会社の設立に必要な手続がすべて完了し、会社が成立する（579条・912条～914条）。

　ただし、合同会社にあっては、その社員になろうとする者は、定款の作成後、設立登記をする時までに、出資する金銭の全額を払い込み、または出資する金銭以外の財産の全部を給付しなければならない（578条本文）。設立登記の申請書には、かかる払込みまたは給付があったことを証する書面を添付しなければならない（商登117条）。一方、合名会社および合資会社では、社員の出資

義務の履行が会社成立の要件とはされていない。社員の出資義務は会社の成立時に発生するが、その履行の時期および範囲は定款の定めによる。定款に規定がないときは、会社は通常の業務執行の方法に従って履行を請求することができる。

Ⅱ　定款の絶対的記載事項

持分会社を設立するには、その社員になろうとする者が定款を作成し、その全員がこれに署名し、または記名押印しなければならない（575条1項）。定款は電磁的記録をもって作成することもできる（同条2項）。なお、合名会社と合同会社では、一人会社の設立および存続が認められる（641条4号）。

持分会社の定款には、①目的、②商号、③本店の所在地、④社員の氏名または名称および住所、⑤社員が無限責任社員または有限責任社員のいずれであるかの別、⑥社員の出資の目的およびその価額または評価の標準を記載または記録しなければならない（576条1項）。定款は会社組織の根本規則である。商号には、会社の種類に従い、合名会社、合資会社または合同会社という文字を用いることを要する（6条2項）。また、社員の別について、合名会社にあっては、社員全部を無限責任社員とする旨、合資会社にあっては、社員の一部を無限責任社員とし、その他の社員を有限責任社員とする旨、合同会社にあっては、社員の全部を有限責任社員とする旨を記載または記録しなければならない（576条2項〜4項）。そのほかに、定款には相対的記載事項あるいは任意的記載事項を記載または記録することができる（577条）。

Ⅲ　法人社員

法人も持分会社の社員となることができる（576条1項4号）。また、法人が合名会社または合資会社の無限責任社員になることを妨げる規定もない。株式会社では法人が取締役となることはできないが（331条1項1号）、持分会社では法人が業務執行社員となることが認められる。法人が業務執行社員である場合には、当該法人は、業務執行社員の職務を行うべき者（「職務執行者」という）として自然人を選任し、その氏名および住所を他の社員に通知しなければならない（598条1項）。職務執行者には業務執行社員に関する規定が準用される

（598条 2 項）。また、法人が代表社員である場合は、職務執行者の氏名および住所は登記される（912条 7 号・913条 9 号・914条 8 号）。

Ⅳ　設立の無効・取消し

　定款の絶対的記載事項の記載を欠くなど設立手続に違法な点があれば、会社の設立は無効となる（客観的原因）。さらに、持分会社においては、社員の設立に関する行為が無効であるかまたは取り消されるときは、会社の設立自体が無効となりまたは取り消される（主観的原因）。社員の心神喪失や錯誤など意思欠缺の場合が主観的無効原因となり、社員の行為無能力、詐欺または強迫などの場合が取消原因となる（832条）。設立の無効または取消しは、会社の成立の日から 2 年以内に、訴えをもって主張または請求しなければならない（828条 1 項 1 号・832条）。訴権を有するのは、無効を主張する場合には当該持分会社の社員または清算人（828条 2 項 1 号）、取消しを請求する場合には当該取消原因のある社員（832条 1 号）にかぎられる。設立の無効および取消しを認容する確定判決は対世効が認められ（838条）、遡及効を有しない（839条）。このほかに、会社設立が債権者にとって詐害行為となるときは、当該債権者は設立の取消しを請求することができる（832条 2 号）。

　持分会社において主観的原因による設立の無効または取消しが認められるのは、次の理由による。すなわち、持分会社では社員の個性が重視され、各社員は社員間の人的信頼関係にもとづいて結合したものと認められる。そこで、ある社員が設立行為の無効または取消しにより会社から脱落すれば、社員結合の基礎が崩壊するから、他の社員もまた会社関係から当然に離脱して、会社全体の成立が瓦解することになる。株式会社では、このような主観的理由による設立無効は認められず、設立取消しの制度もない。

第 3 節　持分会社の社員

Ⅰ　社員の責任

1　無限責任社員の責任　　会社財産をもって会社の債務を完済することができない場合、または会社財産に対する強制執行が効を奏しなかった場合に

は、無限責任社員は、会社の債務につき会社債権者に対し連帯して直接かつ無限の責任を負う（580条1項）。したがって、これらの場合には、会社債権者は、社員に対して直接に会社債務の弁済を請求することができる。反対に、社員が無限責任を負うのはこれらの場合にかぎられるから、社員は、会社に弁済をする資力があり強制執行が容易であることを証明すれば、弁済の責任を免れることができる（同条同項2号かっこ書）。また、社員は、会社に属する抗弁（弁済、時効または同時履行等）をもって会社債権者に対抗することができ、会社が債権者に対して相殺権、取消権または解除権を有しているときは、その者に対する債務の履行を拒むことができる（581条）。なお、社員が会社の債務を履行したときは、会社に対して求償権を取得するとともに（民499条）、他の社員に対してその負担部分の求償権を取得する（民442条）。

　無限責任社員となることを許された未成年者は、社員の資格にもとづく行為については行為能力者とみなされる（584条）。

　2　有限責任社員の責任　　有限責任社員は、その出資の価額を限度として、会社の債務を弁済する責任を負う（580条2項）。合資会社では、社員の出資義務の履行が会社成立の要件ではないため、出資義務が会社成立後も未履行のまま残存することがある。その結果、有限責任社員は、出資の未履行の部分について会社債権者に対し直接に責任を負い、出資の履行済みの部分については間接に責任を負うことになる。出資の履行済みの部分は登記によって公示される（913条7号）。有限責任社員が出資の価額を減少した場合であっても、その旨の登記をする前に生じた会社の債務については、従前の責任の範囲内でこれを弁済する責任を負う（583条2項）。この責任は、会社債権者が登記後2年以内に請求または請求の予告をした場合を除いて、登記後2年を経過した時に消滅する（同条4項）。

　合同会社の社員は、会社成立時には金銭出資の全額の払込みまたは現物出資の全部の給付を済ませているから（578条）、会社債権者に対し直接に責任を負うことはない。

　3　誤認行為の責任　　合資会社の有限責任社員が自己を無限責任社員であると誤認させる行為をしたときは、当該有限責任社員は、その誤認にもとづいて合資会社と取引をした者に対し、無限責任社員と同一の責任を負う（588条1

項）。この者を自称無限責任社員という。また、合資会社または合同会社の有限責任社員がその責任の限度を誤認させる行為をしたときは、当該有限責任社員は、その誤認にもとづいて合資会社または合同会社と取引をした者に対し、その誤認させた責任の範囲内で会社の債務を弁済する責任を負う（同条 2 項）。

　合名会社または合資会社の社員でない者が自己を無限責任社員であると誤認させる行為をしたときは、当該社員でない者は、その誤認にもとづいて合名会社または合資会社と取引をした者に対し、無限責任社員と同一の責任を負う（589条 1 項）。合資会社または合同会社の社員でない者が自己を有限責任社員であると誤認させる行為をしたときは、当該社員でない者は、その誤認にもとづいて合資会社または合同会社と取引をした者に対し、その誤認させた責任の範囲内で会社の債務を弁済する責任を負う（同条 2 項）。これらの者を自称社員という。自称社員の責任は、名板貸人（9 条、商14条）や疑似発起人（103条 4 項）などの責任と同じく一種の表見責任である。このような責任を負う危険があるため、会社の商号中に退社員の氏または氏名等を用いている場合には、退社員は、会社に対してその使用をやめることを請求することができる（613条）。

Ⅱ　持分の譲渡

　持分会社における社員の地位を持分という。社員はこの地位にもとづいて、会社に対して権利を有し義務を負う。それぞれの社員の持分は 1 個であるが、その大きさは必ずしも同一ではない。法は持分の全部または一部の譲渡を認める。一部の譲渡とは、持分を分割してその一部を譲渡することをいう。持分の譲渡は当事者間の意思表示による。

　持分会社では、社員結合の基礎が社員間の人的信頼関係に置かれるから、その信頼関係を維持するために持分の譲渡が制限される。すなわち、社員は、他の社員の全員の承諾がなければ、その持分の全部または一部を他人に譲渡することができない（585条 1 項）。ただし、業務を執行しない有限責任社員がその持分を他人に譲渡する場合には、業務執行社員の全員の承諾があれば足りる（同条 2 項）。譲受人たる他人が非社員である場合のみならず、社員である場合も同一の規制に服する。社員がその持分の全部または一部を譲渡する場合には、社員の地位を喪失して会社から脱退するなど、定款を変更する必要が生じ

ることがある。その場合に、業務を執行しない有限責任社員の持分の譲渡に伴い定款を変更するときは、総社員の同意を要せず、業務執行社員の全員の同意があれば足りる（同条3項）。なお、これらの規定は持分会社の内部関係を定めるものであるから、会社は定款で別段の定めをすることができる（同条4項）。

　持分の全部を他人に譲渡した社員は、その旨を登記する前に生じた会社の債務について、従前の責任の範囲内でこれを弁済する責任を負う（586条1項）。この責任は、会社債権者が登記後2年以内に請求または請求の予告をした場合を除いて、登記後2年を経過した時に消滅する（同条2項）。

　持分会社は、株式会社と異なり、その持分の全部または一部を譲り受けることができない（587条1項）。会社がその構成員たる社員の地位を取得することは本質的に認められないからである。したがって、持分会社がその持分を取得した場合には、当該持分は会社がそれを取得した時に消滅する（同条2項）。

Ⅲ　社員の加入および退社

　1　社員の加入　　持分会社は、その成立後に新たに社員を加入させることができる（604条1項）。新たに加入した社員を新入社員という。会社が新たに社員を加入させるためには、定款変更の手続をとる必要がある。定款変更は、定款に別段の定めがある場合を除き、総社員の同意による（637条）。社員の加入は、当該社員に係る定款の変更をした時に、その効力を生じる（604条2項）。ただし、合同会社にあっては、社員加入の効力発生時期は、当該社員に係る定款の変更をした時、または当該社員がその出資に係る払込みまたは給付の全部を履行した時のいずれか遅いほうの時である（同条3項）。新入社員は、その加入前に生じた会社の債務についても、これを弁済する責任を負う（605条）。

　2　社員の退社　　退社とは、会社の存続中に社員の資格が消滅することをいう。社員は、会社に対する一方的な告知によって退社することができる（任意退社）。まず、持分会社の存続期間を定款で定めなかった場合、またはある社員の終身の間持分会社が存続することを定めた場合には、各社員は6ヶ月前の予告により、事業年度の終了の時に退社することができる（606条1項）。かかる退社については定款で別段の定めをすることもできる（同条2項）。また、

◆基本判例17◆　合資会社の社員の出資義務と持分払戻請求権
　　　　　　　　最判昭62・1・22判時1223・136

　Y合資会社の有限責任社員であるX₁ら4名（原告・被控訴人・上告人）は、Y社に出資額に相当する金銭を現実に支払わないまま同社を退社し、その後Y社に対して持分の払戻しを請求した。

[判　旨]　上告棄却

　「合資会社の社員の金銭出資義務は、定款又は総社員の同意によりその履行期が定められていないときは、会社の請求によりはじめてその履行期が到来し、特定額の給付を目的とする金銭債務として具体化されるものというべきであり、かかる金銭債務となる前の出資義務は社員たる地位と終始すべきものであって、社員が退社して社員たる地位を喪失するときは、出資義務も消滅するに至るというべきであるから、右退社員の合資会社に対する持分払戻請求権は成立しないと解すべきである。」

　やむを得ない事由があるときは、各社員はいつでも退社することができる（同条3項）。やむを得ない事由は、退社しようとする社員の一身に関するものでなければならない。たとえば、他の社員との間に不和を生じ、互いに信用を失った場合がこれにあたる。前述のように、持分会社における社員の結合は社員間の人的信頼関係を基礎としており、それを維持するために持分の譲渡が制限される。しかし、社員間の人的信頼関係が崩壊したときには、会社からの離脱を望む社員がその持分を他人に譲渡しようとしても、他の社員全員がそれを承諾するとはかぎらない。そこで、このような場合には、社員は予告なしに退社することが認められる。

　また、定款所定の事由の発生や総社員の同意による場合のほか、特定の社員の信用が失われるべき事由（社員の死亡、破産手続開始の決定、後見開始の審判または除名）が生じた場合には、当該社員は当然に退社する（607条1項。法定退社）。社員の除名とは、当該社員の意思に反して社員資格を剥奪することをいう。会社は、一定の事由がある場合に、他の社員の過半数の決議にもとづき、訴えをもって裁判所に社員の除名を請求することができる（859条）。社員が2名の会社では「他の社員の過半数」という要件を満たすことはできないが、そのような会社であっても一方の社員が他方の社員を除名することができるとする裁判例がある（山形地酒田支判平3・12・17判時1425・127）。社員が法人であるときは、合併による消滅や解散も退社事由となる（607条1項4号・6号）。

　社員が退社したときは、持分の払戻しがなされる（611条1項）。社員の出資の種類を問わず、退社当時の会社財産の状況に従って持分（社員たる地位の経済的価値）が計算され、持分がプラスとなれば金銭によってその払戻しがなされる（611条2項・3項）。合資会社の社員が、出資義務を履行しないで退社した場合に、出資義務が消滅するとともに会社に対する持分払戻請求権も成立しないとした裁判例がある（**基本判例17**）。

　退社した社員は、その旨を登記する前に生じた会社の債務について、従前の責任の範囲内でこれを弁済する責任を負う（612条1項）。この責任は、会社債権者が登記後2年以内に請求または請求の予告をした場合を除いて、登記後2年を経過した時に消滅する（同条2項）。なお、社員が退社した場合には、会社は、当該社員が退社した時に、当該社員に係る定款の定めを廃止する定款の変更をしたものとみなされる（610条）。

第4節　持分会社の管理

I　業務執行

　持分会社では、社員が会社の業務を執行する（590条1項）。また、社員が2人以上ある場合には、会社の業務は社員の過半数をもって決定する（同条2項）。ただし、これらの事項について、定款で別段の定めをすることを妨げない。なお、会社の常務は、各社員が単独で行うことができる（同条3項）。

　業務を執行する社員を定款で定めた場合には、その社員が業務を執行する。業務執行社員が2人以上あるときは、会社の業務は業務執行社員の過半数をもって決定する（591条1項前段）。ただし、支配人の選任および解任だけは、総社員の過半数をもって決定することを要する（同条2項）。業務執行社員が2人以上あるときでも、会社の常務は、各業務執行社員が単独で行うことができる（同条1項後段）。業務執行社員は、正当な事由がなければ、辞任することができない（同条4項）。また、正当な事由がある場合にかぎり、他の社員の一致によって業務執行社員を解任することができる（同条5項）。これらの規定はすべて任意規定であり、定款で別段の定めをすることができる（同条1項・2項ただし書・6項）。なお、業務執行社員の全員が退社したときは、業務執行社員に

関する定款の定めは効力を失う（同条3項）。

業務執行社員を定款で定めたときは、業務を執行しない社員も、会社の業務および財産の状況を調査することができる（592条1項）。この調査権について、定款で別段の定めをすることを妨げない。ただし、定款によっても、社員が事業年度の終了時または重要な事由があるときに業務および財産の状況の調査をすることを制限する旨を定めることができない（同条2項）。

Ⅱ　業務執行社員

1　業務執行社員の義務　業務執行社員は会社に対して受任者の地位に立ち、株式会社の取締役と同様に、善管注意義務と忠実義務を負う。すなわち、業務執行社員は、善良な管理者の注意をもって、その職務を行わなければならない（593条1項）。また、業務執行社員は、法令および定款を遵守し、会社のため忠実にその職務を行う義務を負う（同条2項）。業務執行社員は、会社または他の社員の請求があるときは、いつでもその職務の状況を報告し、その職務が終了した後は、遅滞なくその経過および結果を報告しなければならない（同条3項）。これらのほかに、持分会社と業務執行社員との関係には、民法の委任に関する規定が準用される（同条4項、民646条～650条）。ただし、善管注意義務と忠実義務の規定を除いて、会社は定款で別段の定めをすることができる（593条5項）。

業務執行社員は、株式会社の取締役と同様に、競業取引および利益相反取引の規制に服する。業務執行社員は、他の社員の全員の承認を受けなければ、①自己または第三者のために会社の事業の部類に属する取引をしてはならず、②会社の事業と同種の事業を目的とする会社の取締役、執行役または業務執行社員になることができない（594条1項）。この義務に違反した取引は有効であるが、会社は当該業務執行社員に対して損害賠償を請求できるほか、訴えをもって当該社員の除名または業務執行権もしくは代表権の消滅を請求することができる（859条2号・860条1号）。損害賠償を請求するときは、競業取引によって当該業務執行社員または第三者が得た利益の額が、会社に生じた損害の額と推定される（594条2項）。また、業務執行社員は、他の社員の過半数の承認を受けなければ、自己取引または間接取引を行うことができない（595条1項）。競

業取引は他の社員の全員の承認を要するのに対して、利益相反取引が過半数の承認で足りるのは、弊害防止が可能な範囲で取引を容認する趣旨である。なお、これらの規定は会社の内部関係を定めるものであり、定款で別段の定めをすることができる。

2　業務執行社員の責任　業務執行社員は、その任務の懈怠によって生じた会社の損害について、会社に対し連帯して賠償する責任を負う（596条）。株式会社における代表訴訟制度と同様に、持分会社の社員は、会社に対して、社員の会社に対する責任を追及する訴えの提起を請求することができ、会社が請求の日から60日以内に訴えを提起しないときは、会社を代表して当該訴えを提起することができる（602条）。ただし、当該訴えが当該社員もしくは第三者の不正な利益をはかり、または会社に損害を加えることを目的とする場合はこの限りでない（同条ただし書）。また、業務を執行する有限責任社員がその職務を行うについて悪意または重過失があるときは、それによって第三者に生じた損害を連帯して賠償する責任を負う（597条）。業務を執行する無限責任社員について同旨の規定が置かれていないのは、会社に対して損害賠償を請求すれば足りるためである。

　業務執行社員に除名事由（859条）があるとき、または会社の業務を執行し会社を代表することに著しく不適任なときは、会社は、他の社員の過半数の決議にもとづき、訴えをもって当該業務執行社員の業務執行権または代表権の消滅を請求することができる（860条）。著しく不適任か否かは口頭弁論終結時を基準として判断される。

Ⅲ　会社代表

　持分会社では、業務執行社員が会社を代表するのが原則である（599条1項本文）。業務執行社員が2人以上ある場合には、各自が会社を代表する（同条2項）。これに対して、会社は、定款または定款の定めにもとづく社員の互選によって、業務執行社員のなかから会社を代表する社員を定めることができる（同条3項）。代表社員の代表権は、代表取締役の代表権と同様に、包括的かつ定型的な権限である。代表社員は、持分会社の業務に関する一切の裁判上または裁判外の行為をする権限を有する（同条4項）。また、代表権は不可制限的で

あって、これに制限を加えても善意の第三者に対抗することはできない（同条
5項）。

　会社と社員との間の訴えにおいて会社を代表する者は代表社員である。しか
し、代表社員自身が訴えの当事者であって、当該代表社員以外には会社を代表
する者がいないときは、他の社員の過半数をもって会社を代表すべき者を定め
ることができる（601条）。

　会社は、代表社員がその職務を行うについて第三者に加えた損害につき賠償
責任を負う（600条）。

第 5 節　持分会社の計算等

I　会計原則・会計帳簿・計算書類

　持分会社の計算等について、会社法は、持分会社の通則を定めた後、合同会
社の特則を定める。また、細則は会社計算規則にゆだねられる。

　持分会社の会計は、一般に公正妥当と認められる企業会計の慣行に従うもの
とされる（614条）。会社は、適時に、正確な会計帳簿を作成しなければならな
い（615条1項）。会計帳簿とは、営業上の財産に影響を及ぼす事項を記載する
帳簿をいい、主要簿（仕訳帳・元帳）と補助簿からなる。会社は、会計帳簿の
閉鎖の時から10年間、その会計帳簿およびその事業に関する重要な資料を保存
しなければならない（同条2項）。裁判所は、申立てによりまたは職権で、訴訟
の当事者に対し、会計帳簿の全部または一部の提出を命ずることができる
（616条）。

　会社は、その成立の日における貸借対照表を作成し、また各事業年度に係る
計算書類を作成することを要する（617条1項・2項）。計算書類とは、貸借対照
表や損益計算書など、会社の財産の状況を示すために必要かつ適切なものとし
て法務省令で定めるものをいう（会社計算71条）。計算書類は電磁的記録をもっ
て作成することができる（617条3項）。会社は、計算書類を作成した時から10
年間、これを保存しなければならない（同条4項）。社員は、会社の営業時間内
は、いつでも、計算書類の閲覧または謄写を請求することができる（618条1
項）。この閲覧・謄写請求権について、定款で別段の定めをすることができ

る。ただし、定款によっても、社員が事業年度の終了時に閲覧または謄写を請求することを制限する旨を定めることができない（同条2項）。裁判所は、申立てによりまたは職権で、訴訟の当事者に対し、計算書類の全部または一部の提出を命ずることができる（619条）。

II　資本金・利益配当

1　資本金とその額の減少　　会社法では、持分会社について社員資本という概念が採用され、資本金、資本剰余金および利益剰余金に関する規定が設けられた（会社計算30条以下）。これは、持分会社のなかに、社員が間接有限責任を負うにすぎない合同会社が含まれるためである。

　会社は、損失の塡補のために、その資本金の額を減少することができる（620条1項）。減少する資本金の額は、損失の額として法務省令で定める方法により算定される額を超えることができない（同条2項、会社計算162条）。合名会社および合資会社では、株式会社とは異なり、資本金の額の減少について債権者異議手続を要しない。他方、合同会社については、無限責任社員が存在しないため、債権者異議手続が必要とされる（627条）。

2　利益配当・損益分配　　会社法では、社員資本とともに、利益配当という概念が用いられる。すなわち、社員は、会社に対し、利益の配当を請求することができる（621条1項）。会社は、利益の配当を請求する方法その他の利益の配当に関する事項を定款で定めることができる（同条2項）。そして、社員の持分の差押えは、利益の配当を請求する権利に対しても、その効力を有する（同条3項）。

　会社法は、利益配当とともに、損益分配という概念も用いている。損益分配の割合について定款の定めがないときは、その割合は、各社員の出資の価額に応じて定める（622条1項）。損益分配のうち、利益のほうの分配は利益配当と同じ概念であると解される。したがって、利益配当は、定款に別段の定めがないかぎり、各社員の出資の価額に応じてその額が決定されることになる。なお、利益または損失の一方についてのみ分配の割合についての定めを定款で定めたときは、その割合は、利益および損失の分配に共通であるものと推定される（同条2項）。他方、損失を生じたときは、各社員が分担することになる。し

かし、損失の分担といっても計算上社員の持分が減少するだけで、社員が直ちに追加出資をしてこれを塡補する必要はない。ここでいう持分とは、社員たる地位そのものではなく、社員が会社財産に対して有する権利の割合を示す数額をいう。

　なお、会社が利益の配当により有限責任社員に対して交付した金銭等の帳簿価額（配当額）が利益の配当をする日における利益額を超える場合には、利益の配当を受けた有限責任社員は、会社に対し、連帯して、その配当額に相当する金銭を支払う義務を負う（623条1項）。利益額とは、持分会社の利益の額として法務省令に定める方法により算定される額をいう（会社計算163条）。この利益の配当を受けた合資会社の有限責任社員については、未履行の出資の価額を限度として会社の債務を弁済する責任を負う場合に、配当額のうち利益額を超過する額が責任限度額に上乗せされる（580条2項・623条2項）。

Ⅲ　出資の払戻し

　社員は、会社に対し、すでに出資として払込みまたは給付をした金銭等の払戻し（出資の払戻し）を請求することができる（624条1項前段）。出資の払戻しは、社員としての地位を維持したままなされる点で、退社に伴いなされる持分の払戻しとは異なる（611条）。この場合において、出資が金銭以外の財産であるときは、その財産の価額に相当する金銭の払戻しを請求することを妨げない（624条1項後段）。会社は、出資の払戻しを請求する方法その他の出資の払戻しに関する事項を定款で定めることができる（同条2項）。社員の持分の差押えは、出資の払戻しを請求する権利に対しても、その効力を有する（同条3項）。

Ⅳ　合同会社の計算等に関する特則

1　計算書類の閲覧に関する特則　　合同会社の債権者は、会社の営業時間内は、いつでも、その計算書類（作成した日から5年以内のものにかぎる）について閲覧または謄写を請求することができる（618条1項・625条）。持分会社の社員の閲覧・謄写請求権は、定款で別段の定めをすることができる（618条2項）。これに対して、合同会社の債権者に認められる閲覧・謄写請求権については、定款をもってこれを制限することが許されない。

　2　資本金の額の減少に関する特則　　持分会社は、損失の塡補のために、その資本金の額を減少することができる（620条1項）。これに加えて、合同会社は、出資の払戻しまたは持分の払戻しのために、その資本金の額を減少することができる（626条1項）。出資の払戻しのために減少する資本金の額は、出資払戻額から出資の払戻しをする日における剰余金額を控除して得た額を超えてはならない（同条2項）。出資払戻額とは、会社が出資の払戻しにより社員に対して交付する金銭等の帳簿価額をいう（632条2項）。また、剰余金額とは、資産の額から、負債の額、資本金の額ならびに法務省令で定める各勘定科目に計上した額の合計額を減じて得た額をいう（626条4項、会社計算164条）。持分の払戻しのために減少する資本金の額は、持分払戻額から持分の払戻しをする日における剰余金額を控除して得た額を超えてはならない（626条3項）。持分払戻額とは、会社が持分の払戻しにより社員に対して交付する金銭等の帳簿価額をいう（635条1項）。

　合同会社では、資本金の額の減少について、債権者異議手続がとられる。すなわち、会社が資本金の額を減少する場合には、債権者は会社に対して異議を述べることができる（627条1項）。そのために、会社は、資本金の額の減少の内容と、債権者が一定の期間内に異議を述べることができる旨を官報に公告し、かつ、知れている債権者には各別にこれを催告しなければならない（同条2項本文）。債権者が異議を述べることができる期間は1ヶ月を下回ることができない（同条2項ただし書）。また、会社が当該公告を官報のほか、時事に関する事項を掲載する日刊新聞紙または電子公告によりするときは、各別の催告を要しない（同条3項・939条1項2号3号）。債権者が期間内に異議を述べなかったときは、資本金の額の減少について承認したものとみなされる（627条4項）。他方、債権者が異議を述べたときは、会社は原則として、当該債権者に対して弁済し、もしくは相当の担保を提供し、または当該債権者に弁済を受けさせることを目的として信託会社等に相当の財産を信託しなければならない（同条5項）。資本金の額の減少は、これらの債権者異議手続が終了した日に、その効力を生じる（同条6項）。

　3　利益の配当に関する特則　　会社法は、合同会社について、利益の配当の制限、違法な利益の配当に関する責任ならびに求償権の制限等に関する特則

を定める。これらの特則は、合同会社が有限責任会社であることに由来しており、株式会社に対する規制と同じ趣旨である。

　まず、合同会社は、利益の配当により社員に対して交付する金銭等の帳簿価額（配当額）が利益の配当をする日における利益額を超える場合には、利益の配当をすることができない（628条前段、会社計算163条）。この場合には、会社は、社員の利益配当請求を拒むことができる（621条1項・628条後段）。

　次に、会社がこの制限に違反して利益の配当をした場合には、利益の配当に関する業務を執行した社員は、会社に対し、当該利益の配当を受けた社員と連帯して、その配当額に相当する金銭を支払う義務を負う。ただし、当該業務を執行した社員がその職務を行うについて注意を怠らなかったことを証明した場合は、このかぎりでない（629条1項）。この支払義務は、免除することができない。ただし、利益の配当をした日における利益額を限度として支払義務を免除することについて総社員の同意がある場合は、このかぎりでない（同条2項）。

　そして、違法な利益の配当を受けた社員は、配当額が利益の配当をした日における利益額を超えることについて善意であるときは、その配当額について、当該利益の配当に関する業務を執行した社員からの求償の請求に応じる義務を負わない（630条1項）。他方、会社債権者は、違法な利益の配当を受けた社員に対して、配当額（配当額が当該債権者の会社に対する債権額を超える場合には、当該債権額）に相当する金銭を支払わせることができる（同条2項）。

　合同会社が利益の配当をした場合において、利益の配当をした日の属する事業年度の末日に欠損額が生じたときは、利益の配当に関する業務を執行した社員は、会社に対し、利益の配当を受けた社員と連帯して、欠損額（欠損額が配当額を超えるときは、当該配当額）を支払う義務を負う。ただし、当該業務を執行した社員がその職務を行うについて注意を怠らなかったことを証明した場合は、このかぎりでない（631条1項）。欠損額とは、合同会社の欠損の額として法務省令で定める方法により算定される額をいう（会社計算165条）。この支払義務は、総社員の同意がなければ、免除することができない（631条2項）。

　4　出資の払戻しに関する特則　合同会社の社員は、定款を変更してその出資の価額を減少する場合を除いて、出資の払戻しを請求することができない

（632条 1 項）。また、会社が出資の払戻しにより社員に対して交付する金銭等の帳簿価額（出資払戻額）が、出資の払戻しを請求した日における剰余金額（出資の払戻しのために資本金の額を減少した場合には、その減少をした後の剰余金額）または出資の払戻しのために出資の価額を減少した額のいずれか少ない額を超える場合には、出資の払戻しをすることができない。この場合には、会社は、出資の払戻しの請求を拒むことができる（632条 2 項）。

そのほか、違法な出資の払戻しに関する社員の責任や社員に対する求償権の制限等について、違法な利益の配当の場合と同様の規定が置かれる（633条・634条）。

V　退社に伴う持分の払戻しに関する特則

持分会社では、退社した社員は持分の払戻しを受けることができる（611条 1 項）。合同会社については、持分の払戻しにより退社員に対して交付する金銭等の帳簿価額（持分払戻額）が持分の払戻しをする日における剰余金額を超える場合の債権者異議手続と、違法な持分の払戻しをした場合の業務執行社員の責任について特則が規定される（635条・636条）。前者については、資本金の額を減少する場合の債権者異議手続と同様の手続が定められる（前記Ⅳ 2 ）。また、後者については、違法な出資の払戻しをした業務執行社員の責任と同様の規定が置かれる（前記Ⅳ 4 ）。

第 6 節　定款変更等

I　定款の変更

1　定款の変更　持分会社は、定款に別段の定めがある場合を除き、総社員の同意によって、定款の変更をすることができる（637条）。定款で別段の定めをするためには、設立時には社員となろうとする者の全員の同意（575条 1 項）、成立後はその時点での総社員の同意が必要である。定款変更手続に関する別段の定めの内容には制限がない。

2　持分会社の種類の変更　合名会社は、定款を変更して、有限責任社員を加入させ、またはある社員を有限責任社員とすることにより、合資会社とな

ることが認められる（638条1項1号・2号）。また、定款を変更して、その社員の全部を有限責任社員とすることにより、合同会社となることができる（同条同項3号）。

　合資会社は、定款を変更して、その社員の全部を無限責任社員とすることにより、合名会社に、その社員の全部を有限責任社員とすることにより、合同会社となることができる（同条2項）。合資会社は、有限責任社員全員が退社した場合には合名会社に、無限責任社員全員が退社した場合には合同会社になる定款の変更をしたものとみなされる（639条）。

　合同会社は、定款を変更して、その社員の全部を無限責任社員とすることにより、合名会社に、無限責任社員を加入させ、またはある社員を無限責任社員とすることにより、合資会社となることができる（638条3項）。

　これらの定款変更による会社の種類の変更については、債権者異議手続を要しない。ただし、合同会社となる場合には、合名会社または合資会社の社員が定款変更後の合同会社に対する出資に係る払込みまたは給付の全部を履行するまで、定款変更の効力は生じない（640条1項）。また、合資会社が合同会社となる定款変更をしたものとみなされる場合（639条2項）には、社員は、定款変更をしたとみなされた日から1ヶ月以内に、合同会社に対する出資に係る払込みまたは給付を完了しなければならない（同条2項）。

　持分会社が定款変更により他の種類の持分会社となったときは、定款変更の効力が生じた日から2週間以内に、その本店の所在地において、種類の変更前の持分会社については解散の登記をし、変更後の持分会社については設立の登記をしなければならない（919条）。

Ⅱ　解散および清算

1　解　　散　持分会社は、次に掲げる事由によって解散する（641条）。①定款で定めた存続期間の満了、②定款で定めた解散の事由の発生、③総社員の同意、④社員が欠けたこと、⑤合併により消滅する場合、⑥破産手続開始の決定、⑦解散を命ずる裁判（824条1項・833条2項）。これらの事由のうち、①から③については、清算が結了するまでは、社員の全部または一部の同意によって、持分会社を継続することができる（642条1項）。⑦について、「やむを

◆基本判例18◆　多数派社員による不公正な業務執行と解散請求
最判昭61・3・13民集40・2・229
　Y合名会社の社員間において、製糸業を継続するAら3名と廃業したX（原告・被控訴人・被上告人）らとの間に深刻な利害の対立が生じた。この状況を打開するため、Xは種々の提案をしたがいずれも採用されなかったため、Y社の解散を請求した。
[判　旨]　上告棄却
　「会社の業務が一応困難なく行われているとしても、社員間に多数派と少数派の対立があり、右の業務の執行が多数派社員によって不公正かつ利己的に行われ、その結果少数派社員がいわれのない恒常的な不利益を被っているような場合にも、また、これを打開する手段のない限り、解散事由があるものというべきである。しかしながら、……打開の手段とは、その困難な事態を解消させることが可能でありさえすれば、いかなる手段でもよいというべきではなく、社員間の信頼関係が破壊されて不和対立が生ずるに至った原因、解散を求める社員又はこれに反対する社員の右原因との係わり度合、会社の業務執行や利益分配が解散を求める社員にとってどの程度不公正・不利益に行われてきたか、その他諸般の事情を考慮して、解散を求める社員とこれに反対する社員の双方にとって公正かつ相当な手段であると認められたものでなければならないと解するのが相当である」。

得ない事由」があるとして、解散請求を認めた裁判例がある（**基本判例18**）。
　社員が1人になったことは解散事由に該当しない。合名会社および合同会社について一人会社の成立および存続が認められる。合資会社の社員が1人となったときは、その責任に応じて、合名会社または合同会社として存続する（639条）。
　2　清　算　持分会社は、解散をした場合または設立の無効もしくは取消しが確定した場合には、法定の手続により清算をしなければならない（644条）。合名会社および合資会社については、上記①から③の事由により解散したときは、任意清算が認められる。この場合には、定款または総社員の同意により会社は会社財産の処分の方法を自由に定めることができるが（668条）、債権者異議手続を必要とする（670条）。
　残余財産の分配の割合について定款の定めがないときは、その割合は、各社員の出資の価額に応じて定められる（666条）。

第**4**章　社　　債

第1節　総　　説

I　社債の意義

　社債とは、通常、公衆に対する起債によって生じた会社に対する多数に分割された債権であって、それについて有価証券（債券）が発行されるものをいうと解されているが、平成17（2005）年改正前商法は、社債について定義規定を置いていなかった。これに対して、会社法は、社債を「この法律の規定により会社が行う割当てにより発生する当該会社を債務者とする金銭債権であって、第676条各号に掲げる事項［募集事項］についての定めに従い償還されるものをいう」と定義した（2条23号）。

　また、平成17（2005）年改正前商法は、株式会社につき社債と新株予約権付社債の発行を認めるが、非公開で小規模な会社を念頭に置いている有限会社にはその発行を禁止していた。これに対して、会社法は、社債に関するそのような制限に論理的な理由が認められないことから、資金調達の手段を拡大するため持分会社にも社債の発行を認め、新たに独立した第4編を設けて規定している。もっとも、本章では、主として株式会社が社債を発行する場合を念頭に置いて述べる。

II　株式との比較

　社債は、多数の部分に分割して大量に発行し、多額の長期資金を直接資本市場から調達できる点で株式と同じであるが（直接金融）、発行会社は、会社の業績や利益の有無に関係なく利息を支払い、償還期限がくれば社債権者に元本を償還しなければならない点で株式と異なる（他人資本）。したがって、公衆投資家からみれば安定した投資の対象となる（利殖証券性）。

　株主は会社の構成員であり、会社の経営に参加するさまざまな権利を有するが、大多数の個人株主は、経営よりも利益配当（インカム・ゲイン）または株式の値上がり益（キャピタル・ゲイン）により関心をもち、実際には会社経営に参加するための権利を行使しない場合が多いので（株主の社債権者化現象）、社債と株式との法的性質の相違にもかかわらず、両者の経済的機能は接近してくる。

　制度的にも、議決権のない累積的非参加的配当優先株式、償還株式（取得条項付株式・取得請求権付株式）のように社債的な性質をもつ株式（株式の社債化）が認められ、他方で利益参加社債、新株予約権付社債、償還期限を定めない永久劣後債のように株式的性質を有する社債（社債の株式化）があるので、両者は、投資対象としての同質化が進んでいる。

Ⅲ　会社法が社債について規定を置く理由

　社債もその法的性質は金銭債権であって、たとえば銀行借入れと同じである。にもかかわらず、なぜ会社法は社債について特別の規定を置くのであろうか。それには、以下の3つの理由がある。すなわち、①社債を有価証券化することを可能にするため、②社債が公衆に対する起債によって生じるという集団性があるためにその発行について特別の技術的処理を設けることが妥当であること、③多数の社債権者を保護しまた集団的な取扱いをする必要があることである。

第2節　社債の種類

Ⅰ　普通社債

　基本となる社債が普通社債であり、これに新株予約権などが付加されることにより、特別な内容をもつ社債となる。発行会社は、発行条件に従い定期的に利息を支払い、期日に元本を償還することを約束し、社債権者はこれらを受領する権利を有する。社債の利率は、基本的には発行会社の信用力（とりわけ格付機関による社債の格付）によって決まる。

Ⅱ　新株予約権付社債

1　意　義　新株予約権付社債は、新株予約権が付された社債である（2条22号）。社債権者は、期限が到来すれば社債の償還を受ける地位にあるが、会社の業績が良く配当が増えたり株価が高くなれば、新株予約権を行使し新株の発行を受けることにより、株主としての利益を得ることができる。潜在的株式の性質を有するので、社債の確実性と株式の投機性とを併有した証券である。発行会社は新株予約権を付することにより社債を低利で発行でき、しかもその社債の償還が容易になるほか、新株予約権の行使があれば払込金を取得し、自己資本を増加することができる。

新株予約権付社債には、平成13（2001）年改正前商法の呼び方でいう「転換社債型」と「非分離の新株引受権附社債型」の2類型がある。転換社債型とは、新株予約権を行使する場合には必ずその社債が消滅するものであり（280条4項）、非分離の新株引受権附社債型とは、金銭など当該社債以外の財産を出資する形で新株予約権が行使されるものをいう。

海外に対し外貨建ての債権を有している企業では、当該外貨建ての新株予約権付社債を利用して為替リスクをヘッジすることができる。

2　発　行──概説　会社法の下では、新株予約権付社債については、原則として、新株予約権に関する規定と、社債に関する規定との両方が適用される。そして、新株予約権付社債についても特別の規定が若干設けられている。なお、①社債に付する新株予約権の数は、社債の金額ごとに均等でなければならず（236条2項）、また、②新株予約権付社債では新株予約権または社債の一方だけを譲渡・質入れすることはできない（どちらかが消滅した場合は別。254条2項3項・267条2項3項）。

3　発行手続　新株予約権付社債の発行は、募集新株予約権の発行手続による。すなわち、株式会社で公開会社においては、原則として取締役会決議で、募集新株予約権付社債の新株予約権の内容を含めた募集事項を定めて発行する（236条1項・238条1項〔とくに同条6号・7号〕・240条1項）。募集社債についての規定の適用はない（248条）。転換社債型の新株予約権付社債の場合には、その趣旨を定める（236条1項3号・238条1項6号7号）。

4　有利発行　新株予約権付社債の新株予約権部分について、①無償（払

込みを要しないという意味）で発行し、それが新株予約権を引き受ける者に「特に有利な条件」である場合と、②払込金額が新株予約権を引き受ける者に「特に有利な金額」である場合には、新株予約権に関する規定に従い、「有利発行」として株主総会の特別決議が必要である（238条3項・239条1項・240条1項・309条2項6号）。

Ⅲ　担保付社債

　担保付社債とは、社債権を担保するための物上担保が付された社債で、会社法のほか担保付社債信託法により規律される。多数の変動する社債権者が物上担保権を直接個別に取得し行使することは不可能なので、発行会社と社債権者との間に受託会社（免許が必要）を置き、発行会社と受託会社との信託契約により（担信2条・18条）、受託会社が担保権を取得し、これを総社債権者のために管理・実行する義務を負い、総社債権者は受益者としてその債権額に応じて平等に担保の利益を受けるという仕組みである（同36条・37条）。わが国では、戦後しばらくの間は、事業会社が発行する社債はすべて物上担保付社債であったが、近年は、無担保社債の発行が増大している。

Ⅳ　振替社債

　振替社債は、社債券が発行されず、その譲渡および質入れは、口座管理機関または振替機関が管理する口座において当該譲渡および質入れに関する社債の金額の増額の記載・記録によって効力が生ずる社債である。振替社債は、社債を無券面化（電子化）して新たな決済制度を導入するために特別法によって規律される。平成14（2002）年に証券決済法制改革の一環として「短期社債等の振替に関する法律」が改正され、法律の名称が「社債等の振替に関する法律」と変更され、さらに平成16（2004）年に「社債、株式等の振替に関する法律」と名称変更され、株式等についても、従来の保管振替制度から新たないわゆる階層保有制度を含む振替制度に移行している。

第3節　社債の発行と発行手続

I　社債の発行手続の概要

　株式会社が社債を発行するためには、取締役会設置会社では、後述のように取締役会の決議が必要である（362条4項5号）。

　また、原則として社債管理者（平成17〔2005〕年改正前商法においては、社債管理会社とよんでいた）を設置し、社債権者のための社債の管理を委託しなければならない（702条本文）。これは、社債は長期の債務であり、しかも少額の債権額を有する多数の社債権者がいるため、社債の償還までに発行会社の財務内容が悪化する場合には、社債権者の権利保全を集団的に講じる必要があるからである。ただし、例外として、①各社債の金額が1億円以上である場合（同条ただし書）、および②ある種類の社債の総額を当該社債の最低額で除した数が50を下る場合（会社則169条）には、社債管理者の設置は不要である。なぜなら、①の場合は、機関投資家に対する大口の発行として、引受人みずから自己の利益を守ることができ、②の場合は、金融商品取引法上の少人数の私募に相当するもので、社債権者みずからが社債権者集会を開催して自己の債権を確保するのは困難ではないため、社債管理者を設置しなくても社債権者の保護に欠けるおそれがないからである。

II　社債の発行手続

1　募集事項の決定　　会社が社債を募集するには、募集社債に関する次の事項を定めなければならない（676条）。なお、会社法は、新株発行や新株予約権発行の場合と同様、引き受ける者の募集をし、引受けをした者に割当てを行うという手続で発行するものを募集社債と定義している。

　募集社債に関する事項とは、具体的にいえば、①社債の総額、②各社債の金額、③社債の利率、④社債の償還方法・期限、⑤利息支払の方法・期限、⑥社債券を発行するときはその旨、⑦記名式・無記名式の間の転換請求の全部または一部をすることができないこととするときはその旨、⑧社債管理者が社債権者集会の決議によらずに訴訟行為および倒産手続に属する行為をすることがで

きることとするときはその旨、⑨各社債の払込金額もしくはその最低金額または それらの算定方法、⑩払込みの期日、⑪一定の日までに社債の総額の引受けが ないときは募集を中止する（打切り発行しない）ときはその旨および当該期 日、⑫その他法務省令で定める事項（会社則162条）である。

2　決定機関　募集事項を決定する機関は、会社の機関構造によって異な る。まず会社法が定める原則は、株主総会の普通決議による決定である（295 条1項・309条1項）。ただし、取締役会設置会社の場合は、取締役会の決定にゆ だねられる（362条4項5号）。また、指名委員会等設置会社の場合は、取締役 会決議によりその決定を執行役に委任することができる（416条4項）。

Ⅲ　社債の成立

社債の引受けは、総額引受けの場合は別として（679条）、そうでない社債発 行の場合には、募集株式発行の場合と同様に、原則として法定事項を通知して 引受けの募集をし、申込みがあった者に対して割当てをする（676条～678条、会 社則163条・164条）。割当てがあると、申込者は社債権者となる（680条1号）。

また、平成17（2005）年改正前商法においては、社債の発行において応募不 足となった場合、社債全部が不成立となるのが原則であったが、会社法におい ては、資金調達の迅速化の観点から、期日までに払い込まれた分についてのみ 社債が発行されることが原則になった（676条11号。原則としての「打切り発行」）。

なお、社債の払込みについては、応募額の全部を一度に払い込ませるのが通 常であるが、分割払いも許される（同条12号、会社則162条1号）。分割払いは、 海外で社債を発行する場合にしばしばみられるといわれる。

第4節　社債権者の権利と社債の流通

Ⅰ　社債権者の権利——利息と償還

社債権者は社債の期限が到来したときに償還（社債の元本の返済）を受け、そ れまでの間は、発行時に定められた内容の利息の支払を受ける権利を有する。 実際には、社債の発行後一定期間を据え置き、その後随時または定期的に一定 額またはそれ以上の額によって償還して、一定の期日までに全部の償還を終え

ることが発行条件において定められる（676条4号）。社債については自己株式取得のような制限はないから、新株予約権付社債も含め、償還期限前に発行会社が任意に取得し消却することもできる（任意買入消却）。償還の方法および期限、利率、利息支払の方法および期限は、社債の発行ごとに、募集事項で定められ（676条4号・5号）、社債券（697条1項）および社債原簿（681条）に記載される。なお、社債原簿とは、社債権者および社債券に関する事項を記載した発行会社の帳簿であり、株式における株主名簿に相当するものである。

　社債の償還請求権は10年の消滅時効にかかるが（701条1項）、利息支払請求権の消滅時効は5年である（同条2項）。

Ⅱ　社債の流通

　(1)　社債は元本が償還されるまでに比較的長期間を要するため、投下資本の回収をはかるには、社債権者は社債を譲渡することが必要である。募集事項で社債券の発行を定めた場合、募集株式の場合と同様に、社債を有価証券化することができる。社債券には、記名式と無記名式（681条4号かっこ書）があり、その記載事項は法定されている（697条1項）。実際には、少人数私募債および適格機関投資家に対する私募債を除き、ほとんどの場合が無記名式である。社債権者は、特別の定めがないかぎり（676条7号）、相互に転換の請求ができる（698条）。

　(2)　社債についても、株式と同様、譲渡または質入れが可能である。上述のように、実際上発行されるのは無記名社債がほとんどであるから、無記名社債を中心に述べる（記名社債に関する説明は省略する）。

　無記名社債は、つねに社債券が発行され（681条4号）、その譲渡または質入れの効力を発生させるためには、社債券を交付しなければならない（687条・692条）。社債券の占有者は、社債についての権利を適法に有するものと推定されるほか（689条1項）、社債券の交付を受けた者は、悪意・重過失なきかぎり、社債についての権利を取得する（同条2項）。このような善意取得に関する規定によって、社債券の取得者の保護がはかられている。また、質入れの場合、質権者は、継続して社債券を占有しなければ、当該質権について発行会社その他の第三者に対抗することができない（693条2項）。

　その他、実際上発行される社債としては、前述の振替社債がある（社債株式振替66条）。この場合には社債券の発行が認められず（同67条）、譲渡または質入れの効力は、加入者の申請にもとづき、振替口座簿に記載・記録されることにより生じる（同73条・74条）。

第5節　社債の管理

Ⅰ　社債権者の団体的行動

　会社法は、社債が多数の公衆が有する債権であることを想定して、社債権者が共同の利益のために団体的行動をとることを認め、そのために社債管理者制度と社債権者集会制度を設けている。また、令和元（2019）年の改正により社債管理補助者制度が新設された。

Ⅱ　社債管理者

　社債管理者とは、社債の発行会社から社債の管理の委託を受けてこれを行う者である（702条本文）。会社法は、社債管理者について、社債権者の利益保護のために、次のような資格・権限・義務を定めている。

　1　資　格　社債管理者になれるのは、銀行・信託会社・これらに準じる者で法務省令が定める者である（703条、会社則170条）。金融商品取引業者は、社債管理者にはなれない（金商36条の4第1項）。

　2　権　限　社債管理者は、社債権者のために弁済（元本償還と利息の支払）を受け、また債権の実現を保全するために必要な一切の裁判上・裁判外の行為をする権限を有する（705条1項）。また、社債権者集会の決議を経て、①支払の猶予・発行会社の責任の免除・和解、②訴訟行為・倒産手続に関する一切の行為を行う権限を有する（706条）。そして、これらの行為を行うために必要があれば、裁判所の許可を得て発行会社の業務・財産の状況を調査することができる（同条4項）。これらの法定権限のほか、社債管理委託契約で定めれば、発行会社が「財務上の特約」条項に違反した場合に期限の利益の喪失を宣言する権限等の約定権限を有することができる（676条12号、会社則162条4号）。財務上の特約は、元利払いの確実な履行を確保するために、無担保社債に付さ

れることが多いといわれる。

以上のほか、社債管理者は、社債権者集会を招集し（717条2項）、これに出席して意見を述べ（729条1項本文）、その決議を執行し（737条1項本文）、また不公正行為の取消しの訴えを提起でき（865条1項）、合併等における会社債権者異議手続で異議を述べる（740条2項。なお同条3項）などの権限が認められる。

3　義務と責任　社債管理者は、社債権者のために公平・誠実に社債の管理を行わなければならず（これを公平誠実義務とよび、忠実義務と同様の意味に解される。704条1項）、また、社債の管理にあたり社債権者に対して善管注意義務を負う（同条2項）。約定権限の行使も社債の管理にあたるので、その行使に際してもこれらの義務を負う。

社債管理者が会社法や社債権者集会の決議に違反する行為をし、これにより社債権者に損害が生じたときは、社債管理者は社債権者に対して連帯して損害賠償責任を負う（710条1項）。これに加えて、社債管理者（銀行等）は、発行会社が経営困難になると、自己の計算で発行会社に対し有する債権（銀行の貸付債権等）の回収を優先させ、社債権の回収を懈怠する危険があるので、一定の要件の下に特別の損害賠償責任を負うものとされている（710条2項、会社則171条。当該社債管理者が誠実な社債管理を怠らなかったこと、または行為と損害との因果関係のなかったことを証明した場合、責任を免れる〔710条2項ただし書〕。社債管理者の免責が認められた事案として、名古屋高判平21・5・28判時2073・42。**基本判例19**）。この責任は、倒産法上の特定の債権者に対する担保供与等の否認・相殺の禁止に関する要件（破71条・72条・162条、民再93条・93条の2・127条の3、会更49条・49条の2・86条の3）が強化されたものであるといわれる。

Ⅲ　社債管理補助者

1　意　義　会社は、社債管理者の設置が強制されない場合には、社債管理補助者を定め、社債権者のために、社債の管理の補助を行うことを委託することができる（714条の2）。社債管理者の設置が強制されない場合とは、702条ただし書に規定する各社債の金額が1億円以上である場合その他社債権者の保護に欠けるおそれがないものとして法務省令で定める場合である（会社則169

条)。このように社債管理補助者を設置することができる場合を社債管理者の設置が強制されない場合に限定しているのは、社債管理補助者制度が社債権者において自ら社債を管理することを前提として、第三者である社債管理補助者が社債権者の破産債権の届出をしたり、社債権者からの請求を受けて社債権者集会の招集をすることなどにより、社債権者による社債権者集会の決議等を通じた社債の管理が円滑に行われるように補助する制度だからである。したがって、担保付社債については、社債権者自らが担保付社債の管理を行うことは想定されていない（担信2条）ことから、社債管理補助者を置くことはできない（714条の2ただし書）。

　　2　資　格　　社債管理補助者は、703条各号に掲げる者その他法務省令で定める者でなければならない（714条の3、会社則171条の2）。つまり、社債管理者の資格要件（銀行、信託会社等）に加えて、弁護士および弁護士法人が社債管理補助者になることができる。

　　3　権　限　　社債管理補助者は、社債の管理に関して広範な権限および裁量を有する社債管理者よりも裁量の余地の限定された権限のみを有するものとされている。社債管理補助者が必ず有する権限として、①破産手続、再生手続または更正手続への参加、②強制執行または担保権実行の手続における配当要求、③清算手続きにおける債権の申出がある（714条の4第1項）。また、社債管理補助委託契約に定める範囲内において認められる権限がいくつか存在する（714条の4第2項）。

　　4　義務と責任　　社債管理補助者は、社債権者のために、公平かつ誠実に社債の管理の補助を行わなければならず（714条の7・704条1項）、かつ社債権者に対し、善良な管理者の注意をもって社債の管理の補助を行わなければならない（714条の7・704条2項）。また、社債管理補助者が置かれる場合、社債権者自らが社債の管理を行うことが前提とされており、社債発行会社と社債権者との間、あるいは社債権者間においての情報伝達が円滑におこなわれることが重要であるから、社債管理補助者は、委託契約に従い、社債の管理に関する事項を社債権者に報告し、または社債権者がこれを知ることができるようにする措置をとらなければならない（714条の4第4項）。

◆基本判例19◆　**社債管理者の責任**
名古屋高判平21・5・28判時2073・42

　スーパー大手Mの取引銀行であるY銀行（当初の取引銀行A、B、Cが統合）は、経営危機に陥り信用不安が広がったMを救済するため、Mから不動産等の担保の提供を徴して、多額の融資をしたが、Mは事実上倒産し、会社更生手続に移行し、再生計画案が可決認可されたために、社債権者Xらは、約1割から3割しか償還を受けることができなかったことから、Xらは、Y銀行に対し、破綻の直前に担保の提供を受けたことが平成17（2005）年改正前商法311条ノ2第2項（会社法710条2項）の責任があるとして損害賠償を求めた事案で、原審が請求を棄却したため、Xら6名のうち4名が控訴した。

[判　旨]　控訴棄却

　「救済融資による債権を担保するため……実質的に社債管理会社の誠実義務に違反するものではない」として旧商法311条ノ2第2項（会社法710条2項）但書前半の免責要件を満たすとしてXらの請求を棄却した第1審判決に加えて、「旧商法311条ノ2第2項は、社債発行会社に対して貸付債権を有する銀行等が同時に社債管理会社でもある場合について、社債管理会社でありながら自己の貸付債権の優先的回収をはかる利益相反行為を防止する趣旨で設けられたものであるが、経済的窮地に陥った社債発行会社に対して社債管理会社が担保を徴して救済融資を行うことは……社債発行会社及び社債権者にも有利であるから、社債管理会社が誠実になすべき社債管理を怠らなかった場合に当たり得るというべきである。」

Ⅳ　社債権者集会

1　意　　義　　社債権者集会とは、社債権者の利害に重大な関係がある事項について社債権者の総意を決定するために構成される集会である。会社法が社債権者集会制度を置く理由は、社債の公衆性に鑑み社債権者の利益を保護するためであるが、同時に、必要な場合には社債権者の多数決で事を決定する道を認めるためでもある。たとえば、社債の発行会社が債務不履行（元利金支払の遅延、財務上の特約に関する違反等）に陥った場合、募集事項に従い直ちに期限の利益を喪失させる措置をとるより、支払の猶予・債権の一部放棄等を行ったほうが社債権者の利益になるケースも多い。しかし、債権の一部放棄等募集事項の内容の変更につき全社債権者の同意を得ることは困難なので、社債権者集会の制度が存在することにより、多数決でこれを行うことができる。

　株主総会と異なり、常設の制度ではない（臨時の会議体）。また、種類（681条1号、会社則165条）ごとの社債について別個の社債権者集会が構成される（715条）。

2 決議事項・効力 決議事項は、社債の期限利益の喪失（739条1項）、資本金減少・合併等に対する異議（740条1項）などの法定事項のほか、「社債権者の利害に関する事項」である（716条）。

決議は当然には効力を生じず、裁判所の認可があってはじめて効力が発生する（732条・734条・735条）。社債権者集会の決議は、支払の猶予・債権の一部放棄など社債権者に譲歩を強いる内容であることが多いので、裁判所に強い後見的機能が期待されているからである。裁判所は、①集会招集の手続または決議の方法が法令または社債募集の目論見書等に記載・記録された事項に違反する場合、②決議が不正の方法（利益相反的な議決権行使等）により成立した場合、③決議が著しく不公正である場合、④決議が社債権者の一般の利益に反する場合には、決議を許可することができない（733条）。

3 決議方法 社債権者は保有する社債金額に応じて議決権を有する（723条1項。なお同条2項）。原則は普通決議で、定足数の規定はなく出席した社債権者の議決権総額の過半数で決するが（724条1項）、一定の重要事項については特別決議により、社債権者の議決権総額の5分の1以上で、かつ、出席した社債権者の議決権総額の3分の2以上の同意が必要である（同条2項）。社債権者には、権利内容の不利益変更を決議することが多い社債権者集会に出席しようとするインセンティブは乏しいので、特別決議の要件があまり高いと成立すべき決議も成立しなくなる反面、議決権者中のきわめて少数の者が同意すれば権利内容の変更が可能ということでも困るので、会社法において新たにこの要件が規定された。

なお、無記名社債については、集会日の1週間前までに社債券を招集者に提示しないと議決権を行使できない（723条3項）。この点、平成17（2005）年改正前商法は、無記名社債の供託が要求されていた。しかし、大部分が証券会社の保護預かりになっているものの、供託には実務上の負担が大きいとの理由から、会社法において上記のように手続が簡素化されたことによる。

以上のほか、社債権者集会の招集その他の手続について詳細な規定が設けられている（717条〜731条、会社則172条〜177条）。

第**5**章　組　織　再　編

第1節　総　説

　会社法第5編（743条～816条の10）は、組織変更、合併、会社分割、株式交換、株式移転、そして令和元（2019）年の改正により新設された株式交付について規定している。これらは、会社の組織上の再編成により、効率的な事業経営を目的とするものであり、組織再編とよばれている。組織再編は、株主や会社債権者といった利害関係者に重大な影響を及ぼす。

　組織再編は、既存の会社間で行われる吸収型再編と、会社を新たに設立して行われる新設型再編に分類されることがある。吸収合併、吸収分割、株式交換は吸収型再編、新設合併、新設分割、株式移転は新設型再編に分類される。会社法は、組織再編の手続について、組織変更の手続（775条～781条）、吸収合併等の手続（782条～802条）、新設合併等の手続（803条～816条）、株式交付の手続（816条の2～816条の10）を規定している。条文の構成のとおり、吸収合併の手続は吸収分割および株式交換と、新設合併の手続は新設分割および株式移転と共通する部分が多い。

　本章では、各組織再編を概観し、組織再編の手続、利害関係者の保護規定について説明する。

　会社法第2編（467条～470条）が規定する事業譲渡・事業譲受けも、組織再編と同様の目的をもって行われるため、併せて説明する。なお、組織変更を除き、株式会社を前提として説明する。

第 2 節　合　　併

Ⅰ　意　　義

　合併とは、複数の会社が契約によって1つの会社になることをいう。合併を行う目的は、規模の拡大、事業の多角化、経営の合理化などがある。

　合併には、吸収合併と新設合併がある。吸収合併は、会社が他の会社とする合併であって、合併により消滅する会社（消滅会社）の権利義務の全部を合併後存続する会社（存続会社）に承継させるものをいう（2条27号）。新設合併は、2つ以上の会社がする合併であって、合併により消滅する会社の権利義務の全部を合併により設立する会社（新設会社）に承継させるものをいう（同条28号）。

　会社法は、会社は他の会社と合併することができると規定している（748条前段）。すなわち、会社は、株式会社および持株会社の種類に制限なく、自由に合併することができる。しかし、会社が解散した場合に、その会社が存続会社となる吸収合併はみとめられていない（474条1号・643条1号）。

Ⅱ　手　　続

　合併は、1合併契約の締結、2事前開示、3株主総会の承認決議、4会社債権者異議手続、5効力発生、6事後開示という手続により行われる。

　吸収合併の場合は、消滅会社および存続会社はともに合併手続を行う必要があるが、新設合併の場合は、設立会社は5登記をすることによって成立するため、合併の手続は消滅会社のみが行う。

　1　合併契約の締結　　会社が合併をするには、合併契約を作成し、合併の当事会社間で契約を締結しなければならない（748条）。

　合併契約書の法定記載事項には、①合併の当事会社の商号・住所（749条1項1号・753条1項1号）、②合併対価に関する事項（749条1項2号3号・753条1項6号～9号）、③新株予約権の取扱いに関する事項（749条1項4号5号・753条10号11号）、④吸収合併については効力発生日（749条1項6号）、⑤新設合併については合併後の会社の組織体制（753条1項2号～5号）がある。

①吸収合併については、消滅会社および存続会社の商号・住所、新設合併については消滅会社および新設会社の商号・住所を記載する。

②吸収合併については、存続会社が消滅会社の株主に対して交付する合併対価（存続会社の株式、社債、新株予約権、新株予約権付社債、株式等以外の財産）およびその算定方法、割当てに関する事項を記載する。合併対価が株式である場合は、存続会社の資本金および準備金の額に関する事項も記載する必要がある。消滅会社が有する自己株式や、存続会社が保有する消滅会社の株式に対しては、合併対価は交付されない（749条1項3号かっこ書）。

平成17（2005）年改正前商法の下では、合併の対価として、基本的には存続会社の株式が交付されていたが、会社法により対価の柔軟化が計られた。その背景の一つとして、存続会社が消滅会社の株主に対して存続会社の親会社の株式を交付する方法によって、三角合併を行うという需要に合わせたことがある。三角合併は、外国会社とわが国の会社との買収に有用であるといわれている。もう一つの背景として、対価として金銭のみを交付し、少数株主の締め出しによる買収（キャッシュアウト・マージャー）の需要に合わせたことがある。

合併対価は、株主の持株数に応じて平等に取り扱われなければならないが（749条3項）、消滅会社が種類株式発行会社であるときは、各種類の株式の内容に応じて、種類ごとに異なる取扱いをすることができる（749条2項）。

③消滅会社が新株予約権を発行しているときは、当該新株予約権の新株予約権者に対して交付する存続会社の新株予約権または金銭に関する事項を記載する。

④吸収合併については、効力発生日を記載する。新設合併については、設立会社の設立登記を行い（922条）、設立会社が成立した日に合併の効力が発生する（754条1項）。

⑤新設合併は設立会社を成立させるため、設立会社の目的・商号・本店所在地・発行可能株式総数、定款、設立時役員の氏名等を記載する。

2　事前開示　　合併の存続会社・消滅会社は、合併契約の備置開始日（782条2項）から効力発生日後6ヶ月を経過する日（消滅会社にあっては効力発生日）までの間、合併契約の内容その他法務省令で定める事項を記載し、または記録した書面または電磁的記録をその本店に備え置かなければならない（782条1項

1号・794条1項・803条1項）。

　株主および債権者は、会社の営業時間内はいつでも、事前に備え置かれた書類等の閲覧等を請求することができる（782条3項・794条3項）。事前開示は、株主が株主総会への準備をすること、債権者が合併に異議を述べるか判断すること、合併無効の訴えの原因となる事由の有無について判断することの情報を提供するために行われる。

　3　株主総会の承認決議　　(1)　原則——特別決議　　合併の各当事会社は、効力発生日の前日までに、原則として、株主総会の特別決議により、合併契約の承認を受けなければならない（783条1項・795条1項・804条1項・309条2項12号）。株主総会の特別決議が必要とされるのは、合併により会社の基礎が大きく変更し、株主が重大な影響を受けることになるからである。

　(2)　例外——決議要件の加重　　消滅会社が公開会社であり、合併対価等の全部または一部が譲渡制限株式等であるときは、特殊決議（309条3項2号3号）、消滅会社が種類株式発行会社であり、合併対価等の全部または一部が譲渡制限株式等であるときは、種類株主総会の特殊決議（783条3項・804条3項・324条3項2号）により、合併契約の承認を受けなければならない。株主総会の特殊決議が必要とされるのは、これらが株式につき譲渡制限を定める定款変更を行うのと実質的に同じであるからである。

　吸収合併の消滅会社について、合併対価等の全部または一部が持分等であるときは、総株主の同意（783条2項・4項）、消滅会社が種類株式発行会社であり、合併対価等の全部または一部が持分等であるときは、種類株主の全員の同意（783条4項）を得なければならない。吸収合併の存続会社が持分会社であるときは、定款に別段の定めがある場合を除き、存続会社の総株主の同意が必要となる（802条1項）。新設合併の設立会社が持分会社である場合には、新設合併契約について消滅会社の総株主の同意を得なければならない（804条2項）。これは、株式会社から持分会社への組織変更を行うのと実質的に同じであるからである。

　(3)　例外——承認決議の省略

　①　略式合併　　ある株式会社の総株主の議決権の90％（定款でそれ以上の割合を定めた場合にはその割合）以上を保有する株式会社のことを「特別支配会社」

という（468条1項かっこ書）。吸収合併の消滅会社と存続会社の間に特別支配関係があるときは、被支配会社については株主総会の承認を受ける必要はない（784条1項・796条1項）。被支配会社において、株主総会に諮ったとしても、可決されることが明らかであり、株主総会を開催する意義が見いだせないため、手続の簡素化の観点から省略される。このような合併を略式合併という（同様の手続が吸収分割、株式交換、事業譲渡においても認められ、これらの行為を併せて略式組織再編ともいう）。

②　簡易合併　　吸収合併の存続会社は、合併対価の額が、存続会社の純資産額（会社則196条）の5分の1（これを下回る割合を存続会社の定款で定めた場合にあってはその割合）を超えない場合には、株主総会の承認を受ける必要はない（796条2項）。存続会社と比べて、消滅会社の規模が小さく、存続会社の株主に与える影響が軽微であるため、存続会社の株主総会は不要である。このような合併を簡易合併という（同様の手続が吸収分割、株式交換、株式交付、事業譲渡においても認められ、これらの行為を併せて簡易組織再編ともいう）。

簡易合併の場合であっても、以下の2つの場合には株主総会の承認を受ける必要がある。第1に、合併差損を生じる場合である。債務超過の会社を承継する場合等に合併差損が生じることになり、存続会社の株主に対する影響が少なくないからである。第2に、消滅会社の株主に交付する合併対価の全部または一部が存続会社の譲渡制限株式であって、存続会社が公開会社ではない場合である（796条2項ただし書）。

なお、簡易合併について、一定数の株式を有する株主（会社則197条）が、株主に対する合併をする旨等の通知・公告の日から2週間以内に、簡易合併に反対する旨を存続会社に対し通知したときは、簡易合併を行うことができず、当該存続会社は、効力発生日の前日までに、株主総会の決議によって、吸収合併契約の承認を受けなければならない（796条3項）。

(4)　株式買取請求権

①　株式買取請求の手続　　合併に反対の株主（「反対株主」）は、会社に対し、自己の有する株式を公正な価格で買い取ることを請求することができる（785条1項・797条1項・806条1項）。これを株式買取請求権という。

「反対株主」とは、次の3つである。まず、①合併をするために株主総会の

決議を要する場合に、当該株主総会に先立って、当該合併に反対する旨を会社に対して通知し、かつ、当該総会において当該合併に反対した株主である（785条2項1号イ・797条2項1号イ・806条2項1号）。次に、②当該株主総会において議決権を行使することができない株主である（785条2項1号ロ・797条2項1号ロ・806条2項2号）。たとえば、議決権制限株式の株主等がこれに該当する。なお、簡易合併では、当該簡易合併に反対の存続会社の株主であっても、存続会社に対して株式買取請求をすることができない（797条1項ただし書）。最後に③株主総会の決議が不要である場合にはすべての株主である（785条2項2号・797条2項2号）。略式合併では、株式買取請求をすることができる株主から、特別支配会社は除かれる。

　吸収合併の場合には、消滅会社および存続会社は、合併の効力発生日の20日前までに、その株主（略式合併の場合における特別支配会社の株主を除く）に対し、新設合併の場合には、消滅会社は、株主総会の決議の日から2週間以内に、その株主に対し、合併をする旨ならびに合併の当事会社の商号および住所を通知しなければならない（785条3項・797条3項・806条3項）。この通知は、公開会社である場合または株主総会の決議によって吸収合併契約の承認を受けた場合は公告に代えることができる（785条4項・797条4項・806条4項）。この通知または公告は、株主に株式買取請求の機会を与えるために行われる。

　株式買取請求権を行使しようとする株主は、吸収合併の場合には、効力発生日の20日前から効力発生日の前日までの間に、新設合併の場合には、新設合併をする旨等の通知または公告の日から20日以内に、これを行使しなければならない（785条5項・797条5項・806条5項）。株式買取請求をした株主は、会社の承諾を得た場合に限り、その株式買取請求を撤回することができる（785条7項・797条7項・806条7項）。これは、株式買取請求権を行使しておきながら、市場の動向により、市場で売却するほうが有利となった場合に、株式買取請求権を撤回するということを防ぐ目的である。

　株式買取請求があった場合において、株式の価格の決定について、株主と会社との間に協議が整ったときは、会社は合併の効力発生日から60日以内にその支払をしなければならない（786条1項・798条1項・807条1項）。
　②　公正な価格　　株式の価格の決定について、合併の効力発生日から30日

以内に協議が整わない場合には、株主または会社は、その期間の満了後30日以内に、裁判所に対し、価格の決定の申立てをすることができる（786条2項・798条2項・807条2項）。

　公正な価格とは、①組織再編により企業価値の増加が生じない場合には、原則として、当該株式買取請求がされた日におけるナカリセバ価格をいい、②組織再編によりシナジーその他の企業価値の増加が生ずる場合には、これを適切に分配した価格をいう（最決平23・4・19民集65・3・1311）。①「ナカリセバ価格」は、平成17（2005）年改正前商法が、株式の買取価格について、「承認ノ決議ナカリセバ其ノ有スベカリシ公正な価格」と規定していたことを引き継いだ文言である。②は、合併等の組織再編では、シナジー（相乗効果）が発生すると想定されることによるものであり、「シナジー分配価格」などとよばれている。合併の場合には、公正な価格は、①合併がなければ株式が有していたであろう価格、または②合併によるシナジーを反映した価格となる。公正な価格決定の基準日について、判例は、株式買取請求がなされた日としている（前掲最決平23・4・19）。

　公正な価格決定について、裁判所は、当事者が互いに独立した関係にある場合（独立当事者間取引）であるか、一方が他方に強い影響力を有している場合であるかを区別している。前者であれば、裁判所は、株主総会における株主の合理的な判断が妨げられたと認めるに足りる特段の事情がない限り、条件は公正であるとして、当事者間の交渉の結果を尊重している（最決平24・2・29民集66・3・1784。**基本判例20**）。後者の場合であって、独立当事者間取引と同視できるような公正性を担保する措置がとられなかった場合には、裁判所みずからが公正な価格を決定するが（最決平21・5・29金判1326・35）、そのような措置がとられた場合には、独立当事者間取引と同様に、当事者間の交渉の結果を尊重している（最決平28・7・1民集70・6・1455）。

　(5)　新株予約権の取扱い　　合併の消滅会社が新株予約権を発行している場合には、合併の効力発生により新株予約権が消滅することになるため、その取扱いが問題となる。

　新株予約権は、発行時において、吸収合併によって会社が消滅した場合には、新株予約権が承継される旨を定めることができる（236条1項8号イ）。合併

◆基本判例20◆　**株式買取請求における公正な価格**
最決平24・2・29民集66・3・1784

　Ｙ社とＡ社は、両会社を株式移転完全子会社、Ｂ社を株式移転設立完全親会社として設立することで経営統合をすることを計画していた。本件株式移転計画では、Ｙ社の株式に対し、その普通株式1株につきＢ社の普通株式1株を、Ａ社の株式に対し、その普通株式1株につきＢ社の普通株式0.9株を割り当てることとされていた。

　Ａ社の株主であるＸは、本件株式移転に関する株主総会に先立ち、決議に反対する旨をＡ社に通知し、本件株主総会でも反対した上で、自身が保有するＡ社の株式を公正な価格で買い取ることを請求した（その後、Ｙ社がＡ社を吸収合併し、その権利義務を承継した）。

　原々決定（東京地決平22・3・31金判1344・36）および原決定（東京高決平23・3・1金判1388・24）は、公正な価格を「ナカリセバ価格」を基礎として算出すると示したため、ＸとＹ社双方が許可抗告を申し立てた。

[**判　旨**]　破棄差戻し

　「株式移転によりシナジー効果その他の企業価値の増加が生じない場合には、株式移転完全子会社の反対株主がした株式買取請求に係る『公正な価格』は、原則として、当該株式買取請求がされた日における、株式移転を承認する旨の株主総会決議がされることがなければその株式が有したであろう価格をいうと解するのが相当であるが……、それ以外の場合には、……上記の『公正な価格』は、原則として、株式移転計画において定められていた株式移転比率が公正なものであったならば当該株式買取請求がされた日においてその株式が有していると認められる価格をいうものと解するのが相当である。」

　「一般に、相互に特別の資本関係がない会社間において株式移転計画が作成された場合には、……株式移転比率が公正なものであるか否かについては、原則として、上記の株主及び取締役の判断を尊重すべきである。そうすると、相互に特別の資本関係がない会社間において、株主の判断の基礎となる情報が適切に開示された上で適法に株主総会で承認されるなど一般に公正と認められる手続により株式移転の効力が発生した場合には、当該株主総会における株主の合理的な判断が妨げられたと認めるに足りる特段の事情がない限り、当該株式移転における株式移転比率は公正なものとみるのが相当である。」

契約における新株予約権対価等の定め（749条1項4号5号）が、新株予約権発行時に定められた対価等に関する条件と異なる場合には、当該新株予約権の新株予約権者は、消滅会社に対して、新株予約権を公正な価格で買い取るよう請求することができる（787条1項1号）。手続は、株式買取請求権の場合とほぼ同様である（787条3項以下・788条）。

4　債権者異議手続　**(1)　債権者異議手続の必要性**　消滅会社の債権者は消滅会社に対して、存続会社の債権者は存続会社に対して、合併について異議を述べることができる（789条1項1号・799条1項1号・810条1項）。合併によ

り消滅会社の権利義務は存続会社または設立会社に包括承継されるため，債権者に大きな影響を及ぼすことになる。それゆえ、債権者を保護するために、債権者異議手続が置かれている。

(2)　手　続　　合併をする会社は、異議を述べることができる債権者がいる場合には、債権者に対して、合併をする旨、当事会社の情報、債権者が一定の期間内（1ヶ月以上）に異議を述べることができる旨を官報に公告し、かつ、知れている債権者には各別にこれを催告しなければならない（789条2項・799条2項・810条2項）。会社が官報公告に加えて、定款の定めに従い日刊新聞紙または電子公告により公告を行う場合には、債権者（不法行為によって生じた債権者を除く）に対する各別の催告を省略することができる（789条3項・799条3項・810条3項）。

債権者が、期間内に異議を述べなかったときは、当該債権者は、当該合併について承認をしたものとみなされる（789条4項・799条4項・810条4項）。

債権者が期間内に異議を述べたときは、合併をしても当該債権者を害するおそれがないときを除いて、当該債権者に対して、弁済・担保提供・弁済用財産の信託をしなければならない（会社789条5項・799条5項・810条5項）。

5　効力発生　　吸収合併の効力は、合併契約に定めた効力発生日に発生する（750条1項）。新設合併の効力は、設立会社の成立の日に発生する（754条1項）。吸収合併の場合には、消滅会社は、存続会社との合意により効力発生日を変更することができる（790条1項）。これは、債権者異議手続等が終了していない場合に、効力発生日を延期するものであり、変更の効力発生日は公告しなければならない（790条2項）。

吸収合併の場合は、効力発生日から2週間以内に、本店所在地において、消滅会社については解散の登記、存続会社については変更の登記をしなければならない（921条）。吸収合併の消滅会社の解散は、吸収合併の登記後でなければ、第三者に対抗することができない（750条2項）。

新設合併の場合は、合併の手続が終了した日から2週間以内に、新設会社の設立の登記、消滅会社の解散の登記をしなければならない（922条）。

6　事後開示　　合併の存続会社・設立会社は、効力発生後遅滞なく、合併により承継した消滅会社の権利義務その他の合併に関する事項として法務省令

に定める事項を記載し、または記録した書面または電磁的記録を作成し（801条1項・815条1項）、効力発生日から6ヶ月間、本店に備え置き、株主および債権者の閲覧に供さなければならない（801条2項3項4項・815条2項3項4項、会社則200条・211条・213条）。事後開示は、株主および債権者に対し、合併無効の訴えを提起するか否か判断する資料を提供することを目的としている。

III　差止めと無効の訴え

1　差止め　　合併（簡易合併を除く）が、法令または定款に違反する場合に、消滅会社または存続会社の株主が不利益を受けるおそれがあるとき、略式合併の場合において、合併対価が消滅会社または存続会社の財産状況に照らして著しく不当であるときは、消滅会社の株主は消滅会社に対し、存続会社の株主は存続会社に対し、吸収合併をやめることを請求することができる（784条の2・796条の2）。新設合併が、法令または定款に違反する場合において消滅会社の株主が不利益を受ける恐れがあるときも同様に、新設合併をやめることを請求することができる（805条の2）。

差止事由としては、手続的な法令違反が該当し、一般に、取締役の善管注意義務・忠実義務違反は含まないと考えられている。なお、略式合併の場合には、合併対価が著しく不当な場合にも差止めを求めることができる。

2　合併無効の訴え　　差止めは事前に合併を止めるものであるが、事後にするものとして、合併無効の訴えがある。合併の手続に瑕疵がある場合、私法の一般原則によると無効となるが、無効の主張を無制限に認めると法的安定性を害することになる。そこで、会社法は、合併に瑕疵があったとしても有効なものとしたうえで、効力発生日から6ヶ月以内に、訴えをもってのみ、合併の無効を主張することができると規定した（828条1項7号8号）。

無効原因は法定されていないが、重大な手続違反に限定されると解されている。たとえば、合併契約の要件に不備がある場合、株主総会決議に瑕疵がある場合、事前・事後開示に不備がある場合、株式買取請求手続や債権者異議手続がなされなかった場合、合併契約に関する当事会社の意思表示が錯誤・詐欺・強迫などにより無効である場合（名古屋地判平19・11・21金判1294・60：合併契約が錯誤無効）などが考えられる。判例は、合併比率が不当または不公正である

ことは、無効原因にはならないとしている（東京高判平 2・1・31資料判商事法務77・193）。

　合併無効の訴えを提起できる者（原告適格）は、当事会社の株主、取締役、監査役、執行役、清算人、破産管財人、合併を承認しなかった債権者である（828条 2 項 7 号 8 号）。訴えの被告は、存続会社または設立会社である（834条 7 号 8 号）。

　合併無効の判決は、第三者にも効力（対世効）が及ぶが（838条）、遡及効はない（839条）。合併無効の判決が確定すると、将来に向かって、合併によって新設した会社は解散し、消滅した会社は復活し、発行した株式等は無効になる。合併発生後に取得した財産は、合併当事会社の共有に属し、負担した債務は連帯債務となる（843条）。

第 3 節　会　社　分　割

Ⅰ　意　　義

　会社分割とは、1 つの会社を 2 つ以上の会社に分けることをいう。会社分割には、吸収分割と新設分割がある。吸収分割は、会社（分割会社）がその事業に関して有する権利義務の全部を分割後他の会社（承継会社）に承継させるものをいう（2 条29号）。新設分割は、会社（分割会社）が、その事業に関して有する権利義務の全部または一部を、分割により設立する会社（設立会社）に承継させるもの（同条30号）。会社分割は、経営効率化のため、事業の一部を包括的に他の会社に移転させることを容易にすることを目的として、平成12（2000）年改正商法によって導入された制度である。

　会社分割の当事会社は、株式会社または合同会社であるが、以下では株式会社を念頭に置いて説明する。

　会社分割では、会社分割の対価は分割会社に交付されるのが原則である（物的分割）。会社分割の対価が承継会社・設立会社の株式であり、分割契約書・分割計画書に、全部取得条項付種類株式の取得、剰余金の配当について規定する場合には、会社分割の効力発生日に分割会社の株主に交付することもできる（人的分割）。すなわち、分割会社が、会社分割の効力発生日に、承継会社・設

立会社の株式を対価として、分割会社の全部取得条項付種類株式を有する株主から、当該株式を取得すること（758条8号イ・763条1項12号イ）、承継会社・設立会社の株式を、分割会社の株主に剰余金配当をすること（758条8号ロ・763条1項12号ロ）によって、人的分割を行うことができる。

　会社分割の効力発生日に限らず、分割会社が、物的分割によって交付された対価を、剰余金の配当として株主に交付することによっても、結果的に人的分割を行うことができる。

Ⅱ　手　　続

　会社分割は、基本的に合併と同様に、1吸収分割契約の締結、新設分割計画の作成、2事前開示、3株主総会の承認決議、4会社債権者異議手続、5効力発生、6事後開示という手続により行われる。

1　吸収分割契約の締結、新設分割計画の作成　　会社が、吸収分割をするには、吸収分割契約を作成し、吸収分割の当事会社間で契約を締結し（757条）、新設分割をするには、新設分割計画を作成しなければならない（762条）。

　吸収分割契約書・新設分割計画書の法定記載事項には、①会社分割の当事会社の商号・住所（758条1号）、②会社分割の対象たる権利義務（758条2号3号・763条1項5号）、③分割対価に関する事項（758条4号・763条1項6号〜9号）、④新株予約権の取扱いに関する事項（758条5号6号・763条1項10号11号）、⑤吸収分割については効力発生日（758条7号）、⑥人的分割の定め（758条8号・763条1項12号）⑦新設分割については分割後の会社の組織体制（763条1項1号〜4号）がある。

　②について、承継会社・設立会社が分割会社から承継する資産、債務、雇用契約その他の権利義務に関する事項、吸収分割により分割会社または承継会社の株式を承継会社に承継させるときは、当該株式に関する事項を記載する。⑥について、人的分割の効果を生じさせる行為をするときは、その旨を記載する。

2　事前開示　　合併の場合とほぼ同様である（782条・794条・803条）。

　事前開示事項である「債務の履行の見込みに関する事項」について、平成17（2005）年改正前商法では、各当事会社が負担する債務の「債務ノ履行ノ見込

ミアルコト及其ノ理由」を記した書面の開示が必要とされていたが、会社法で
は、この書面の開示は不要となった（会社則183条6号・192条7号・205条7号）。
平成17（2005）年改正前商法と同様に、債務の履行の見込みがあることが会社
分割の要件であるか問題となるが、立案担当者は、会社分割の要件ではないと
説明している。

3　株主総会の承認決議　　合併の場合とほぼ同様である（783条1項・795条
1項・804条1項）。もっとも、吸収合併の消滅会社に関しては決議要件が加重
される場合があったが、会社分割は物的分割であることから、同様の規制は存
在しない。

簡易分割・略式分割も認められている（吸収分割における簡易分割・略式分割に
ついて、784条1項2項・796条1項2項、新設分割における簡易分割について、805
条）。吸収合併において、消滅会社に簡易合併は認められないが、会社分割に
おいては、吸収分割の分割会社に簡易分割が認められている。これは、事業譲
渡において、譲渡会社が事業の重要な一部ではない譲渡をする場合に合わせた
ものである。

会社分割に反対する株主に対しては、合併の場合と同様に、株式買取請求権
が認められている（785条〜788条・797条・798条・806条〜809条）。

分割会社が新株予約権を発行している場合の取扱いも、合併の場合と同様で
ある（758条5号6号・763条10号11号）。

4　債権者異議手続　　**（1）　異議を述べることができる債権者**
①　承継会社の債権者　　承継会社の債権者は、異議を述べることができる
（799条1項2号）。手続は、吸収合併の存続会社の債権者と同様である（799条2
項〜5項）。

②　分割会社の債権者　　（a）　会社分割後、分割会社に対して債務の履行を
請求できなくなる者（789条1項2号・810条1項2号）

分割会社の債務が承継会社・設立会社に免責的に承継される場合には、債権
者の利益に与える影響が大きいため、異議を述べることができる。これに対し
て、会社分割後も、分割会社に対して債務の履行を請求できる債権者は、異議
を述べることができない。

（b）　人的分割の定めをした場合における分割会社の債権者（789条1項2号

かっこ書・810条 1 項 2 号かっこ書）

　人的分割による場合は、分割会社のすべての債権者は異議を述べることができる。

　(2)　手　続　　合併の場合とほぼ同様である（789条 2 項〜 5 項・799条 2 項〜 5 項・810条 2 項〜 5 項）。ただし、不法行為によって生じた分割会社の債務の債権者がいるときは、官報による公告のほか、定款に定めた公告を行ったとしても、分割会社の不法行為債権者に対して、各別の催告を省略できない（789条 3 項かっこ書・810条 3 項かっこ書）。

　分割会社に異議を述べることができる分割会社の債権者であって、各別の催告を受けなかった者は、分割会社に対しては会社分割の効力発生日に有していた財産の価額を限度として、承継会社・設立会社に対しては、承継した財産の価額を限度として、債務の履行請求をすることができる（759条 2 項 3 項・764条 2 項 3 項）。ただし、分割会社が官報による公告のほか、定款に定めた公告を行うことによって各別の催告を省略できるときは、当該連帯債務の追及ができる者は不法行為債権者に限られる。

　(3)　残存債権者——詐害的会社分割　　分割会社の債権者で、会社分割により、承継会社や設立会社に承継されない債務の債権者のことを残存債権者という。残存債権者は、人的分割の場合を除き、債権者異議手続を行うことができない。このように異議を述べることができない残存債権者を不当に害する会社分割が実際に行われ、問題となっていた。たとえば、会社分割では、当事会社が任意に権利義務を選択し、承継させる対象を限定して分配できるため、経営不振の会社が優良事業に関する権利義務を新設分割により設立会社に移転し、分割会社には不採算事業の債権者が残されるという形で、残存債権者を害する会社分割が行われていた。

　このような詐害的会社分割について、残存債権者を保護するために、判例上、さまざまな保護類型が形成された（①詐害行為であるとして、残存債権者による取消しを認める〔最判平24・10・12民集66・10・3311。**基本判例21**〕、②破産法上の否認の対象となるとして分割会社の破産管財人による否認権の行使を認める〔福岡地判平21・11・27金法1911・84〕、③法人格否認の法理を用いる方法〔福岡地判平23・2・17判タ1349・177〕、④会社法22条 1 項を類推適用する方法〔最判平20・6・10判時

◆基本判例21◆　会社分割と詐害行為取消権
最判平24・10・12民集66・10・3311

　A社は、新設分割によりY社を設立し、その所有する不動産を含む権利義務をY社に承継させ、Y社が発行する株式の全てをA社に割り当てた。X社は、債権回収会社であり、A社に対する債権回収を委託されていた。A社の債務の一部はY社に承継され、重畳的債務引受けもされていたが、Xの債務は承継されなかった。A社は、上記新設分割の直後、さらに新設分割によりB社を設立し、B社が発行する株式の全てをA社に割り当てた。A社は、Y社とB社の株式以外に全く資産を有しない状態となった。そこで、X社は、上記の新設分割は詐害行為に該当するとして、Y社に対して、詐害行為取消権に基づき、不動産の承継にかかる部分の取消しを求めた。
　原々審（大阪地判平21・8・26民集66・10・3329）および原審（大阪高判平21・12・22民集66・10・3350）は、Xの請求を認容したため、Yが上告した。
[判　旨]　上告棄却
　「株式会社を設立する新設分割がされた場合において、新設分割設立株式会社にその債権に係る債務が承継されず、新設分割について異議を述べることもできない新設分割株式会社の債権者は、民法424条の規定により、詐害行為取消権を行使して新設分割を取り消すことができると解される。この場合においては、その債権の保全に必要な限度で新設分割設立会社への権利の承継の効力を否定することができるというべきである。」

2014・150〕などである）。

　残存債権者の保護について、会社法にも規定を設けることが適切であるとの指摘もあり、平成26（2014）年改正会社法において、分割会社が残存債権者を害することを知って会社分割を行った場合には、残存債権者は、承継会社・設立会社に対して、承継した財産の価額を限度として、当該債務の履行を請求することができると規定された（759条4項・764条4項）。ただし、吸収分割の場合において、承継会社が吸収分割の効力が生じた時において、残存債権者を害することを知らなかったときは、この限りではない（759条4項ただし書）。この責任は、分割会社が残存債権者を害することを知って会社分割をしたことを知った時から2年以内に請求または請求の予告をしない残存債権者に対しては、その期間を経過した時に消滅し、会社分割の効力発生日から10年を経過したときも消滅する（759条6項・764条6項）。

　詐害的会社分割における残存債権者保護の規定により、残存債権者は、訴えによらず、承継会社・設立会社に対して直接履行を請求できることになった。なお、分割会社について破産手続等の開始決定があった場合には、残存債権者

は、この請求権を行使することができない（759条7項・764条7項）。

　(4)　会社分割と労働者　　会社分割は、労働者にも重大な影響を与えうる。分割会社は、労働者との間の雇用契約（労働契約）を分割契約・分割計画により、個々の労働者の同意なく承継会社または設立会社に移転させることができる（民625条1項の不適用）。労働者にとって、使用者がいずれの会社になるかということは重大な影響を及ぼすため、会社分割に際して労働者の保護を目的とする特別法「会社分割に伴う労働契約の承継等に関する法律」によって調整されている。

　5　効力発生　　合併の場合と同様である。吸収分割の効力は、分割契約に定めた効力発生日に発生する（759条1項）。新設分割の効力は、設立会社の成立の日に発生する（764条1項）。

　6　事後開示　　合併の場合とほぼ同様である（791条・801条・811条・815条）。会社分割の場合は、書面等の閲覧等を、株主、債権者のほか、その他の利害関係人も請求することができる（791条3項・801条5項・811条3項・815条5項）。

Ⅲ　差止めと無効の訴え

　1　差止め　　合併の場合と同様である（784条の2・796条の2・805条の2）。

　2　会社分割無効の訴え　　合併の場合とほぼ同様である（828条1項9号10号・同条2項9号10号・834条9号10号・838条・839条・843条）。

　無効事由についても、合併とほぼ同様である。会社法の下では、会社分割の当事会社に「債務の履行の見込みがないこと」は、無効事由には該当しないと考えられる。

第4節　株式交換・株式移転、株式交付

Ⅰ　意　義

　株式交換・株式移転は、完全親子会社を創設するものである。株式交換とは、株式会社が、その発行済株式の全部を他の株式会社または合同会社に取得

させるものをいう（2条31号）。株式移転とは、1または2以上の株式会社が、その発行済株式の全部を新たに設立する株式会社に取得させるものをいう（2条32号）。株式交換・株式移転は、持株会社を活用し、企業グループを効率的に運営することを目的に、平成11（1999）年改正商法によって導入された。

　株式交付は、株式会社が他の株式会社をその子会社とするために、当該他の株式会社の株式を譲り受け、当該株式の譲渡人に対して当該株式の対価として、当該株式会社の株式を交付するものをいう（2条32号の2）。株式交付は、令和元（2019）年改正会社法により新設された規定であり、親子会社関係を形成するものであるが、株式交換・株式移転とは異なり、完全親子会社関係を創設することまでは目的としないものである。

Ⅱ　手　　続

　株式交換は吸収合併と、株式移転は新設合併とほぼ同様の手続きにより行われる。1株式交換契約の締結、株式移転計画の作成、2事前開示、3株主総会の承認、4債権者異議手続、5効力発生、6事後開示という手続により行われる。

　株式交換・株式移転の場合には、原則として当事会社の財産に変動はないため、債権者異議手続は不要であるが、いくつか例外規定がある。

　株式交付は、株式交換の手続と類似しているが、株式交付親会社は、株式交付子会社の株主から個別に株式を譲り受け、当該親会社の株式を交付するため、株式交付の手続は株式交付親会社のみに規定がある。1株式交付計画の作成、2事前開示、3株主総会の承認、4債権者異議手続、5効力発生・登記、6事後開示という手続により行われる。加えて、7株式交付子会社の株主の取扱いについても規定がある。

1　株式交換契約の締結、株式移転計画の作成、株式交付計画の作成　　会社が、株式交換をするには、株式交換契約を作成し、当該株式会社の発行済株式を全部取得する会社との間で契約を締結しなければならない（767条）。株式移転をするには、株式移転計画を作成しなければならない（772条）。株式交付をするには、株式交付計画を作成しなければならない（774条の2）。

　（1）　株式交換契約の締結、株式移転計画の作成　　株式交換契約書・株式移

転計画書の法定記載事項には、①当事会社の商号・住所（768条1項1号）、②対価に関する事項（768条1項2号3号・773条5号～8号）、③新株予約権の取扱いに関する事項（768条1項4号5号・773条1項9号10号）、⑤株式交換については効力発生日（768条1項6号）、⑥株式移転については移転後の会社の組織体制（773条1項1号～4号）がある。

②株式交換において、株式交換完全親会社が株式交換完全子会社の株主であるときは、株式交換対価は交付されない（768条1項3号かっこ書）。

（2）　**株式交付計画の作成**　　株式交付計画書の法定記載事項には、①株式交付子会社の商号・住所（774条の3第1項1号）、②株式交付により譲り受ける株式交付子会社の株式の数の下限（774条の3第1項2号）、③対価に関する事項（774条の3第1項3号～6号）、④新株予約権の取扱いに関する事項（774条の3第1項7号～9号）、⑤株式交付子会社の株式の譲渡しの申込みの期日（774条の3第1項10号）、⑥効力発生日（774条の3第1項11号）がある。

②株式交付の効力発生日に親子関係が発生する数を内容とするものを記載する。株式交付の実施前に客観的かつ形式的な基準で判断できるようにするためのものである。③株式交付対価は、親会社の株式が必ず含まれるように記載する（ただし、774条の3第1項5号）。

2　事前開示　　合併の場合とほぼ同様である（782条・794条・803条・816条の2）。

3　株主総会の承認　　合併の場合とほぼ同様である（783条1項・795条1項・804条1項・816条の3第1項）。簡易株式交換、略式株式交換も認められている（784条・796条）。株式交付については、簡易株式交付が認められている（816条の4第1項）。

株式交付において、株式交付親会社に差損が生じる場合は、取締役は、株主総会において、その旨を説明しなければならず（816条の3第2項）、簡易株式交付においても株主総会を省略することはできない（非公開株式の場合も省略できない。816条の4第1項ただし書）。

株式交換・株式移転、株式交付に反対する株主に対しては、合併の場合と同様に、株式買取請求権が認められている（785条・786条・806条・807条・809条・816条の6）。

新株予約権を発行している場合の取扱いも、合併の場合と同様である（787条・788条・808条・809条）。

4　債権者異議手続　株式交換・株式移転の場合には、原則として当事会社の財産に変動はないため、債権者異議手続は不要であるが、いくつか例外規定がある。

株式交換において、株式交換完全子会社の債権者は、株式交換契約新株予約権が、新株予約権付社債に付された新株予約権である場合には、当該新株予約権付社債の社債権者は、社債に係る債務が株式交換完全親会社に移転することになるため、異議を述べることができる（789条1項3号）。株式交換完全親会社の債権者は、株式交換の対価が株式完全親会社の株式以外である場合、株式交換新株予約権が新株予約権付社債に付された新株予約権である場合は、異議を述べることができる（799条1項3号）。

株式移転においても、株式移転計画新株予約権が、新株予約権付社債に付された新株予約権である場合には、株式移転完全子会社に対して異議を述べることができる（810条1項3号）。

株式交付の場合において、対価が株式交付親会社の株式のみである場合には、株式交付親会社の財産に変動はないため、債権者異議手続は不要である。しかし、対価に金銭等が含まれ、対価として株式交付親会社の株式の割合が低い場合には、株式交付完全親会社の債権者は、株式交付親会社に対して異議を述べることができる（816条の8第1項、会社則213条の7）。

5　効力発生　合併の場合と同様に、株式交換の効力は、株式交換契約に定めた効力発生日に発生する（769条1項）。株式移転の効力は、株式移転完全親会社の成立の日に発生する（774条1項）。株式交付の効力は、株式交付計画に定めた効力発生日に発生する（774条の11第1項）。

6　事後開示　合併の場合とほぼ同様である（791条・801条・811条・815条・816条の10）。

7　株式交付子会社の株主の取扱い　株式交付親会社は、株式交付子会社の株式の譲渡しの申込みをしようとする者に対し、株式交付計画の内容等を通知しなければならない（774条の4第1項）。

株式交付に応じようする株式交付子会社の株主は、株式交付親会社に申込み

を行い（774条の4第2項3項）、株式交付親会社は、譲り受ける者を定め、かつ譲り受ける株式の数を割り当てる（774条の5第1項）。申込みがあった株式の総数が、株式交付計画に規定した株式交付により譲り受ける株式交付子会社の株式の数の下限に満たない場合は、株式交付を行うことができないため、株式交付親会社は、申込者に対して、遅滞なく、株式交付をしない旨を通知しなければならない（774条の10）。

Ⅲ　差止めと無効の訴え

1　差止め　　合併の場合と同様である（784条の2・796条の2・805条の2・816条の5）。

2　無効の訴え　　合併の場合とほぼ同様である（828条1項11号12号13号・同条2項11号12号13号・834条11号12号12の2号・838条・839条・843条）。無効事由についても、合併とほぼ同様である。

　株式交換・株式移転・株式交付無効の判決が確定すると、株式交換・株式移転・株式交付により、株式交換完全親会社・株式移転設立完全親会社や株式交付親会社が保有している株式交換完全子会社・株式移転完全子会社の株式や株式交付子会社の株式等は、無効判決確定時に当該株式の株主であった者に対して交付される（844条1項・844条の2第1項）。株式移転設立完全親会社は解散し（475条3号）、株式交換・株式移転・株式交付により完全親会社・株式交付完全親会社が完全子会社・株式交付子会社の株主に対して交付した株式等は無効となる。

第5節　事業譲渡・事業の譲受け

Ⅰ　意　義

　事業譲渡とは、会社が事業を他に譲渡する取引行為であり、事業譲受けとは、会社が他の会社の事業を譲り受ける取引行為である。合併や会社分割は、権利義務関係を包括的に承継させる組織法上の行為であるが（包括承継）、事業譲渡・事業譲受けはそれとは異なり、個別に権利義務関係を移転させる取引行為である（個別承継）。

事業譲渡・事業譲受けの対象となる事業とは、「一定の事業目的のために組織化され、有機的一体として機能する財産」と定義されており、個々の事業用財産や権利義務ではなく、ノウハウや得意先関係なども含めたものをいう。

手続規制の対象となっている事業全部の譲渡、事業の重要な一部の譲渡、他の会社の事業の全部の譲受けは、事業形態自体を変化させるものではないが、株主に重大な影響を及ぼし、実質的に事業再編の性質を有するものであるため、他の組織再編と同様に規制が置かれている。

Ⅱ　手　　続

事業譲渡・事業譲受けの手続は、1事業譲渡・事業譲受け契約の締結、2株主総会の承認決議、3効力発生である。

1　事業譲渡・事業譲受け契約の締結　　事業譲渡・事業譲受けをするには、事業譲渡・事業譲受けの契約を締結しなければならない。加えて、取締役会設置会社では、重要な財産の処分および譲受けをする場合には、取締役会決議が必要である（362条4項1号）。

2　株主総会の承認決議　　事業の全部または重要な一部の譲渡・事業全部の譲受けを行う会社は、株主総会の特別決議により、事業譲渡・事業譲受けに関する契約の承認を受けなければならない（467条1項）。株主総会の特別決議が必要となる事業譲渡について、判例は、「一定の事業目的のために組織化され、有機的一体として機能する財産（得意先関係等の経済的価値のある事実関係を含む）の全部または重要な一部を譲渡し、これによって、譲渡会社がその財産によって営んでいた営業的活動の全部または重要な一部を譲受人に受け継がせ、譲渡会社がその譲渡の限度に応じ法律上当然に同法25条［現行商法16条・会社法21条］に定める競業避止義務を負う結果を伴うもの」であると示している（最判昭40・9・22民集19・6・1600）。学説上は、当事者間で競業避止義務を排除する特約を結んだ場合に規制が及ばなくなるのは不合理であること等から、競業避止義務を要件とすべきではなく、有機的一体として機能する財産の譲渡であれば事業譲渡にあたるとする見解が多数説となっている。

事業全部の譲受けをする場合において、譲受会社が自己株式を取得することになる場合には、取締役は、株主総会において、当該株式に関する事項を説明

しなければならない（467条2項）。

　簡易手続による事業譲渡、略式手続による事業譲渡、簡易手続による事業全部の譲受け、略式手続による事業全部の譲受けも認められている（467条1項2号かっこ書・468条1項2項・会社則137条）。

　事業譲渡・事業譲受けに反対する株主に対しては、合併の場合と同様に、株式買取請求権が認められている（469条・470条）。ただし、略式手続による事業譲渡・略式手続による事業全部の譲受けの特別支配会社（469条2項2号かっこ書）は株式買取請求権を有しない。

　3　効力発生　　事業譲渡・事業譲受けの効力は、事業譲渡・事業譲受け契約に定めた効力発生日に発生する（467条1項）。

　4　詐害的事業譲渡　　事業譲渡・事業譲受けにおいては、その他の組織再編とは異なり、債権者異議手続はない。しかし、詐害的会社分割に類似して、詐害的事業譲渡が行われる可能性がある。

　平成26（2014）年改正会社法は、譲渡会社が譲受会社に承継されない残存債権者を害することを知って、事業を譲渡した場合には、残存債権者は、その譲受会社に対して、承継した財産の価額を限度として、当該債務の履行を請求することができると規定した（23条の2第1項、商18条の2第1項）。ただし、その譲受会社が事業の譲渡の効力が生じた時において、残存債権者を害することを知らなかったときは、この限りではない（23条の2第1項ただし書、商18条の2第1項ただし書）。

　詐害的事業譲渡における残存債権者の保護は、当該規定のほか、詐害的会社分割における残存債権者保護の判例上の保護類型によっても可能である。

Ⅲ　事業譲渡・事業譲受けの瑕疵

　事業譲渡・事業譲受けについては、組織再編の無効の訴えのような規定はない。事業譲渡・事業譲受けについて株主総会の承認決議が必要な場合に、承認決議を経なかった場合は、当該事業譲渡・事業譲受けは無効であると解される（事業譲渡につき、最判昭61・9・11判時1215・125）。しかし、取引安全の観点から、株主総会の承認決議を経ていないことについて善意無重過失の譲受人に対しては、譲渡会社は無効を主張できないとする学説もある。

第6節　組 織 変 更

Ⅰ　意　　義

　組織変更とは、会社がその同一性を維持しながら、株式会社が持分会社に、または持分会社が株式会社に組織を変更することをいう（2条26号）。持分会社相互間の変更は、組織変更ではなく、会社の種類の変更であり、定款変更により社員の責任限度を変更することによって行われる（638条・639条）。

Ⅱ　手　　続

　株式会社から持分会社への組織変更は、1組織変更計画の作成、2事前開示、3総株主の同意、4債権者異議手続、5効力発生という手続きにより行われる。

　持分会社から株式会社への組織変更は、1組織変更計画の作成、2総社員の同意、3債権者異議手続、4効力発生という手続きにより行われる。

1　組織変更計画の作成　（1）**株式会社から持分会社への組織変更**　会社が組織変更をするためには、組織変更計画を作成しなければならない（743条）。組織変更計画の法定記載事項は、①組織変更後の持分会社の種類、目的・商号・本店の所在地、社員に関する事項（744条1項1号2号）、②組織変更後の持分会社の組織・体制等として、持分会社の社員の氏名・名称・住所、無限責任社員または有限責任社員の別、出資の価額、組織変更後持分会社の定款で定める事項（744条1項3号4号）、③対価に関する事項（744条1項5号6号）、④新株予約権の取扱いに関する事項（744条1項7号8号）、⑤効力発生日（744条1項9号）である。

　（2）**持分会社から株式会社への組織変更**　組織変更計画の法定記載事項は、①組織変更後の株式会社の目的、商号、本店の所在地、発行可能株式総数、組織変更後株式会社の定款で定める事項（746条1項1号2号）、②組織変更後株式会社の役員等に関する事項（746条1項3号4号）、③組織変更をする持分会社の社員が組織変更に際して取得する組織再編後株式会社の株式の数またはその数の算定方法（746条1項5号）、④対価に関する事項（746条1項7号8号）、

⑤効力発生日（746条1項9号）である。

2　事前開示　　株式会社から持分会社への組織変更においては、事前開示が必要となる（775条）。

持分会社から株式会社への組織変更においては、手続の簡素性の要請から、開示義務は課されていない。

3　総株主の同意・総社員の同意　　(1)　株式会社から持分会社への組織変更　組織変更をする株式会社は、効力発生日の前日までに、組織変更計画について当該株式会社の総株主の同意を得なければならない（776条1項）。組織変更は、責任の態様・持分の譲渡性・業務執行権限等の点において、その地位に大きな変化が生じるからである。

組織変更をしようとする株式会社が、新株予約権を発行している場合には、効力発生20日前までに、その新株予約権の新株予約権者に対し、組織変更をする旨を通知または公告しなければならない（777条3項4項）。新株予約権者には、株式買取請求求権が認められている（777条1項）。

(2)　持分会社から株式会社への組織変更　　組織変更をする持分会社は、効力発生日の前日までに、組織変更計画について、当該持分会社の総社員の同意を得なければならない。ただし、定款に別段の定めをなすことができる（781条1項）。

4　債権者異議手続　　組織変更をする株式会社の債権者・持分会社の債権者は、株式会社に対し、組織変更について異議を述べることができる（779条・781条）。この手続きは、合併の場合と同様である。

5　効力発生　　(1)　株式会社から持分会社への組織変更　　組織変更の効力は、組織変更計画において定められた効力発生日に生ずる。効力発生日に株式会社は持分会社になり（745条1項）、組織変更計画の定めに従って定款変更をしたものとみなされる（745条2項）。株主は、持分会社の社員となり、あるいは社債権者となる（745条3項4項）。

なお、債権者異議手続が終了していない場合には、効力は生じない（745条6項）。

(2)　持分会社から株式会社への組織変更　　組織変更をする持分会社は、効力発生日に、株組織変更をする持分会社は株式会社になり（747条1項）、組織

変更計画の定めに従って定款変更をしたものとみなされる（747条2項）。持分
会社の社員は、組織変更計画の株式の割当てに関する事項の定めに従い、株式
会社の株主等になる（747条3項4項）。

Ⅲ　組織変更の無効

合併の場合とほぼ同様である（828条1項6号・同条2項6号・834条6号・838
条・839条）。組織変更無効の判決が確定すると、組織変更前の会社に復帰する。

第**6**章　外国会社・雑則

第1節　外国会社

I　外国会社の意義

　外国会社とは、外国の法令に準拠して設立された法人その他の外国の団体であって、会社と同種のものまたは会社に類似するものをいう（2条2号）。

　国際私法上、会社の法人格の有無を決定する際に適用すべき法を会社の従属法という。会社の従属法をどのように決定するかについて、設立準拠法説と本拠地法説が対立している。前者は、会社がその国の法律に準拠して設立された国の法律とする見解であり、後者は、会社の本拠地が存在する国の法律とする見解である。わが国では設立準拠法説が有力であり、会社法の定義規定も外国会社規制のためにこの立場を採用する。

　会社の従属法は、会社の設立および消滅、会社の権利能力の範囲ならびに会社の内部的事項に適用される。とくに、会社の機関の構成および権限、会社と社員との関係、社員相互間の関係などは従属法に照らして一律に解決されなければならない。そのため、外国会社の設立準拠法は登記事項とされている（933条2項1号）。他方、会社の対外的関係については、従属法の適用が制限される。

　設立準拠法にもとづいて法人格を付与された外国法人に対して、内国で取引等をする権利能力を認めることを外国法人の認許という。わが国では、外国会社は当然に認許され、日本法に準拠して設立された会社（内国会社）と同一の私権を有し、国内において事業を行うことが認められる（民35条、会社823条）。

II　日本において取引を継続する外国会社

1　外国会社の日本における代表者　　外国会社が日本で取引を継続してし

ようとするときは、日本における代表者を定めなければならない（817条1項前段）。継続取引に該当するか否かは、取引の回数ではなく、継続的な取引活動の一環であるかどうかの観点から判断される。この場合において、日本における代表者のうちの1人以上は、日本に住所を有する者でなくてはならない（817条1項後段。以下では、この者を「在日代表者」という）。住所とは生活の本拠をいい（民22条）、そこに実質的な生活の事実がなければならない。

外国会社の日本における代表者は、その外国会社の日本における業務に関する一切の裁判上または裁判外の行為をする権限を有する（817条2項）。その権限に加えた制限は善意の第三者に対抗することができない（同条3項）。このように、外国会社の日本における代表者は、内国会社の代表者と同様に、包括的かつ不可制限的な権限を有する。また、外国会社は、日本における代表者がその職務を行うについて第三者に加えた損害を賠償する責任を負う（同条4項）。

在日代表者を定めることを要するのは、外国会社と取引をする者のために、日本国内に外国会社の業務に関する一切の権限を有する相手方がいるようにし、また日本国内で外国会社を相手方とする訴えを提起できるようにするためである（民訴4条5項）。したがって、在日代表者の全員が退任しようとするときは、外国会社は債権者異議手続をとることを要する（820条）。すなわち、外国会社は、その債権者に対して、一定の期間内に異議を述べることができる旨を官報に公告し、知れている債権者には、各別にこれを催告しなければならない。債権者が異議を述べたときは、外国会社は、当該債権者に対して、弁済し、もしくは相当の担保を提供し、または当該債権者に弁済を受けさせることを目的として信託会社等に相当の財産を信託しなければならない。在日代表者全員の退任は、債権者異議手続の終了後にその登記をすることによって効力を生じる。

2 外国会社の登記　外国会社は、外国会社の登記をするまでは、日本において取引を継続してすることができない（818条1項）。この規定に違反して取引をした者は、相手方に対し、外国会社と連帯して、その取引によって生じた債務を弁済する責任を負う（同条2項）とともに、過料の制裁を受ける（979条2項）。

外国会社が初めて日本における代表者を定めたときは、3週間以内に、①日

本に営業所を設けていない場合には在日代表者の住所地において、②日本に営業所を設けた場合にはその営業所の所在地において、外国会社の登記をしなければならない（933条1項）。また、日本に営業所を設けていない外国会社が外国会社の登記後に在日代表者を新たに定めた場合で、その住所地がすでに登記された他の在日代表者の住所地を管轄する登記所の管轄区域外にあるときは、3週間以内に、新たに定めた在日代表者の住所地においても、外国会社の登記をしなければならない（934条1項）。日本に営業所を設けた外国会社が外国会社の登記後に日本に営業所を新たに設けた場合も、その所在地がすでに登記された他の営業所の所在地を管轄する登記所の管轄区域外にあるときは、3週間以内に、新たに設けた営業所の所在地においても、外国会社の登記をしなければならない（同条2項）。

外国会社の登記においては、日本における同種の会社または最も類似する会社の種類に従い、株式会社、合名会社、合資会社または合同会社に要求される事項を登記するほかに、次に掲げる事項を登記しなければならない（933条2項）。①外国会社の設立の準拠法、②日本における代表者の氏名および住所、③日本における同種の会社または最も類似する会社が株式会社であるときは、設立準拠法の規定による公告方法および貸借対照表について電磁的措置をとる場合にはその必要事項、④公告方法および電子公告を公告方法とする場合にはその必要事項。

外国会社は、日本において取引を継続してしようとするときに、日本国内に営業所を設ける必要はない。平成14（2002）年改正前の商法は、外国会社について日本における営業所の設置とその登記を要求していた。しかし、平成14（2002）年改正商法は、電子商取引の発展などに対応するため、営業所設置義務を廃止して、貸借対照表の公告により会社債権者の保護をはかる制度に改めた。会社法もこれを踏襲する。他方、外国会社が日本に営業所を設けた場合には、営業所は支店とみなされ、登記事項とされる（933条3項）。しかし、在日代表者の場合とは異なり、すべての営業所を廃止する場合でも債権者異議手続を要しない（936条2項）。

3　貸借対照表の公告　　外国会社の登記をした外国会社であって、日本における同種の会社または最も類似する会社が株式会社であるものは、法務省令

で定めるところにより、定時総会における承認と同種の手続またはこれに類似する手続の終結後遅滞なく、貸借対照表に相当するものを日本において公告しなければならない（819条 1 項、会社則214条）。外国会社が官報または時事に関する事項を掲載する日刊新聞紙に掲載する方法を公告方法とするときは、その要旨の公告で足りる（819条 2 項）。公告を怠ることまたは不正の公告を行うことは罰則をもって禁止される（976条 2 号）。なお、公告は電磁的方法によることができ（819条 3 項、会社則215条）、有価証券報告書を提出する外国会社は貸借対照表の公告義務を負わない（819条 4 項）。

　貸借対照表の公告は、外国会社の財産の状況を明らかにして、日本における債権者を保護する趣旨である。日本における同種の会社または最も類似する会社が株式会社である場合にかぎって公告を要するのは、内国会社でも株式会社だけが貸借対照表の公告義務を負うからである。

　4　取引継続禁止・営業所閉鎖の命令　　会社法は、会社の解散命令と同様の趣旨から、外国会社について取引継続禁止および営業所閉鎖の命令について定める（827条 1 項）。裁判所は、次に掲げる場合には、法務大臣または株主、社員、債権者その他の利害関係人の申立てにより、外国会社が日本において取引を継続することの禁止またはその日本において設けられた営業所の閉鎖を命ずることができる。①外国会社の事業が不法の目的にもとづいて行われたとき、②外国会社が正当な理由がないのに外国会社の登記の日から 1 年以内にその事業を開始せず、または引き続き 1 年以上その事業を休止したとき、③外国会社が正当な理由がないのに支払を停止したとき、④外国会社の日本における代表者その他の業務を執行する者が、法令で定める外国会社の権限を逸脱しもしくは濫用する行為または刑罰法令に触れる行為をした場合において、法務大臣から書面による警告を受けたにもかかわらず、なお継続的にまたは反覆して当該行為をしたとき。平成14（2002）年改正商法は、営業所設置義務を廃止するとともに、取引継続禁止命令を新設した。これが会社法に受け継がれている。なお、担保提供命令や財産保全処分等については、解散命令の規定が準用される（同条 2 項・824条 2 項〜 4 項・825条・826条）。

　5　日本にある会社財産の清算　　外国会社が取引継続禁止または営業所閉鎖の命令を受けた場合または外国会社が日本で取引を継続してすることをやめ

た場合には、裁判所は、利害関係人の申立てにより、または職権で、日本にある外国会社の財産の全部について清算の開始を命ずることができる（822条1項）。清算人は裁判所が選任する（同条2項）。清算手続については、その性質上許されないものを除いて、株式会社の通常清算および特別清算の規定が準用される（同条3項）。これは、国内の債権者を保護するために、いわゆる属地清算を認めたものである。

Ⅲ　擬似外国会社

　日本の会社法の適用を回避するために、外国法を準拠法として設立される会社を擬似外国会社という。会社法は、擬似外国会社の設立自体を問題とするのではなく、日本における継続取引を禁止することで疑似外国会社を規制する（821条1項）。すなわち、日本に本店を置き、または日本において事業をすることを主たる目的とする外国会社は、日本において取引を継続してすることができない。これに違反して取引をした者は、相手方に対し、外国会社と連帯して、当該取引によって生じた債務を弁済する責任を負うとともに（同条2項）、過料の制裁を受ける（979条2項）。平成17（2005）年改正前の商法では、擬似外国会社は、日本法に準拠して再設立されないかぎり法人格が認められないと解されていた。これに対して、会社法は、擬似外国会社の法人格を承認しつつ、行為者に対して連帯責任を負わせることにより、実質的な弊害を防止する。

第2節　会社の解散命令

　解散命令は、会社の設立が準則主義によってなされることの弊害を、国家が事後的に会社の法人格を剥奪することによって是正する制度である。裁判所は、次に掲げる場合において、公益を確保するため会社の存立を許すことができないと認めるときに、法務大臣、株主、社員、債権者その他の利害関係人の申立てにより、会社の解散を命ずることができる（824条1項）。①会社の設立が不法の目的にもとづいてされたとき、②会社が正当な理由がないのにその成立の日から1年以内にその事業を開始せず、または引き続き1年以上その事業を休止したとき、③業務執行取締役、執行役または業務を執行する社員が、法

◆**基本判例22**◆　**解散判決における業務執行上の著しい難局**
東京地判平元・7・18判時1349・148

　Ｙ社は、発行済株式６万株の株式会社であり、Ｘ・Ｚ両家が３万株ずつ保有する。両家からは同数の役員を選出し、役員報酬の形でＹ社の利益を平等に分配してきた。ところが、Ｘ家側の代表取締役Ａの死後、Ｚ家側の代表取締役Ｚ（補助参加人）が、生前Ａより2000株を譲り受けたとの虚偽の事実を主張して、Ｘ家側の役員を解任し、Ｚ家のみで役員を独占するに至った。その後、Ｚは、自ら代表取締役を務めるＢ社にＹ社所有の不動産を時価より低廉な価格で売却した。さらには、Ｙ社からＢ社に多額の貸付けをしながら、元利金の返済がなかった。そのため、Ｙ社は支払不能の状態に陥った。そこで、Ｘらがｙ社の解散を請求した。

[**判　旨**]　請求認容

　「……弁論の全趣旨を総合すると、Ｘら X 家側の Z 家側に対する不信は極めて強度なものと認められるので、今後、両者が共同して Y 社を経営することは到底期待することはできず、……両家が Y 社の株式を５割ずつ保有している状況の下においては、株主総会における取締役の選任により Y 社の業務執行の決定機関である取締役会を新たに構成することはできないというべきである……。そうすると、……Ｚが X 家側を排除し、自己の経営する B 社のために恣意的に Y 社の経営をし、支払不能の状況に陥らせている状況からすれば、Y 社は、業務の執行上、著しい難局に逢着しており、また、Y 社に回復することができない損害が生ずるおそれがあることは明らかといわなければならない。」

令もしくは定款で定める会社の権限を逸脱しまたは刑罰法令に触れる行為をした場合において、法務大臣から書面による警告を受けたにもかかわらず、なお継続的にまたは反覆して当該行為をしたとき。

　株主、社員、債権者その他の利害関係人が申立てをした場合で、会社がその申立てが悪意によるものであることを疎明したときは、裁判所は、申立てをした者に対して、相当の担保を立てることを命ずることができる（同条２項３項）。この担保提供命令は、解散命令の申立ての濫用を防止する趣旨である。

　解散命令には法務大臣が関与する。裁判所は、会社の解散命令の申立てについての裁判をするときは、法務大臣に対し、意見を求めなければならない（904条１項）。法務大臣は、裁判所の審問に立ち会うことができる（同条２項）。

　会社の解散という効果を生じさせる点では、解散命令と類似の制度として、会社の解散の訴え（以下、「解散判決」という）がある。これは、会社に解散を必要とする事情がありながらも解散できない場合に、株主・社員が会社の解散を裁判所に請求することができる制度である（833条）。解散判決の要件は、株式

会社・持分会社ともに「やむを得ない事由」がある場合と規定し、さらに、株式会社の場合は要件が加重されている（同条1項・2項）。株式会社の解散判決の要件につき第2章第7節Ⅱ3、持分会社の解散判決の要件につき第3章第6節Ⅱ1を参照。

第3節　公　　告

Ⅰ　会社が公告する方法

　会社は、公告方法として、①官報に掲載する方法、②時事に関する事項を掲載する日刊新聞紙（以下、「日刊新聞紙」という）に掲載する方法または③電子公告のいずれかを定款で定めることができる（939条1項）。定款に定めのない会社の公告方法は、官報に掲載する方法による（同条4項）。したがって、会社が官報によることを選択する場合には、とくに定款に定める必要がない。しかし、定款に定めがない場合を含めて、公告方法は登記事項とされている（911条3項27号～29号・912条8号～10号・913条10号～12号・914条9号～11号）。外国会社についても同様である（933条2項5号～7号・939条2項4項）。

　官報とは、独立行政法人国立印刷局が発行する国の機関紙をいう。日刊新聞紙は、全国紙または地方紙のいずれであっても差し支えない。官報は日刊新聞紙に比べて公告の掲載料金が低廉である。

Ⅱ　電子公告

1　電子公告制度の趣旨　　平成16（2004）年改正前の商法では、会社の公告方法は、官報または日刊新聞紙に掲載する方法にかぎられていた。しかし、インターネットの利用が普及したことやアクセス環境が著しく改善されたことを背景として、平成16（2004）年改正商法は電子公告制度を採用した。高度情報化社会の到来とともに、従来は紙に印刷することを要した諸制度が電子化されることになった。電子公告制度もその一環である。これにより、情報の周知性が高まると同時に、会社は費用の節減をはかることが可能となった。なお、法務省のウェブサイト（「法務省電子公告システム」という）で、現在電子公告を行っている会社のサイトを検索することができる。

　電子公告とは、公告方法のうち、電磁的方法により不特定多数の者が公告すべき内容である情報の提供を受けることができる状態に置く措置であって、インターネットに接続された自動公衆送信装置を使用する方法をいう（2条34号、会社則223条）。なお、電磁的方法とは、電子情報処理組織を使用する方法その他の情報通信の技術を利用する方法であって、送信者の使用する電子計算機と受信者の使用する電子計算機とを接続する電気通信回線を通じて送信し、受信者の使用する電子計算機に備えられたファイルに記録する方法、または、送信者の使用する電子計算機に備えられたファイルに記録された情報の内容を電気通信回線を通じて情報の提供を受ける者の閲覧に供し、その情報の提供を受ける者の使用に係る電子計算機に備えられたファイルにその情報を記録する方法などをいう（会社則222条1項）。また、電磁的方法は、受信者がファイルへの記録を出力することにより書面を作成することができるものでなければならない（同条2項）。

　2　電子公告の選択　　会社は、公告方法として電子公告によることを選択する場合には、その旨を定款で定めなければならない（939条1項3号）。その場合には、電子公告を公告方法とする旨を定めれば足り、併せて、事故その他やむを得ない事由によって電子公告による公告をすることができない場合の公告方法として、官報または日刊新聞紙に掲載する方法を定めることができる（同条3項）。電子公告を公告方法とするときは電子公告を行うウェブページのアドレスが登記事項となる（911条3項28号イ・912条9号イ・913条11号イ・914条10号イ、会社則220条1項2号〜5号）。

　3　電子公告の公告期間　　会社は、公告の区分に応じて、一定の日までの間、継続して電子公告による公告をしなければならない（940条1項。以下、この期間を「公告期間」という）。官報または日刊新聞紙による場合には、公告が一度掲載されると、いつでもそれを閲覧することができる。それと同じ効果を得るために、電子公告の場合には、一定の期間について不特定多数の者が情報の提供を受けることができる状態を継続することが必要となる。

　公告期間は次のように定められている（940条1項1号〜4号）。①会社法の規定により特定の日の一定の期間前に公告しなければならない場合における公告は、その特定の日まで、②計算書類の公告は、定時株主総会の終結の日後5年

を経過する日まで、③公告に定める期間内に異議を述べることができる旨の公告は、その期間を経過する日まで、④これら以外の公告は、その公告の開始後1ヶ月を経過する日まで。

4　電子公告の中断と公告の効力　　電子公告の中断とは、不特定多数の者が提供を受けることができる状態に置かれた公告の内容である情報がその状態に置かれなくなったこと、またはその情報がその状態に置かれた後改変されたことをいう。そして、所定の公告期間中に電子公告の中断が生じた場合であっても、次の要件をすべて満たすときは、その公告の中断は当該公告の効力に影響を及ぼさない（940条3項）。①公告の中断が生ずることにつき会社が善意でかつ重大な過失がないこと、または会社に正当な事由があること、②公告の中断が生じた時間の合計が公告期間の10分の1を超えないこと、③会社が公告の中断が生じたことを知った後速やかにその旨、公告の中断が生じた時間および公告の中断の内容をその公告に付して公告したこと。

　サーバーの一時的な停止や不法侵入者による公告内容の改竄などによって公告の中断が生じた場合に、公告としての効力が失われることになれば、会社は電子公告の選択をためらうことが予想される。他方において、上記の3要件がすべて満たされていれば、実際上、公告の目的は達成されたものとみることができる。その限りにおいて公告の中断を救済し、会社の負担する危険を低減することが、この規定の趣旨である。

5　電子公告調査機関　　電子公告の方法により公告を行う会社は、不特定多数の者がその公告の内容である情報を受け取ることができる状態に置く措置をとり、公告期間中その状態を継続しなければならない。したがって、①そのような措置をとったことと②その状態を継続したことの2点が電子公告の方法による公告の有効要件となる。そして、これらの要件が充足されたことを客観的に検証するために、電子公告調査機関制度が設けられている（941条以下）。官報または日刊新聞紙による公告は、一度公告が掲載されれば、その状態が固定されて継続する。他方、電子公告の場合には、公告の掲載後も、サーバーの停止や公告内容の改竄などにより、不特定多数の者が公告内容を受け取ることができない事態が生じる可能性がある。そのため、電子公告については、会社以外の者が上記の要件の充足を検証する必要性が認められる。

　公告を電子公告により行おうとする会社は、公告期間中、当該公告の内容である情報が不特定多数の者が提供を受けることができる状態に置かれているかどうかについて、調査機関に対し、調査を行うことを求めなければならない（941条）。この調査を電子公告調査という（942条1項）。調査機関の登録、調査方法ならびに結果報告等については、会社法のほかに、電子公告規則がその詳細を定める。なお、決算公告については電子公告調査を受けることを要しない（440条1項・941条）。

　会社が電子公告調査を求めないでした電子公告は、そのことによって当然に無効となるものではないと解される。電子公告調査は電子公告の方法による公告の有効要件ではない。会社は上記の2要件を充足すれば、有効に電子公告を行うことができる。しかし、その効力が争われるときは、会社が有効性を立証する責任を負う。そのために会社が独自に証拠を保全しなければならないとすれば、費用などの点で会社に大きな負担を強いることになり、電子公告のメリットが帳消しになる。電子公告調査はこのような会社の負担を軽減するために設けられた制度である。

判 例 索 引

大審院

大判昭13・2・7民集17・50…………… 9

最高裁判所

最判昭27・2・15民集6・2・77………… 9
最判昭28・12・3民集7・12・1299……… 27
最判昭33・10・24民集12・14・3228……… 23
最判昭35・9・15民集14・11・2146……… 46
最判昭36・3・31民集15・3・645……… 58
最判昭38・9・5民集17・8・909……… 99
最判昭38・12・6民集17・12・1633……… 30
最判昭38・12・6民集17・12・1664……… 103
最判昭39・12・11民集18・10・2143……… 106
最判昭40・9・22民集19・6・1656……… 100
最判昭40・9・22民集19・6・1600……… 208
最判昭40・11・16民集19・8・1970……… 60
最判昭41・7・28民集20・6・1251……… 45
最判昭42・7・25民集21・6・1669……… 78
最判昭43・11・1民集22・12・2402……… 75
最大判昭43・12・25民集22・13・3511

　　　　　　　　　　　　　……… 103, 105
最判昭44・2・27民集23・2・511……… 9
最判昭44・3・28民集23・3・645……… 97
最判昭44・11・26民集23・11・2150……… 130
最判昭44・12・2民集23・12・2396……… 98
最判昭45・4・2民集24・4・223……… 80
最判昭45・4・23民集24・4・364……… 104
最大判昭45・6・24民集24・6・625…… 9, 101
最大判昭45・7・15民集24・7・804……… 38
最判昭45・8・20民集24・9・1305……… 103
最判昭45・11・24民集24・12・1963……… 39, 150
最判昭46・3・18民集25・2・183……… 82
最判昭46・7・16判時641・97……… 58
最判昭47・6・15民集26・5・984……… 131
最大判昭47・11・8民集26・9・1489……… 46
最判昭48・5・22民集27・5・655……… 127, 131
最判昭48・6・15民集27・6・700……… 47
最判昭48・12・11民集27・11・1529……… 105

最判昭49・9・26民集28・6・1306……… 103
最判昭51・12・24民集30・11・1076……… 75
最判昭57・1・21判時1037・129……… 92
最判昭58・6・7民集37・5・517……… 80
最判昭60・3・26判時1159・150……… 106
最判昭60・12・20民集39・8・1869……… 70
最判昭61・2・18民集40・1・32……… 115
最判昭61・3・13民集40・2・229……… 176
最判昭61・9・11判時1215・125……… 209
最判昭62・1・22判時1223・136……… 165
最判昭62・4・16判時1248・127……… 132
最判平元・9・19判時1354・149……… 88
最判平2・12・4民集44・9・1165……… 39
最判平4・12・18民集46・9・3006……… 108
最判平5・9・9民集47・7・4814……… 52
最判平5・12・16民集47・10・5423……… 58
最判平6・1・20民集48・1・1……… 94
最判平6・7・14金判956・3……… 58
最判平7・4・25裁判集民175・91……… 48
最判平9・1・28判時1599・139……… 39
最判平9・1・28民集51・1・71……… 58
最決平15・2・27民集57・2・202……… 47
最判平16・7・1民集58・5・1214……… 140
最判平18・4・10民集60・4・1273……… 43
最判平19・3・8民集61・2・479……… 46
最決平19・8・7民集61・5・2215……… 63, 65
最判平20・2・26民集62・2・638……… 93
最判平20・6・10判時2014・150……… 202
最決平21・1・15民集63・1・1……… 140, 141
最判平21・3・10民集63・3・361……… 133, 134
最判平21・4・17民集63・4・535……… 100
最決平21・5・29金判1326・35……… 41, 195
最判平22・7・15判時2091・90……… 127
最決平22・12・7民集64・8・2003……… 45

最決平23・4・19民集65・3・1311……… 195
最決平24・2・29民集66・3・1784…… 195, 196
最判平24・4・24民集66・6・2908……… 58
最判平24・10・12民集66・10・3311… 202, 203

最判平27・2・19民集69・1・25……… 39
最判平27・2・19民集69・1・51……… 55
最決平28・7・1民集70・6・1455……… 195

高等裁判所

東京高判昭48・7・27判時715・100……… 55
大阪高判昭56・1・30判時1013・121……… 92
東京高判昭61・2・19判時1207・120……… 77
東京高判平元・2・27判時1309・137……… 51
東京高判平2・1・31資料判商事法務77・193
　　……………………………………………199

東京高決平16・8・4金判1201・4……… 57
東京高決平17・3・23判時1899・56……… 63
名古屋高判平21・5・28判時2073・42…… 187
大阪高判平21・12・22民集66・10・3350… 203
東京高判平25・4・17判時2190・96……… 41
福岡高判平26・6・27金判1462・18……… 41

地方裁判所

仙台地決昭45・3・26判時588・52………… 11
名古屋地判昭46・4・30下民22・3＝4・549
　　…………………………………………… 86
東京地判昭56・3・26判時1015・27……… 101
大阪地判昭57・5・12判時1058・122……… 154
東京地判平元・7・18判時1349・148
　　………………………………… 154, 219
東京地判平2・4・20判時1350・138……… 96

山形地酒田支判平3・12・17判時1425・127
　　…………………………………………… 165
東京地決平16・6・1判時1873・159……… 55
東京地判平18・6・30判タ1220・110……… 63
名古屋地判平19・11・21金判1294・60…… 198
大阪地判平21・8・26民集66・10・3329… 203
大阪地判平24・3・23判タ1403・225……… 118
大阪地決平25・1・31判時2185・142……… 47

事 項 索 引

あ 行

預合い……………………………………… 29
インセンティブ報酬………………… 61, 106

か 行

開業準備行為……………………………… 23
会計監査人…………………………… 86, 116
　──の資格…………………………… 88
　──の職務権限……………………… 116
　──の選任…………………………… 89
　──の任期…………………………… 91
会計参与……………………………… 85, 110
　──の資格…………………………… 88
　──の職務権限……………………… 110
　──の選任…………………………… 89
　──の任期…………………………… 90

会計帳簿………………………………… 139, 169
会計帳簿閲覧・謄写権………………… 140
外国会社………………………………… 214
解　散…………………………… 153, 175
解散命令……………………… 11, 153, 218
会　社
　──の権利能力………………………… 7
　──の種類…………………………… 11
　──の設立…………………………… 21
　──の不成立………………………… 36
　──の法的性質………………………… 6
会社分割………………………………… 199
会社分割無効の訴え…………………… 204
会社補償………………………………… 108
解任の訴え……………………………… 92
仮装の払込み…………………………… 29
合　併…………………………………… 190

合併無効の訴え……………………198
株　券……………………………59
株券喪失登録………………………60
株　式……………………………38
　──の共有……………………39
　──の種類……………………40
　──の譲渡……………………46
　──の内容……………………39
　──の分割……………………53
　──の併合……………………53
　──の無償割当て……………53
株式移転…………………………204
株式買取請求………………………42
株式買取請求権……………193, 201, 206
株式交換…………………………204
株式譲渡の制限……………………46
株　主……………………………
　──の権利……………………38
　──の責任……………………38
株主資本等変動計算書……………142
株主総会…………………………69
株主代表訴訟………………………132
株主提案権…………………………72
株主平等原則………………………39
株主名簿…………………………44
仮取締役等…………………………93
簡易合併…………………………193
監査委員会………………………120
監査等委員………………………123
監査等委員会……………………124
監査等委員会設置会社……………122
監査役……………………85, 112
　──の資格……………………88
　──の職務権限………………112
　──の選任……………………89
　──の任期……………………90
監査役会……………………85, 114
間接損害…………………………130
監督義務…………………………127
機　関……………………………67
議決権……………………………73
　──の代理行使………………75
　──の不統一行使……………74
疑似外国会社………………………217

疑似発起人…………………………36
基準日……………………………44
議事録……………………78, 98, 115
議　長……………………………77
キャッシュ・アウト………4, 50, 52, 53
吸収合併…………………………190
吸収分割…………………………199
休眠会社…………………………154
競業避止義務………………17, 101
共同企業…………………………1
業務執行の決定……………………94
経営判断の原則……………………126
計　算……………………………139
計算書類……………………141, 169
決議の取消し………………………80
決議の不存在………………………81
決議の無効…………………………82
決算手続…………………………143
検査役選任請求権…………………138
現物出資…………………………26
現物配当…………………………148
公開会社……………………13, 68
公　告……………………145, 220
合資会社…………………………158
公正な価格………………………193
合同会社…………………………158
　──の計算等に関する特則………171
合名会社…………………………158
個別注記表………………………142

さ　行

債権者異議手続…………147, 196, 201, 207, 212
財産引受け…………………………26
詐害的事業譲渡……………………209
三角合併…………………………191
事業譲渡……………………17, 208
事業の譲受け………………………208
事業報告…………………………142
自己株式……………………48, 74
執行役……………………………121
支配人……………………………15
資本金……………………145, 170
指名委員会………………………120
指名委員会等設置会社……………118

社外取締役････････････････････････ 87
社　債････････････････････････････ 177
社債管理者･･････････････････････ 184
社債管理補助者････････････････ 185
社債権者集会････････････････････ 187
授権資本制度･･･････････････････ 55
出資の払戻し････････････････････ 171
出資の履行･････････････････････ 29
種類株式･･･････････････････････ 40
種類株主総会･･･････････････････ 83
準備金･････････････････････････ 145
商業登記･････････････････････ 19
商　号････････････････････････ 14, 24
招　集････････････････････････ 70
譲渡制限株式････････････････････ 39, 46
剰余金の配当････････････････････ 148
書面投票制度････････････････････ 76
新株予約権･････････････････････ 61, 195
新株予約権付社債････････････････ 179
新設合併･･･････････････････････ 190
新設分割･･･････････････････････ 199
人的会社･･･････････････････････ 12
ストック・オプション･･････････････ 3, 107
清　算････････････････････････ 155, 176
清算人････････････････････････ 155
責任限定契約････････････････････ 129
絶対的記載事項･･･････････････････ 24
設立時役員等････････････････････ 30
設立中の会社････････････････････ 22
設立に関する責任････････････････ 35
設立の登記･････････････････････ 34
設立費用･･･････････････････････ 27
設立無効の訴え･･････････････････ 37
善管注意義務･･･････････ 100, 111, 114, 117
総会検査役･････････････････････ 73
相互保有株式････････････････････ 74
相対的記載事項･･････････････････ 25
創立総会･･･････････････････････ 33
組織再編･･･････････････････････ 189
組織変更･･･････････････････････ 211
損益計算書･････････････････････ 142
損益分配･･･････････････････････ 170

た　行

貸借対照表･････････････････････ 141, 216
代表執行役･････････････････････ 121
代表取締役･････････････････････ 96, 98
代理商････････････････････････ 16
多重代表訴訟････････････････････ 137
単元株式数･････････････････････ 54
単元未満株式････････････････････ 54, 74
忠実義務･･･････････････････････ 100
直接損害･･･････････････････････ 131
通常清算･･･････････････････････ 155
定　款････････････････････ 23, 151, 174
　　──の記載事項････････････････ 24, 160
　　──の変更････････････････････ 151, 174
定款自治の原則･･････････････････ 85
デット・エクイティ・スワップ･･････ 57
電子開示システム（EDINET）･･･････ 145
電子公告･･･････････････････････ 220
電子投票制度････････････････････ 76
登記簿上の取締役････････････････ 131
同族会社･･･････････････････････ 14
特殊決議･･･････････････････････ 78, 84
特定責任追及の訴え･･････････････ 137
特別決議････････････････ 78, 84, 152
特別支配株主の株式等売渡請求････ 52
特別清算･･･････････････････････ 157
特別取締役･････････････････････ 98
取締役････････････････････ 85, 93, 119
　　──の義務･･････････････････ 100
　　──の資格･･････････････････ 86
　　──の選任･･････････････････ 88
　　──の任期･･････････････････ 90
　　──の報酬･･････････････････ 105
取締役会････････････････ 85, 93, 119
取締役会非設置会社･･････････････ 109

な　行

内部統制システム････････ 95, 123, 127
任意的記載事項･･････････････････ 28
任務懈怠責任････････････････････ 125
　　──の免除と一部免除･･････････ 128

は 行

発行可能株式総数‥‥‥‥‥‥‥‥‥‥ 25, 42
払込金保管証明書‥‥‥‥‥‥‥‥‥‥ 33
払込取扱機関‥‥‥‥‥‥‥‥‥‥‥‥ 33
非公開会社‥‥‥‥‥‥‥‥‥‥‥‥‥ 68
1株1議決権の原則‥‥‥‥‥‥‥‥‥ 74
表見支配人‥‥‥‥‥‥‥‥‥‥‥‥‥ 16
表見代表取締役‥‥‥‥‥‥‥‥‥‥‥ 100
不実の登記‥‥‥‥‥‥‥‥‥‥‥‥‥ 20
附属明細書‥‥‥‥‥‥‥‥‥‥‥‥‥ 142
普通決議‥‥‥‥‥‥‥‥‥‥‥‥ 78, 84
普通社債‥‥‥‥‥‥‥‥‥‥‥‥‥‥ 178
物的会社‥‥‥‥‥‥‥‥‥‥‥‥‥‥ 12
変態設立事項‥‥‥‥‥‥‥‥‥‥‥‥ 26
報酬委員会‥‥‥‥‥‥‥‥‥‥‥‥‥ 121
法人格否認の法理‥‥‥‥‥‥‥‥‥‥ 9
募集株式の発行‥‥‥‥‥‥‥‥‥‥‥ 54
募集新株予約権の発行‥‥‥‥‥‥‥‥ 62
募集設立‥‥‥‥‥‥‥‥‥‥‥‥‥‥ 21
　——の手続‥‥‥‥‥‥‥‥‥‥‥‥ 32
発起設立‥‥‥‥‥‥‥‥‥‥‥‥‥‥ 21
　——の手続‥‥‥‥‥‥‥‥‥‥‥‥ 28
発起人‥‥‥‥‥‥‥‥‥‥‥‥‥‥‥ 22
　——組合‥‥‥‥‥‥‥‥‥‥‥‥‥ 22
　——の報酬その他の特別利益‥‥‥‥ 27

ま 行

見せ金‥‥‥‥‥‥‥‥‥‥‥‥‥‥‥ 30
無限責任社員‥‥‥‥‥‥‥‥‥‥‥‥ 161
名義書換え‥‥‥‥‥‥‥‥‥‥‥‥‥ 44
名目的取締役‥‥‥‥‥‥‥‥‥‥‥‥ 131
持分会社‥‥‥‥‥‥‥‥‥‥‥‥‥‥ 158
　——の管理‥‥‥‥‥‥‥‥‥‥‥‥ 166
　——の計算等‥‥‥‥‥‥‥‥‥‥‥ 169
　——の社員‥‥‥‥‥‥‥‥‥‥‥‥ 161
　——の設立‥‥‥‥‥‥‥‥‥‥‥‥ 159
持分の譲渡‥‥‥‥‥‥‥‥‥‥‥‥‥ 163

や 行

役員等の会社に対する責任‥‥‥‥‥‥ 125
役員等の第三者に対する責任‥‥‥‥‥ 129
役員等賠償責任保険‥‥‥‥‥‥‥‥‥ 109
有限責任社員‥‥‥‥‥‥‥‥‥‥‥‥ 162
優先株式‥‥‥‥‥‥‥‥‥‥‥‥ 40, 41

ら 行

利益相反取引‥‥‥‥‥‥‥‥‥‥ 102, 127
利益の供与‥‥‥‥‥‥‥‥‥‥‥‥‥ 43
利益配当‥‥‥‥‥‥‥‥‥‥‥‥‥‥ 170
略式合併‥‥‥‥‥‥‥‥‥‥‥‥‥‥ 192
臨時計算書類‥‥‥‥‥‥‥‥‥‥‥‥ 142
累積投票‥‥‥‥‥‥‥‥‥‥‥‥‥‥ 88
連結計算書類‥‥‥‥‥‥‥‥‥‥‥‥ 143

■ **執筆者紹介** (執筆順、＊は編者)

＊加藤　　徹 (かとう　とおる)　　　関西学院大学名誉教授、名古屋経済大学名誉教授
　　第1章

　出口　哲也 (でぐち　てつや)　　　立正大学法学部教授
　　第2章第1節

　岡本智英子 (おかもと　ちえこ)　　関西学院大学専門職大学院経営戦略研究科教授
　　第2章第2節・第3節

　清弘　正子 (きよひろ　まさこ)　　和歌山大学経済学部准教授
　　第2章第4節Ⅰ〜Ⅲ

　高田　尚彦 (たかだ　なおひこ)　　大阪経済法科大学法学部准教授
　　第2章第4節Ⅳ、第4章

＊笹川　敏彦 (ささがわ　としひこ)　関西学院大学法学部教授
　　第2章第4節Ⅴ・Ⅵ・Ⅻ・ⅩⅢ

　竹田　奈穂 (たけだ　なほ)　　　　弁護士
　　第2章第4節Ⅶ〜Ⅺ

　森江由美子 (もりえ　ゆみこ)　　　九州共立大学経済学部准教授
　　第2章第5節〜第8節

　小西みも恵 (こにし　みもえ)　　　佐賀大学経済学部准教授
　　第3章

　牧　真理子 (まき　まりこ)　　　　福岡大学法学部准教授
　　第5章

　谷口　友一 (たにぐち　ゆういち)　沖縄大学経法商学部講師
　　第6章

Horitsu Bunka Sha

会社法の基礎〔第2版〕

2019年3月30日　初　版第1刷発行
2021年10月20日　第2版第1刷発行

編　者　　加藤　徹・笹川敏彦
　　　　（かとう）（とおる）（ささがわとしひこ）

発行者　　畑　　光

発行所　　株式会社法律文化社

　　　　〒603-8053
　　　　京都市北区上賀茂岩ヶ垣内町71
　　　　電話 075(791)7131　FAX 075(721)8400
　　　　https://www.hou-bun.com/

印刷：中村印刷㈱／製本：㈲坂井製本所
装幀：奥野　章

ISBN978-4-589-04177-7

© 2021 T. Kato, T. Sasagawa Printed in Japan

菊地雄介・草間秀樹・横田尚昌・吉行幾真
菊田秀雄・黒野葉子著〔αブックス〕

レクチャー会社法〔第2版〕

A5判・312頁・2970円

充実したリファレンスや応用知識への誘導
（Step Ahead）箇所の設置など、段階的な理解
を可能にする工夫を盛り込む。初版刊行以降の
判例や学説動向を反映させアップトゥーデー
ト。自習用にも資格試験にも対応。

高橋英治編

設問でスタートする会社法

A5判・256頁・2530円

設問を解きながら会社法の全体像を理解してい
く新しいタイプの教科書。会社法の前提知識が
ない人にも理解できるよう設問や叙述に配慮。
学部期末試験やロースクールの入学試験だけで
なく、公務員試験や各種資格試験にも対応。

山下眞弘編著

会 社 法 の 道 案 内
──ゼロから迷わず実務まで──

A5判・200頁・2090円

学生だけでなく、実務で会社法の修得が必要な
人のために改正法の全体像と実務に役立つ基礎
知識を整理。学習課題の確認、「キーワード」
や「一歩先に」、「Q&A」など具体的に考える
素材を提供する。協同組合等の組織にも言及。

西山芳喜編

アクチュアル企業法〔第2版〕

A5判・330頁・3410円

本文約300頁でコンパクトにまとめつつも、商
法・会社法に加えて、割賦販売法や金融商品
取引法などの諸法をも学べる、充実の初学者
向けテキスト。会社法改正や最新判例を盛り
込む。

牧 真理子著

組織再編における債権者保護
──詐害的会社分割における「詐害性」の考察──

A5判・162頁・4290円

ドイツ法（組織再編法・倒産法・債権者取消権
法・商法）、日本法（改正会社法・改正民法）
上の債権者保護制度と「詐害性」要件の位置づ
けを比較考察することで、組織再編・債権者保
護のあり方への示唆をえる。

──法律文化社──

表示価格は消費税10%を含んだ価格です